装备制造业虚拟库存管理及协同物流配送技术

黄有方　编著

科学技术部“863”项目 2007AA04Z105 资助

科 学 出 版 社
北 京

内 容 简 介

本书是装备制造业虚拟库存管理及协同物流配送技术的研究成果，主要包括装备制造业虚拟库存控制模型、协同物流配送优化方法、开发装备制造业虚拟库存管理及协同物流配送原型系统的关键技术等。此外，本书介绍了原型系统功能模块以及装备制造业虚拟库存管理和协同物流配送技术的发展前景。

本书在阐述基本概念与基本理论的同时，亦给出了具有实践可行性的原型系统。装备制造业虚拟库存管理及协同物流配送技术的研究，对物流库存管理和配送理论本身的完善与发展有一定的贡献，同时也影响到相关技术领域，如供应链协同规划及仿真优化技术、供应链过程监控技术等。

本书可作为管理科学、自动控制、制造自动化等专业的本科生与研究生辅助教材，也可作为有关领域工程科技人员的参考书。

图书在版编目（CIP）数据

装备制造业虚拟库存管理及协同物流配送技术 / 黄有方编著．—北京：科学出版社，2014

ISBN 978-7-03-039247-3

Ⅰ.①装… Ⅱ.①黄… Ⅲ.①制造工业－库存－仓库管理－研究－中国 ②制造工业－物资配送－研究－中国 Ⅳ.①F426.4 ②F252.2 ③F253.4

中国版本图书馆 CIP 数据核字（2013）第 288463 号

责任编辑：兰　鹏 / 责任校对：王艳利
责任印制：阎　磊 / 封面设计：蓝正设计

科学出版社 出版
北京东黄城根北街 16 号
邮政编码：100717
http://www.sciencep.com
北京凌奇印刷有限责任公司 印刷
科学出版社发行　各地新华书店经销

*

2014 年 1 月第　一　版　开本：720×1000 B5
2014 年 1 月第一次印刷　印张：13 1/2
字数：272 000
POD定价：54.00元
（如有印装质量问题，我社负责调换）

前 言

装备制造业是国民经济社会发展的基础性、战略性产业。我国拥有全球最大的港口装备制造企业，装备制造业已成为我国赶超世界先进水平的重要领域之一。

我国海洋运输业的快速发展，对装备制造业的敏捷反应能力提出了更高的要求，装备制造企业必须提高库存管理水平和配送技术才能适应这种要求。鉴于采用按订单生产（make to order，MTO）模式的大型装备制造业具有自身特点，其库存管理、配送技术在世界范围内的研究与应用极少。为了提升我国装备制造业的先进制造水平，进行装备制造业虚拟库存管理及协同物流配送技术的研究与应用势在必行。本书的研究成果可为我国大型装备制造业的生产服务提供理论基础，对我国装备制造业占据世界领先水平、推进我国大型装备制造行业的发展具有重要的理论价值和实际意义。

关于装备制造业虚拟库存管理及协同物流配送技术的研究，对物流库存管理和配送理论本身的完善与发展有一定的贡献，同时也影响到了相关技术领域，如供应链协同规划及仿真优化技术、供应链过程监控技术等。本书的研究成果应用背景明确，直接为大型装备行业服务，为虚拟库存管理和协同物流配送技术开辟了重要的应用领域，同时地理信息系统（geographic information system，GIS）/全球定位系统（global positioning system，GPS）/通用无线分组业务（general packer radio service，GPRS）/无线射频识别（radio frequency identification，RFID）/陆地集群无线电（terrestrial trunked radio，TETRA）技术的应用为现代物流服务提供了必要的技术支持。

本书的研究成果广泛适用于订单型生产的大型装备行业，同时也适用于项目型生产企业。基于实时信息的优化方法和建立在GIS/GPS/GPRS/RFID/TETRA技术上的物流过程监控技术也适用于各种类型的生产企业和面向快速消费品的城市物流配送领域，能够有效地降低物流成本。另外，随着现代物流的发展，现代物流园区、仓储运输企业、物流信息服务企业等，也可以应用本书研究成果。

本书由上海海事大学黄有方教授任主编，负责设计全书编写大纲以及全书的修改定稿工作；上海海事大学物流研究中心部分教师负责具体章节编写工作，主要包括丁以中、陈淮莉、杨斌、梁承姬、严伟、韩晓龙、孟燕萍、胡坚堃等。由于作者水平有限，书中难免存在不足之处，恳请各位同行和读者不吝赐教。

编者

2013年10月

目 录

第二篇 库存

第三篇 配送

第四篇　信息系统

第五篇 发展前景

第一篇

概 论

第 1 章

装备制造业及其物流

1.1 装备制造业的定义和特点

1.1.1 装备制造业定义

装备制造业是指为国民经济各部门简单再生产和扩大再生产提供技术装备的各制造工业的总称，其产业范围包括机械工业(含航空、航天、船舶和兵器等制造行业)和电子工业中的投资类产品。装备制造业包括通用设备制造业、专用设备制造业、航空航天器制造业、铁路运输设备制造业、交通器材及其他交通运输设备制造业、电气机械及器材制造业、通信设备计算机及其他电子设备制造业、仪器仪表及文化办公用品制造业等。

按国民经济行业分类与代码，装备制造业包括 8 个大类、46 个中类、178 个小类的投资类机电产品。其中，8 个大类包括金属制品业、普通机械制造业、专用设备制造业、交通运输设备制造业、武器弹药制造业、电气机械及器材制造业、电子及通信设备制造业、仪器仪表及文化办公用机械制造业。装备制造业的产业关联度大，带动性强，还有较大的就业容量，其发展水平反映了国家在科学技术、工艺设计、材料、加工制造等方面的综合配套能力。

按照装备功能和重要性的不同，装备制造业主要包括以下三方面内容：

一是重大的先进基础机械，即制造装备的基础机械，主要包括数控(number control，NC)机床、柔性制造单元(flexible manufacturing cell，FMC)、柔性制造系统(flexible manufacturing system，FMS)、计算机集成制造系统(computer intergration manufacture system，CIMS)、工业机器人、大规模集成电路及电子制造设备等。

二是重要的机械、电子基础件，主要包括先进的液压、气动、轴承、密封、模具、刀具、低压电器、微电子和电力电子器件、仪器仪表及自动化控制系统等。

三是国民经济各部门(包括农业、能源、交通、原材料、医疗卫生、环保等)科学技术、军工生产所需的重大成套技术装备。例如，矿产资源的井采及露天开采设备，大型火电、水电、核电成套设备，超高压交、直流输变电成套设备，石油、化工、煤化工、盐化工成套设备，黑色和有色金属冶炼轧制成套设备，民用飞机、高速铁路、地铁及城市轨道车、汽车、船舶等先进交通运输设备，污水、垃圾及大型烟道气净化处理等大型环保设备，大江大河治理、隧道挖掘和盾构、大型输水输气等大型工程所需重要成套设备，先进适用的农业机械及现代设施农业成套设备，大型科学仪器和医疗设备，先进大型的军事装备，通信、航管及航空航天装备，先进的印刷设备，等等。

1.1.2 装备制造业特点

装备制造业主要具有以下特点[1]：

(1)装备制造业范围广，门类多，技术含量高，与其他产业的关联度大，带动性强。装备制造业不仅涉及机械加工业，还涉及材料、电子和机械零配件加工等配套行业。装备制造业的发展将带动一大批相关产业的发展。装备制造业可以为各行业提供现代化设备，从农业生产的机械化到国防使用的武器装备，各行各业都离不开装备制造业。

(2)装备制造业是提高就业、节省资源的高附加值产业。装备制造业虽为技术密集和资本密集工业，但它不同于流程工业，它是组装式工业，同时具有劳动密集性质，有较大的就业容量，可以提供大量就业机会。装备制造业不仅直接吸纳大量劳动力，同时由于其前后关联度较高，对其投入也可带动其他工业的发展，增加相关工业的就业人数，解决就业问题，缓解就业压力，对保持社会安定团结具有至关重要的作用。

在资源日趋紧张、环保要求日趋严格的情况下，各国都在致力于优化产业结构，发展节省能源和节省资源的高技术密集型和高附加价值型产业。装备制造业是技术密集产业，产品技术含量高，附加价值大。随着装备制造业的不断吸纳高新技术，以及信息技术(information technology，IT)、软件技术和先进制造技术在装备制造业中的普及应用，技术装备日趋信息化，先进的装备制造业将有更多的产业及产品进入高技术产业范畴。

(3)装备制造业是事关国家经济安全及综合国力的战略性产业。装备制造业的发展水平反映出了一个国家在科学技术、工艺设计、材料、加工制造等方面的综合配套能力。特别是一些技术难度大、成套性强，需跨行业配套制造的重大技术装备的制造能力，反映了一个国家的经济和技术实力。因此，装备制造业的发展有利于提高国民经济各行各业的技术水平和劳动生产率，从而提高国家竞争力。许多工业化国家，在工业化成熟阶段都把装备制造业作为主导产业。

(4)装备制造业呈现出全球化的发展趋势。由于现代技术革命与高新技术的出现和信息网络技术的广泛运用，装备制造业所涉及的概念和领域正在逐渐发生着巨大的转变和整合，装备制造业的技术研究、开发、生产以及销售的全球化合作日趋加强，装备制造业呈现出全球化的发展趋势。

1.2　我国装备制造业现状及发展

1.2.1　我国装备制造业的现状

装备制造业是为国民经济和国防建设提供生产技术装备的制造业，是制造业的核心组成部分，是国民经济发展特别是工业发展的基础。装备制造尤其是高端装备制造的发展，将对上下游的钢铁、有色金属、石化、汽车、纺织等基础制造产业产生强大的推动力。建立起强大的装备制造业，是提高我国综合国力、实现工业化的根本保证。党的十六大提出，“坚持以信息化带动工业化，以工业化促进信息化，走出一条科技含量高、经济效益好、资源消耗低、环境污染少、人力资源得到充分发挥的新型工业化路子”，并指出“用高新技术和先进适用技术改造传统产业，大力振兴装备制造业”。我国装备制造业经过多年的发展，已取得了令人瞩目的成就，形成了门类齐全、具有相当规模和一定水平的产业体系，成为我国经济发展的重要支柱产业。

“十一五”以来，我国装备制造业发展明显加快，重大技术装备自主化水平显著提高，国际竞争力进一步提升，部分产品技术水平和市场占有率跃居世界前列。主要体现在以下几个方面[2]：

(1)机械工业产业规模跃居世界首位。根据中国机械工业联合会统计口径和数据，2010 年全行业工业增加值占全国国内生产总值(GDP)的比重超过了 9%；工业总产值从 2005 年的 4 万亿元增长到了 2010 年的 14 万亿元，年均增速超过 25%，占全国工业总产值的比重从 16.6%提高到了 20.3%；规模以上企业已达 10 万多家；资产总额已达到 10.4 万亿元。2009 年，我国机械工业销售额达到 1.5 万亿美元，超过了日本的 1.2 万亿美元和美国的 1 万亿美元，跃居世界第一位，成为全球机械制造第一大国。

(2)装备保障能力显著增强。“十一五”以来，在高速增长的需求拉动下，我国重大技术装备自主化成绩显著，机械产品水平取得长足进步。发电设备已能基本满足国内需求，技术水平和产品产量已经进入世界前列。1 000 千伏特高压交流输变电设备和±800千伏直流输电成套设备综合自主化率分别达到了90%以上和60%以上，我国成为世界上首个特高压输变电设备投入工业化运行的国家。1 000万吨级钢铁企业常规流程成套设备、2 000万吨级露天矿成套设备、日产4 000～10 000吨级熟料干法工艺水泥成套设备已能自主提供。30万吨/年合成氨设备实现自主化，百万吨乙烯装置裂解气压缩机、丙烯压缩机和乙烯压缩机等关键"三机"研制成功。国产农业机械已基本满足国内农业需求。为数控机床配套的数控系统和功能部件自给率达到60%，自主研发的数控系统可靠性平均无故障时间达到2万小时。60万千瓦火电机组高中压转子国内市场满足率提高到60%，超临界火电机组转子实现批量生产，百万千瓦级三代核电关键锻件技术攻关取得突破。"十一五"期间，机械产品国内市场占有率由2005年的80%进一步提高到了2010年的85%以上，对国民经济各行业的保障能力明显增强。

(3)结构调整取得重要进展。一是资本结构趋向多元化，行业发展内生活力不断增强。国有大型企业在重大技术装备研制和生产中继续发挥主力军作用；民营经济已经成为机械工业发展的重要力量，对机械工业增长的贡献率超过50%，为机械工业应对国际金融危机的影响和冲击、实现平稳较快发展做出了重要贡献。二是主要行业产业集中度不断提高。哈尔滨电气集团公司、中国东方电气集团有限公司、上海电气集团股份有限公司三大集团发电设备产量行业占比达到69%；华锐风电科技股份有限公司、金风科技股份有限公司、东方汽轮机有限公司风电设备产量占全行业的比重达到70%；徐州工程机械集团有限公司、中联重科股份有限公司、三一重工股份有限公司、广西柳工机械股份有限公司、福建龙工集团有限公司、山推工程机械股份有限公司等工程机械企业已占据全行业市场销售总额的半壁江山。三是科技创新成果成为推动行业持续发展的强劲动力。机械工业新产品产值连续五年保持两位数增长，2010年，新产品产值超过2万亿元，约占全国工业新产品产值的40%。重大技术装备向大型化、高参数化发展，部分产品的效率已经接近世界先进水平，量大面广的通用机电产品效率也有很大提高。四是固定资产投资持续高速增长。"十一五"期间，机械行业累计完成固定资产投资5.7万亿元，年均增速达到38%。全行业的装备水平和生产条件大为改善，行业固定资产的更新率由"十五"末的61%提高到了2009年的64%，一批行业排头兵企业的装备水平已经达到或接近世界同行业先进水平。

(4)国际竞争力显著增强。机械产品对外贸易规模持续扩大，结构不断优化，机械产品国际市场竞争力不断增强。"十一五"期间，我国机械工业连续五年实现贸易顺差。2006年，机械工业历史上首次扭转了贸易逆差的局面，当年实现贸易顺差7亿美元。2008年，实现贸易顺差477亿美元，达到历史最高水平。外贸结构不断优化，一般贸易额在外贸总额中的占比已由2005年的46%提高到了2010年的58%，加工贸易额占比则由2005年的49%降低到了2010年的31%。

出口产品结构进一步优化，出口产品保持成本优势的同时，技术水平和品牌知名度也不断提高。在常规发电设备、输变电设备、港口装卸机械、水泥成套设备等制造领域，我国已走在世界前列，工程机械、数控机床等技术含量较高的产品国际竞争力明显增强，出口增长迅速。例如，发电设备出口量已占到总产量的近15%。

(5)发展质量明显提高。“十一五”期间，机械工业万元工业增加值综合能耗逐年大幅下降，从2005年的0.65吨标准煤降至2009年的0.425吨标准煤，降幅达到34.6%，大幅超过“十一五”规划提出的单位GDP能源消耗降低20%的指标；材料利用率大幅提高，大中型企业万元工业增加值耗钢量从0.47吨降至0.38吨，降幅达19.1%。“十一五”期间，机械工业信息化进程加速。骨干企业已普遍使用三维设计，计算机辅助工程(computer aided engineering，CAE)、计算机辅助工艺(computer aided process planning，CAPP)、产品数据管理(product data management，PDM)的覆盖率已超过半数；财务管理信息化普及率达到90%以上；成本管理、采购管理、销售管理、库存管理、人力资源管理、主生产计划等信息化应用取得明显成效。产品开始向数字化、自动化、智能化方向发展。

虽然我国已经成为装备制造业大国，但产业大而不强、自主创新能力薄弱、基础制造水平落后、重复建设和产能过剩等问题依然突出。

1.2.2　我国装备制造业的发展

装备制造业是为国民经济发展和国防建设提供技术装备的基础性产业。大力振兴装备制造业，是党的十六大提出的一项重要任务，是树立和落实科学发展观、走新型工业化道路、实现国民经济可持续发展的战略举措。为加快装备制造业的振兴，国务院发布了《关于振兴装备制造业的若干意见》，提出要发展一批有较强竞争力的大型装备制造企业集团，增强具有自主知识产权重大技术装备的制造能力；依靠区域优势，发挥产业集聚效应，形成若干具有特色和知名品牌的装备制造集中地。由此可见，振兴装备制造业发展已上升到国家战略的高度。

综观我国装备制造业的发展，呈现出如下一些趋势[3]：

(1)装备制造业朝着自动化、数字化、智能化方向发展。自动化、数字化和智能化是智能制造装备的重要发展趋势。信息技术与先进制造技术的融合，带来巨大的甚至是革命性的变化。传感技术、计算机技术、软件技术“嵌入”装备中，实现了装备的性能提升和“智能”。数字化技术和制造技术的融合，形成了数字化产品设计和数字化管理技术，实现了装备的自动化规划、调度、运行、监控、评价、维护、管理和服务。

数字化产品设计包括数字化产品设计方法与软件技术，如计算机辅助设计

(computer aided design，CAD)、CAE、CAPP、计算机辅助制造(computer aided manufacturing，CAM)、NET单元技术及集成技术，数控系统与数控机床、数字化仪表等。数字化管理技术是指利用计算机、通信、网络、人工智能等技术，量化管理对象与管理行为，实现计划、组织、协调、服务、创新等智能的管理。数字化管理技术研究推广包括基于先进管理模式的企业资源计划(enterprise resource planning，ERP)、物料需求计划(material requirement planning，MRP)、PDM和电子商务系统，支持整体解决方案的产品生命周期管理(product life-cycle management，PLM)系统，支持制造协同、资源共享与集成服务的区域网络制造系统等。

(2)装备制造业“绿色化”前景广阔。我国装备制造业存在资源消耗大、环境污染严重、大量产品废弃物处理困难的问题，某些装备的出口(如机电产品)还面临绿色贸易壁垒的严峻形势。“十一五”国家科技支撑计划提出，通过“绿色制造关键技术与装备”重大项目的研究实施，力促“中国制造”向“绿色制造”转变[4]。

资源、能源的压力，使我国装备制造业必须考虑从设计、制造、包装、运输、使用到报废处理的全生命周期中，对环境负面影响极小，资源利用率极高，并使企业经济效益和社会效益协调优化。绿色制造是提高智能制造装备资源循环利用效率和降低环境排放的关键途径。某些装备近年来市场看好，其关键因素之一就是在环保技术方面有了新突破，“绿色”机型是装备的发展潮流。

(3)建立和加强装备制造业服务支撑体系是必然趋势[5]。现代装备制造服务业是基于信息和网络技术的生产性服务业。现代装备制造服务业的发展，有利于装备制造业从做低附加值的加工装配环节向附加值较高的前端和后端延伸，这将有利于我国装备制造业从价值链的低端逐渐走向高端，从而使我国制造业实现转型和升级。加快发展装备制造服务业是实现装备制造业两化融合的重要途径。

紧紧围绕装备制造业生产、加工、装配所开展的服务活动，构成了现代装备制造服务产业体系。其主要内容可概括为：设计、研发、管理咨询以及各类中介等制造的前端活动；围绕制造过程的下料配送、维修、检测、备件配件供应、生产线的上线物流、供应链管理(supplier chain management，SCM)、设备改造等；从单机提供到设备成套、工程总承包、交钥匙工程以及提供整体解决方案；从产品全生命周期着眼的废旧产品的回收服务活动等。

1.3 装备制造业物流和研究意义

1.3.1 我国装备制造业物流

装备制造业已经成为拉动国民经济快速增长的主要动力之一。装备制造服务业，尤其是物流在装备价值链中的比重越来越高，对装备制造业的影响力也越来越大。首先，良好的物流服务可以缩短装备制造生产周期。根据对众多装备制造业特别是机械加工企业的调研，从原料进厂到成品出厂，只有 5%的时间是被加工活动所占用，其他 95%的时间是仓储、运输或在加工线上的等待时间。其次，良好的物流服务可以压缩库存。根据行业统计，装备制造企业 75%的流动资金被材料费所占用[6]，减少库存对减少流动资金能起到显著作用。最后，良好的物流服务还可以促进快速交货，保持供应链的持续稳定，带动企业管理水平的提高，降低物流费用。由于以机械加工为主的装备制造业的原材料规格、品种繁多，质量要求差异大，交货周期越来越短且不一致，数量需求相差巨大，交货状态多样化，尤其是要进行初加工或定制的要求越来越多；其协作件、专用件等的运输、储存、装卸、包装、流通加工、配送、信息处理各个要素都有其特殊性，所以加快装备制造业物流的发展显得尤为重要和迫切。

装备制造业物流最显著的特点就是同生产密切联系在一起。只有合理组织生产物流过程，才能使生产过程处于最佳状态。服务于装备制造业的物流可以分为低端物流业和高端物流业两个部分[7]。低端物流业主要是为制造企业提供产品集散的服务，即仅仅是商品运输的功能，也是目前多数物流企业与制造企业的主要合作模式。而高端物流业要求从售后环节向生产和采购环节延伸，能够通过网络化、信息化、电子商务等现代管理手段，为装备制造企业提供专业的包括原料、部件、产成品全过程的咨询、技术服务等一站式外包业务；特别是为装备制造企业提供零部件的咨询建议、整体采购方案、视频采购、配送至车间等高端服务，促进物流服务企业与生产企业无缝链接，真正实现生产的“零库存”管理。

越来越多的中国装备制造企业认识到了现代物流对装备制造业的重要性。完善装备制造业物流，提升物流管理水平，是有利于装备制造业发展的一个重要举措，同时也有利于产业结构调整。越来越多的装备制造企业开始意识到物流体系对拓展物流渠道、加快业务流程、提升企业在国际国内市场的竞争力所起到的重要作用。

目前，装备制造企业的物流管理主要存在以下几个方面的问题：

(1)企业库存水平高，资源利用不合理。对于装备制造业而言，大部分的流动资金被库存所占用，因此降低库存具有重大的现实意义。但是，由于供应链的节点企业之间信息共享水平不高，供应链中的不确定性较高，所以大部分企业通过提高库存来应对突发状况，提高客户服务水平，最终导致企业的库存大量增长。

(2)物流配送效率低、成本高。目前，大多数的企业都拥有一定数量的货运车辆用于零部件的配送，或者采用供应商送货的方式，但是车辆的使用率并不是很高，货车空载时有发生。即使是部分企业将物流配送外包给专业的第三方物流企业，其物流配送的效率也还是不高，或者需要为高效率付出不相称的高成本，原因是我国的第三方物流企业的管理运营水平和协同程度较低。

(3)企业生产和采购计划不确定性高。由于装备制造业大多采用订单式生产模式，并且在设计和生产过程中变动因素较多，传统的生产和采购计划不能很好地满足实际需求，物料控制不严谨，经常造成物资积压或短缺的现象，所以装备制造业迫切需要加强与供应商、外协厂商的合作和协同。

(4)物流信息化程度低，管理落后。多数装备企业的信息化水平不高，虽然有些企业利用条码技术、物流信息系统等来管理日常的业务流程，但远没有达到现代物流信息一体化的要求，信息传输不通畅、信息不共享、信息孤岛的现象依旧存在。

(5)流程衔接顺畅程度有待加强。装备制造业属于加工组装式生产模式，并且多个基地多个产品同时进行生产，每个产品的进度和交货期都各有差异，其流程管理非常复杂。装备制造企业的仓储、运输、装卸搬运、配送、采购等物流管理活动被分散在不同的部门，更有很多外协企业和零部件供应商需要协调，这致使企业物流运作效率和管理水平不高，物流系统整合能力需要加强。

1.3.2 装备制造业物流的研究意义

生产性物流服务对制造业市场竞争力具有重要的贡献，对制造业起着必不可少的支持作用。在后工业及服务经济发展阶段，经济效率越来越取决于生产活动本身的生产率状况，生产性物流服务正承担着不同生产制造环节的任务，其效率和水平对制造业的市场竞争力至关重要。现代制造业与物流服务业的协同发展已成为当前经济发展的趋势。我国物流业与制造业的协同发展还有很大的空间，物流业与装备制造业的高度关联性决定了发展物流业对装备制造业具有重大意义。生产性物流能帮助装备制造企业制订生产计划、订货计划、库存计划、运输计划等，并帮助企业进行流程改造等[8]。当装备制造企业根据市场的变化而改变生产计划时，生产性物流能迅速地传递信息，并相应地调整各个环节，物流服务在整个生产中正占据着越来越重要的位置。

现代生产制造业与服务业的协同发展，有利于提升装备制造业的技术含量，克服资源要素的制约，专注于企业核心竞争力的提升；有利于物流企业业务的整合，从而促进行业的健康发展；有利于实现社会整体效益最大化；有利于转变经济增长方式，推进新型工业化建设。提高装备制造企业的物流水平，可以提高企业的运作柔性，更好地控制其生产活动，在生产与物流中找到平衡点，极大地提高企业的运作效率。同时，高水平的物流服务有利于促使制造企业将原料、部件采购、仓储等活动协调优化，减少资金占用，降低运营成本，实现企业的最佳效益。因此，发展物流业对于装备制造业具有重大意义，是加快提升装备制造企业运营效率及核心竞争力的必经之路。

以订单生产为模式的装备制造业具有自身特点，其库存管理、配送技术在世界范围内的研究与应用还比较少。随着物流领域全球化趋势的日益明显，我国将要面临比以往更为复杂的跨国供应链，在全球范围内配置物流资源将成为大势所趋。因此，为了提升我国装备制造业的制造水平，需要突破物流组织的规模约束，采用虚拟库存管理和协同配送的方法来获得协同效应，降低供应链成本。装备制造业的虚拟库存管理和协同配送研究将为我国装备制造业的生产服务提供理论基础，对我国装备制造业占据世界领先水平，推进我国装备制造业的发展，具有重要的理论价值和实际意义。

1.4　本章小结

装备制造业在我国国民经济发展中正面临着机遇，也存在很多问题。建立强大的装备制造业是提高我国综合实力、实现工业化的根本保证。为适应装备制造企业规模不断扩大、竞争加剧，以及专业化分工、主辅业分离的需求，需要大力发展装备制造业物流，为装备制造业提供优质、个性化的服务，满足企业发展多层次、全方位的需求。

参考文献

[1] E-work. 装备制造业的定义及特点 . http://blog. e-works. net. cn/324300/articles/302756. html，2012-06-10.

[2] 丁芳芳 . 我国装备制造业的现状及未来发展方向 . http://news. byf. com/html/20110520/116920. shtml，2011-5-20.

[3] 李庆兴 . “十一五”装备制造业领域规划 . http://www. docin. com/p-102152738. html，2006-06-01.

[4] 奚道云，丁红宇，张秀芬 . 装备制造业绿色制造标准体系框架研究 . 机械工业标准化与质量，2009，(12)：33～35.

[5] 左世全 . 走进“两化”深度融合 . 装备制造，2012，(5)：58～67.

[6] 黄晓恩，刘石磊 . 装备制造业第三方物流与物流信息化建设 . 中国高新技术企业，2008，(13)：31～32.

[7] 张万强，温晓丽 . 发展高端物流业提升装备制造业竞争力 . http://theory. people. com. cn/GB/13603848. html，2010-12-28.

[8] 张万强，温晓丽 . 装备制造业集聚区发展高端物流业的模式、意义及路径 . 中国物流与采购，2011，(5)：70～71.

第 2 章

虚拟库存管理

2.1 虚拟库存管理的产生

库存管理是生产、计划和控制的基础。制造企业的库存往往占据了企业20%～30%的总资产，库存管理对企业减少开支、增加利润、增强企业竞争力具有巨大的作用，尤其是对于大型装备制造业来说更为如此，其库存占用资金占总资产的70%～80%。

随着供应链概念的不断深入和通信技术的不断发展，特别是互联网的广泛应用，远程获取信息并且调用物流资源的可能性大大增加。许多在地理位置上分散的系统可以有效地组合起来，以实现更大的规模经济效益。在这种情况下，虚拟库存管理的概念应运而生。

虚拟库存管理模式是基于供应链的大环境背景，并且需要先进的信息技术作为支撑，以达到将实物库存虚拟化为库存信息。供应链上的成员企业需要打破各自为政的禁锢，彼此合作，共享信息，以供应链整体的效益最大或成本最小为经营目标。

虚拟库存管理是在供应链环境下，运用通信技术和计算机信息网络技术，共享企业物流资源与信息资源，将实物库存信息化为虚拟库存，分离物资的实物物流和信息流，以实现库存的动态管理，并有效降低供应链整体成本的库存管理模式。

2.2 虚拟库存管理研究现状

经济全球化对物流库存和配送管理提出了更高的要求，企业必须克服物流资源的规模约束，提供更高的服务水平。Thomas L. Landers 等[1]认为，虚拟仓库利用信息技术和实时决策支持远程库存可视化，通过 Internet 技术对物流资源进行远程协同柔性配置，有利于解除物流资源的规模约束，优化设计物流网络。虚拟库存管理主要应用无线通信技术、GIS/GPS 技术、自动识别技术以及智能信息处理技术等，充分利用实时数据，由即时库存状态和客户需求触发库存补货和配送。因此，建立在客户、供应商、订单、选址地点和能力等实时状态数据基础上的动态适应型优化模型是虚拟库存管理的主要研究内容。

虚拟库存是在分布式库存的概念上发展起来的，相关文献较少，目前的文献主要研究了虚拟库存的理念和相关支撑技术[2]。异地分布式库存已经有了大量的研究积累，其中在备件的异地分布式库存方面，赵敏和崔南方[3]研究了资产密集型企业备件联合库存模式，分析了备件联合库存的不同表现形式；司书宾等[4]研究了基于供应成本的维修备件协同库存控制模型，以供应成本为优化目标，采用遗传算法(genetic algorithm)建立了多约束协同库存控制的数学模型；周秉利等[5]研究了冶金企业备件库存虚拟共享优化模型。在分销系统的异地分布式库存方面，Shen[6]研究了供应链分销中心的设计问题，建立非线性整数规划模型，采用拉格朗日松弛法求解选址、库存和路径决策问题；Jaruphongsa 等[7]研究了两种具有不同成本结构的发货方式下的库存分销批量模型；Raa 和 Aghezzaf[8]采用长期循环计划方法优化一个集成的分销库存系统，提出了一种考虑客户能力约束、装卸时间和连续发送最小时间间隔的启发式算法(heuristics algorithm)。

另外，蔡晋等[9]研究了基于及时制(just in time，JIT)的供应商库存优化模型，建立了以订货周期为参数的异地库存优化模型和以生产周期为参数的本地库存优化模型。Aigbedo[10]研究了大规模客户化定制对 JIT 供应链中供应商库存的影响，在汽车供应链中，原始设备制造商(original equipment manufacture，OEM)在 JIT 机制下每天数次将零部件配送到装配线上，Aigbedo 通过仿真各种装配顺序及零部件发放顺序，评估在客户化定制环境下供应商为防止缺货必须保持的库存水平。刘利民和柴跃廷[11]研究了一个由若干仓库组成的基于协调中心的分布式库存系统，采用改进遗传算法和随机模拟方法在库存总费用最小目标下确定各仓库的库存订货及调拨策略。Rieksts 和 Ventura[12]研究了两种货运方式下的优化库存策略，针对有固定成本的整车运输和单位成本的包装运输两种方式，在有限和无限计划区间建立了单级的库存优化算法。Simpson[13]研究了多阶段库存计划问题，强调协同库存补货的作用。Fung 等[14]研究了生产物流的虚拟库存系统，根据产品需求变化对主生产计划以及生产稳定性的影响，建立了虚拟库存系统修正库存计划，从而稳定生产排程，该虚拟仓库建立在产品差异延迟的基础上，会针对突发需求重新配置库存资源。

虚拟库存管理对决策实时性要求更高，在这方面 Trappey 等[15]研究了移动智能体在全球在线物流服务中的应用，探讨在全球供应链和电子商务环境下，物流服务提供者如何在产品仓储、运输和配送中应用移动智能体进行实时订单状态跟踪。Martin 和 Barber[16]研究了动态多智能体结构的适应性决策框架，通过对实时状态的决策提高系统性能。Caggiano 等[17]研究了两阶段供应链中可维修部件的实时集成能力和库存配置问题，建立了有限时期内定期盘点的大规模线性规划模型，并采用启发式算法进行模型求解。Yoon 和 Shen[18]总结了包括一般通用方法、人工智能方法、分布式系统方法和虚拟制造方法在内的四种实时决策技术。

在现有的文献中，关于制造业供应物流的虚拟库存的研究文献非常少，具有离散型特征的装备制造业的虚拟库存管理研究对改进物流管理、提高企业国际竞争力具有重大意义。

2.3 虚拟库存管理对装备制造业的意义

装备制造型企业特别是大型装备制造企业之间的竞争，对供应链的依赖程度往往很高。在供应链管理模式下，人们关注的焦点往往在于通过供应链中各节点企业之间建立长期的战略合作伙伴关系以降低供应链中的不确定性，从而达到减少库存的目的。然而，在供应链的各节点企业之间不确定性是仍然存在的，这也就意味着必须有库存的存在。构筑供应链，对各供应商、代理商之间的信息共享程度要求很高，要求各供应商、协作商、代理商之间的合作日渐深入与密切。为了提高产品的市场竞争能力，企业对产品的生产成本、库存成本、管理成本的关注度越来越高，原料的库存成本作为其中一项重要支出，也必然成为企业所关注的对象。因此，人们迫切需要一种新型的库存管理方式，但这种方式单靠企业自身是无法实现的，虚拟库存管理恰恰解决了这个问题，实现了企业间的信息共享、整个供应网络的库存成本优化。

2.4 本章小结

在装备制造业物流中，库存管理占据了非常重要的位置，库存管理是保证企业生产和销售的必要存储基础。随着现代物流技术和信息通信技术的发展，远程获取信息并且调用物流资源使得虚拟库存管理成为可能。虚拟库存管理以计算机和网络技术为基础，将不同区域属于不同所有者储存的物料进行整合，形成产品存储信息和远程控制的数据库，以实现对不同区域的产品进行有效调度和统一管理，实现企业间产品资源共享和优化配置。虚拟库存管理在组织资源的速度、规模和资源的合理配置方面都具有非常显著的优势。在供应链管理模式下，离散型的装备制造业具有流程复杂、配件众多、供应商多等特点，研究离散型的装备制造业的虚拟库存管理，在各供应商、协作商、代理商等多渠道间共享库存，通过合理分配降低供应链中的不确定性，从而达到减少库存的目的，对改善物流水平、降低物流成本、提高装备制造企业竞争力具有重大意义。

参考文献

[1] Landers T L，Cole M H，Walker B，et al. The virtual warehousing concept. Transportation Research Part E，2000，36 (2)：115～125.

[2] Clarke M P. Virtual logistics：an introduction and overview of the concepts. International Journal of Physical Distribution & Logistics Management，1998，28(7)：486～507.

[3] 赵敏，崔南方．备件的联合库存模式研究．中国设备工程，2004，(6)：9～12.

[4] 司书宾，孙树栋，蔡志强．基于供应成本的维修备件协同库存控制模型及其算法研究．西北工业大学学报，2006，24(5)：662～666.

[5] 周秉利，黄春晓，张群．冶金企业备件库存虚拟共享及优化模型的研究．有色设备，2004，(1)：1～4.

[6] Shen Z J M. Incorporating inventory and routing costs in strategic location models. European Journal of Operational Research，2007，179(2)：372～389.

[7] Jaruphongsa W，Çetinkaya S，Lee C Y. Outbound shipment mode considerations for integrated inventory and delivery lot-sizing decisions. Operations Research Letters，2007，35 (6)：813～822.

[8] Raa B，Aghezzaf E H. Designing distribution patterns for long-term inventory-routing with constant demand rates. International Journal of Production Economics，2007，112 (1)：255～263.

[9] 蔡晋，祝勇，潘晓弘．基于 JIT 的供应商库存优化模型．制造业自动化，2006，28(6)：63～69.

[10] Aigbedo H. An assessment of the effect of mass customization on suppliers' inventory levels in a JIT supply chain. European Journal of Operational Research，2007，181 (2)：704～715.

[11] 刘利民，柴跃廷．分布式库存系统优化控制的一种改进遗传算法．计算机集成制造系统，2002，8(5)：399～403.

[12] Rieksts B Q，Ventura J A. Optimal inventory policies with two modes of freight transportation. European Journal of Operational Research，2008，186(2)：576～585.

[13] Simpson N C. Central versus local multiple stage inventory planning：an analysis of solutions. European Journal of Operational Research，2007，181(1)：127～138.

[14] Fung S H，Cheung C F，Lee W B，et al. A virtual warehouse system for production logistics，engineering and technology. Business and Management and Industrial and Production Engineering，2005，16(6)：597～607.

[15] Trappey A J C，Trappey C V，Hou J L. Mobile agent technology and application for online global logistic services. Industrial Management & Data Systems，2004，104(2)：169～183.

[16] Martin C，Barber K S. Adaptive decision-making frameworks for dynamic multi-agent organizational change. autonomous Agents and Multi-Agent Systems，2006，13（3）：391～428.

[17] Caggiano K E，Muckstadt J A，Rappold J A. Integrated real-time capacity and inventory allocation for reparable service parts in a two-echelon supply system. Manufacturing & Service Operations Management，2006，8(3)：292～319.

[18] Yoon H J，Shen W M. Simulation-based real-time decision making for manufacturing automation systems：a review. International Journal of Manufacturing Technology and Management，2006，8(1～3)：188～202.

第 3 章

协同物流配送技术

3.1 协同配送技术的兴起

协同配送，也称共同配送，是为了提高配送效率、降低配送成本而采用的一种配送方式。日本等发达国家较早提出了协同配送的概念。按日本运输省的定义，协同配送是指由一个运输系统通过信息技术和实时决策等手段，在区域内整合多家货主企业，实施货物的集中配送。Schone 和 Schmid[1] 提出了协同配送在日本产生的三点原因：一是日本企业间的竞争导致资源无法合理分配和利用；二是发货频率增高导致了许多社会问题；三是生产规模的扩大也为协同配送的产生创造了条件。

从货主(厂家、批发商和零售商)的角度来说，协同配送可以提高物流效率。例如，中小批发业者各自配送，难以满足零售商多批次、小批量的配送要求。采用协同配送，送货的一方可以实现少量物流配送，收货一方可以进行统一验货，从而达到提高物流服务水平的目的。从卡车运送业者的角度来说，日本卡车运送业多为中小企业，不仅资金少、人才不足、组织脆弱，而且运输量少、运输效率低、使用车辆多、独自承揽业务，在物流合理化及效率上受到限制。如果实现合作化，则筹集资金、大宗运货、通过信息网络提高车辆使用效率、进行往返运货等问题均可得到较好解决。同时，协同配送可以扩大向顾客提供多批次、小批量的服务。协同配送的目的在于最大限度地提高人员、物资、金钱、时间等物流资源的效率(降低成本)，取得最大效益(提高服务)。此外，协同配送还可以去除多余的交叉运输，并取得缓解交通、保护环境等社会效益。

协同配送主要依赖于动态计划，通过配送网络资源的柔性配置来提高系统的效率和实时响应速度。动态计划需要依赖于实时信息的获取和处理，需要物流信息技术的强有力支撑。相关支撑技术主要包括 GPS、GIS、无线通信和 RFID 技术等[2]。

事实上，除了合并运输(merge-in-transit)、路线优化等在运输中的协同外，广义上协同配送还涉及供应商选择、配送网络设计、生产与销售衔接等多个方面，协同配送可以拓展到与配送有关的供应链的各个节点、各个环节等方面。

3.2 协同配送研究现状

当前，关于协同配送的研究主要集中在协同配送的起源、定义、社会效益与经济效益、配送模式等理论方面，多为定性分析。

在协同配送的定义方面，有的作者在定义时将重点放在多个配送物流公司的合作上。由于物流系统属于资金密集型投资，需要广大的土地与软硬件设施投入，没有必要每个企业都投入大量资金、设备和人力建立全面的物流系统，实行协同配送的企业可以共享资源与信息，实现规模经济。也有一些作者在定义时把重点放在为不同的物流服务需求商进行服务上。例如，何景华[3]认为协同配送就是“把过去按不同货主、不同商品分别进行的配送，改为不区分货主和商品集中运货的‘货物及配送的集约化’，也就是把货物都装入在同一条路线运行的车上，用同一台卡车为更多的顾客运货”。

采用协同配送产生的效益，可以分为社会效益和经济效益[4]，社会效益主要有促进资源的整合与优化配置、节省物流处理空间和人力资源、减少车辆的不合理运输、改善交通运输状况及缓解道路拥挤压力、保护环境、促进公平竞争等；经济效益主要有整合物流业务实现规模经济、降低企业运营成本、节约企业资源、扩大市场范围和销售网络、降低运营风险等。

对于协同配送模式的分类，不同学者有不同的方式。何景华[3]认为有两种分类：一种是以货主为主体的协同配送；另一种是以物流业者为主体的协同配送。而以货主为主体的配送模式又可分为发货货主主体型和进货货主主体型；以物流业者为主体的协同配送又可分为公司主体型和合作机构主体型。范李平[5]认为协同配送模式可分为三种，即同产业间的协同配送、异产业间的协同配送和协同集配。张建鲁和吴军[6]也将协同配送分为两类，分别是横向协同配送和纵向协同配送，前者强调中小物流企业之间的合作，后者强调物流企业与流通渠道中的物流服务需求商之间的合作。

协同配送主要通过配送网络资源的柔性配置、在途信息的实时跟踪，应用合并运输、联合运输(collaborative transportation)、交叉理货(crossdocking)、分布式配送系统等先进的配送策略来提高系统的效率和实时响应速度。其中，合并运输是指在运输途中把客户需要的几个地点的货物整合成整体送到客户手中的过程，强调在途的实时决策。联合运输是在供应商库存管理(vendor managenent inventory，VMI）和协同计划、预测和补货（collaborative planning forecasting and replenishment，CPFR）的基础上发展起来的，在供货商、运输商、零售商三者间实现更透明的信息交换，共同进行决策，消除运输的非效率，减少运输商装货、卸货的等待时间，更好地安排运输次序和路线，减少空载率，使得运输资源配置和利用率达到最优化，并保证服务水平。交叉理货（也叫越库）是指一些企业为降低库存成本所采用的一种策略，在不同供应商的各种货物到达仓库后，对货物加以分拣与组配，直接送至货车装载区，省去了其上架入储位、存储等物流程序，立刻把货物转运至下游的不同消费点，如零售商、大卖场，以缩短前置时间、减少货物流通成本、降低库存量。分布式配送系统是将最终产品的备配件分布式保存在多个仓库中，这些仓库主要集中在生产地和卸货地点附近，订单在其中一个合并点进行整合来进行配送。Kärkkäinen 等[7]针对最终客户服务水平和配送成本，通过分析 B2B（business to business，企业之间的一种电子商务模式）电子商务领域的一个维护、维修与运行（maintenance repair and operations，MRO）配送企业的数据，检验合并配送的成本效率，证明合并配送模式除了能够为客户增值外，还能够节约成本。Ala-Risku[8]利用“产品中央控制”和分布式规划，建立柔性的网络来管理合并配送的运作，主要通过建立模型评估合并配送对制造业配送和批发商的适用性。徐同连等[9]分析了存货合并、车辆装载能力合并、转运点合并三种共同配送策略，通过建立共同配送的收益亏损平衡模型来计算各共同配送策略的配送成本。

进行分布式配送或合并运输等运作一般需要同时考虑库存和运输，需要进行库存和运输联合优化。在这方面，Zhao 等[10]研究了一个分销系统的库存控制和运输路径集成的优化问题，并采用禁忌搜索（tabu search heuristic）算法在固定划分策略下寻求零售商的最优划分区域。Cole 和 Parthasarathy[11]建立了数学模型和决策支持系统来设计基于协同配送的配送网络，他们在模型中同时考虑成本、生产、库存等因素，模型的输出包括合并点的位置和类型、运输渠道的选择、用户到合并点的分配、库存的部署。Croxton 等[12]研究了在途货物合并的协同配送系统的运作问题，模型考虑了多方面的复杂问题特征，包括库存和运输的整合决策问题、动态和多模块组成的应用等。李鉴和谢金星[13]介绍了在运输时间不确定和对货物早到有限制的前提下的分布式协同配送系统，以最小化库存费用、满足定时送货要求为目标。李鉴和谢金星[14]还在运输时间不确定、对最终产品早到无限制的前提下，对两个部件的分布式协同配送系统建立随机优化模型，讨论了如何确定运输提前期，并给出了敏感性分析结果。另外，Zudor 和 Holmstrom[15]通过总结自动识别技术、合并运输、基于代理的控制系统这三种技术，结合项目站点服务水平和出货特殊控制方式提出了一个开放的解决方案框架来更好地控制项目配送。

现有研究较少从供应链角度进行研究，很少将联合运输问题与库存、供应商地点、用户地点、路线问题等进行整合。在虚拟环境下，适用于重大装备行业的某些物料的协同供应配送的模式研究是本书的重点之一。

3.3 协同配送对装备制造业物流的意义

由于协同配送控制极为复杂，需要协调多个参与者，考虑多方面的因素，并且强烈依赖于实时信息技术，目前的研究还只停留在简单问题的简单模型上，如单点的合并中心、两种货物的合并模型等，适用于重大装备行业的某些物料的制造供应的协同配送模式的研究还有待深入。

装备制造企业的零部件和协作件数量非常多，生产组装过程较为复杂，供货频繁，并且实际问题是多中心、动态的，尤其是在虚拟库存环境下装备制造企业对协同配送的实时性要求更高，涉及的因素更为复杂。进行装备制造业的协同配送，可以合理分配和利用资源，为社会节约能源，并让制造企业专注于提高其核心能力。

3.4 本章小结

协同配送管理通过策略联盟、协同组合、物流共同化等合作方式共享有限的资源，从而达到整合物流配送、降低营运成本、提高获利能力、促进整体资源的有效利用的目的。装备制造企业的供应链节点企业众多，生产基地、供应商、协作商、备件库、客户等数量多、地域分布广，在虚拟库存管理下，其协同配送更具有复杂性，其研究和实践处于起步阶段。虚拟库存管理和协同配送技术有利于装备制造企业整合物流资源，提高效率，增强竞争力。虚拟环境下的协同配送问题是本书的重点内容之一。

参考文献

[1] Schone A，Schmid W. On the joint distribution of a quadratic and a linear form in normal variables. Journal of Multivariate Analysis，2000，72(2)：163～182.

[2] Brewer A，Sloan N，Landers T L. Intelligent tracking in manufacturing. Journal of Intelligent Manufacturing，1999，10(3～4)：245～250.

[3] 何景华．共同配送——配送物流发展的新趋势．世界海运，2001，24(5)：28～29.

[4] 陈然，兰洪杰，孙彦飞．共同配送模式研究综述．消费导刊，2009，(9)：108～110.

[5] 范李平．共同配送现代物流的新方向．商品储运与养护，2004，26(1)：32～34.

[6] 张建鲁，吴军．共同配送——中小物流企业新起点．经济师，2004，(10)：162～163.

[7] Kärkkäinen M，Ala-Risku T，Holmström J. Increasing customer value and decreasing dis-

tribution costs with merge-in-transit. International Journal of Physical Distribution & Logistics Management，2003，33(2)：132～148.

[8] Ala-Risku T A. Evaluating the costs and benefits of merge-intransit for distributors. Thesis for the Degree of Master of Science in Engineering，Helsinki University of Technology，2002.

[9] 徐同连，栾琨，贾洪飞．共同配送合并策略及其配送成本．长安大学学报(自然科学版)，2006，26(3)：68～71.

[10] Zhao Q H，Wang S Y，Lai K K. A partition approach to the inventory/routing problem. European Journal of Operational Research，2007，177(2)：786～802.

[11] Cole M H，Parthasarathy M. Optimal design of merge-in-transit distribution networks. University of Arkansas，1998：1～25.

[12] Croxton K L，Gendron B，Magnanti T L. Source，models and methods for merge-in-transit operations. Transportation Science，2003，37(1)：1～22.

[13] 李鉴，谢金星．带时间窗口的分布式配送系统在运输时间均匀分布条件下的性能分析．系统工程理论与实践，2002，22(3)：80～87.

[14] 李鉴，谢金星．分布式配送系统在运输时间均匀分布条件下的性能分析．运筹学学报，2003，7(1)：83～90.

[15] Zudor E I，Holmstrom J. Solution framework proposal：taking effective control over the project delivery chain with automatic identification and agent-based solutions. Assembly Automation，2005，25(1)：59～65.

第 4 章

物流信息技术

物流信息技术是指运用于物流各环节中的信息技术。现代物流服务必须依靠物流信息技术的强有力支撑，才能够较好地提供服务。没有物流信息技术的支撑，虚拟库存管理和协同配送寸步难行。虚拟库存管理需要先进的信息技术作为支撑以实现实物库存虚拟化，并且需要供应链上的成员企业彼此合作、共享信息，协同配送控制需要协调多个参与者，并强烈依赖于实时信息技术。

物流信息技术应用的最终目的是使系统用户实现对物流过程的全程掌控，包括对物流信息的检测、识别、变换、存储、传递、计算、提取、控制和利用。随着物流的发展，物流信息系统必须具备较高的自动化和智能化水平，因此必须集成多种信息技术来支撑物流信息系统。根据物流的功能以及特点，物流信息技术包括如计算机技术、网络技术、信息分类编码技术、条码技术、RFID 技术、电子数据交换(electronic data interchange，EDI)技术、GPS、GIS、物联网技术、云计算技术等。

4.1 物流信息采集与识别技术

物流的过程要经过许多物流结点，流通的顺畅性取决于对物品经过各物流结点时属性信息和位置信息的获取。为了提高流通的顺畅性，许多采集与识别技术应用在物流领域，其中条码技术和 RFID 技术最常用于属性信息的获取中，GPS 最常用于位置信息的获取中。

(1)条码技术。条码技术是 20 世纪在计算机应用中产生和发展起来的一种自动识别技术，是集条码理论、光电技术、计算机技术、通信技术、条码印刷技术于一体的综合性技术。条码技术是实现销售终端(point of sale，POS)系统、EDI 和电子商务的基础。随着自动连续补货(automatic consecutive entrance planning，ACEP)计划、快速响应(quick response，QR)等策略的兴起，条码技术也成为供应链管理领域的重要技术。

(2)RFID 技术。RFID 技术是一种基于电磁理论的通信技术，用于信息的自动采集。RFID 技术适用于物料跟踪、运载工具和货架识别等要求非接触数据采集和交换的场合。RFID 技术已经成功应用在高速公路自动收费与城区交通管理、汽车装配生产线物料控制和仓储智能货物管理中。

(3)GPS。GPS 是利用空中卫星对地面目标进行精确导航与定位，以达到全天候、高准确地跟踪地面目标移动轨迹的目的。GPS 已在物流领域得到了广泛的应用，主要应用在汽车定位及跟踪调度、铁路车辆运输管理、船舶跟踪及最佳航线的确定、空中运输管理和军事物流配送等领域。

4.2　物流信息交换与传输技术

物流信息交换与传输技术主要解决物流信息读写时的信息传输问题，以及传输过程自动化的问题，包括网络技术和 EDI 技术。

(1)网络技术。网络技术是现代通信技术与计算机技术相结合的产物，是利用通信设备和线路将地理位置不同的、功能独立的多个计算机系统互联起来的技术手段。信息的处理离不开计算机，而信息的传输与交互必须依靠计算机网络。随着物流信息的高速计算、大规模存储及分布式处理等要求的提出，光纤通信、卫星通信、移动通信等技术纷纷涌现。在物流信息系统的开发中，职能型部门通常采用有线网络，而对于物流中的移动结点则需要配合无线网络实现信息传输。

(2)EDI 技术。EDI 是按照协议标准结构格式，将数据信息通过网络传输，在贸易伙伴的计算机系统之间进行交换和自动处理。该技术的应用实现了不同物流实体之间的无纸化信息传输，避免了信息二次录入造成的资源浪费和容易出错等问题。

随着 EDI 技术在物流领域的应用，形成了货主(如生产厂家、贸易商)、承运人(独立的物流承运企业)、交通运输企业(公路运输、铁路运输、航空运输、水路运输企业)、物流相关企业(仓库业者、报关业者)及协助单位(政府、金融保险)之间通过 EDI 进行物流数据交换，并以此为基础实施物流作业活动的方法。

4.3　物流信息存储与处理技术

物流信息存储是物流信息处理工作的基础。物流信息系统的开发和数据库设计是紧密结合在一起的，其通过数据库管理系统(data base management system，DBMS)有效存储物流信息系统的数据信息，通过信息处理技术(如 GIS)实现空间数据的再现和分析。

(1)数据库技术。数据库是以一定的组织方式存储在一起的相关的数据集合。这些数据没有不必要的冗余，能服务多个用户或应用程序，数据的存储独立于使用它的程序，能够用一种公用、可控的方法构建和更新数据。DBMS是在文件系统的基础上发展起来的更为先进的数据管理技术，它的使用使信息系统的水平提高到了一个新的阶段，常用的DBMS有Oracle、DB2、SQL Server及Sybase。

(2)GIS。GIS以地理空间数据为基础，采用地理模型分析方法，适时地提供多种空间和动态的地理信息，是一种为地理研究和决策服务的计算机技术系统。通过各种软件的配合，GIS可以建立车辆路线模型、网络物流模型、分配集合模型、设施定位模型等，更好地为物流决策服务。

4.4 物联网技术

物联网(the internet of things)的概念早在1999年就提出来了。物联网的定义是：把所有物品通过射频识别等信息传感设备与互联网连接起来，实现智能化识别和管理[1]。物联网通过智能感知、识别技术与普适计算、泛在网络融合应用，被称为继计算机、互联网之后世界信息产业发展的第三次浪潮。物联网被视为互联网的应用拓展，应用创新是物联网发展的核心，以用户体验为核心的创新是物联网发展的灵魂。

根据信息生成、传输、处理和应用的原则，可以把物联网分为四层，即感知识别层、网络构建层、管理服务层和综合应用层。感知识别是物联网的核心技术，是联系物理世界和信息世界的纽带。感知识别层既包括RFID、无线传感器等信息自动生成设备，也包括各种智能电子产品用来人工生成信息。网络构建层的主要作用是把下层(感知识别层)数据接入互联网，供上层服务使用。在高性能计算机和海量存储技术的支撑下，管理服务层将大规模数据高效、可靠地组织起来，为上层应用提供智能的支撑平台。在综合应用层中，同一层次上的不同技术互为补充，适用于不同环境，构成该层次技术的全套应对策略。

从早期的以数据服务为主要特征的文件传输、电子邮件，到万维网、电子商务等以用户为中心的应用，再发展到物品追踪、环境感知、智能物流与交通等，网络应用数量激增，呈现出多样化、规模化、行业化等特点。

物联网的用途一般可以归结为三种基本应用模式：一是对象的智能标签。通过二维码、RFID等技术标识特定的对象，区分对象个体，如在生活中使用的各种智能卡。二是环境监控和对象跟踪。利用多种类型的传感器和分布广泛的传感器网络，实现对某个对象的实时状态的获取和特定对象行为的监控，如使用分布在市区的各个噪音探头监测噪声污染，通过GPS标签跟踪车辆位置等。三是对象的智能控制。物联网基于云计算平台和智能网络，可以依据传感器获取的数据进行决策，对对象的行为进行控制和反馈，如根据光线的强弱调整路灯的亮度、根据车辆的流量自动调整红绿灯间隔等。

物联网的行业特性主要体现在其应用领域内，目前，绿色农业、工业监控、公共安全、城市管理、远程医疗、智能家居、智能交通和环境监测等各个行业均对物联网有所应用，某些行业已经积累了一些成功的案例。物联网技术是一项综合性的技术，是一项系统。目前，理论上的研究已经在各行各业展开，而实际应用基本上局限于行业内部。物联网的规划、设计以及研发，关键在于 RFID、传感器、嵌入式软件以及传输数据计算等领域的研究。

4.5　云计算技术

云计算的概念是由 Google 提出的，这是一个美丽的网络应用模式。狭义云计算是指信息技术基础设施的交付和使用模式，指通过网络以按需、易扩展的方式获得所需的资源。广义云计算是指服务的交付和使用模式，指通过网络以按需、易扩展的方式获得所需的服务，这种服务可以是与信息技术和软件、互联网相关的，也可以是任意其他的服务，它具有超大规模、虚拟化、可靠安全等特点[2]。

云计算按照服务类型不同大致可以分为三类，即将基础设施作为服务(infrastructure-as-a-service，IaaS)、将平台作为服务(platform-as-a-service，PaaS)和将软件作为服务(software-as-a-service，SaaS)。IaaS 将硬件设备等基础资源封装成服务供用户使用，如 Amazon 云计算 AWS(Amazon web service)的弹性计算云(elastic computing cloud，EC2)和简单存储服务(simple storage service，S3)。PaaS 对资源的抽象层次更进一步，它提供用户应用程序的运行环境，典型的如 Google App Engine。SaaS 的针对性更强，它将某些特定应用软件功能封装成服务，如 Salesforce 公司提供的在线客户关系管理(customer relationship management，CRM)服务。

云计算技术体系结构可分为四层，即物理资源层、资源池层、管理中间件层和面向服务的体系结构(service-oriented architecture，SOA)构建层。物理资源层包括计算机、存储器、网络设施、数据库和软件等；资源池层是将大量相同类型的资源构成同构或接近同构的资源池，如计算资源池、数据资源池等；管理中间层负责对云计算的资源进行管理，对众多应用任务进行调度，使资源能够高效、安全地为应用提供服务；SOA 构建层将云计算能力封装成标准的 Web Services 服务，并纳入到 SOA 体系进行管理和使用，包括服务接口、注册、查找、访问和服务工作流等。

Google、Amazon、IBM、微软和 Yahoo 等大公司是云计算的先行者。云计算领域的众多比较成功的公司还包括 VMware、Salesforce、Facebook 等。Google 是最大的云计算技术使用者，其强大的搜索引擎建立在分布在 200 多个站点、超过 100 万台的服务器的支撑之上，Google 的一系列应用平台包括 Google 地球、地图、Gmail、Docs 等也同样使用了这些基础设施。Amazon 研发了 EC2 和 S3 为企业提供计算和存储服务。IBM 在 2007 年 11 月推出了“改变游戏规则”的“蓝云”计算平台，为客户带来了即买即用的云运算平台。除此以外，众多公司都意识到了云计算技术的关键作用，并纷纷参与到这场“云计算战争”之中。

4.6 TETRA 无线数字集群应用研究

TETRA 是一种由欧洲电信标准委员会(European Telecommunications Standards Institute，ETSI)制定的全球数字集群标准，它采用时分制和压缩传输技术，使频点利用率得到很大提高，可提供极为灵活的调度通信，支持先进的功能组合，是为港口、铁路、机场等专业应用场合设计的新一代数字信息平台。TETRA 技术除了具有语音通信功能外，还具有数据传输、车辆定位和调度台等专业功能，能满足港口装备制造业的虚拟库存管理及物流配送对信息的需求，已经在我国各大集装箱码头投入使用，并取得了很好的效果。

在 TETRA 技术的具体应用方面，别永辉和刘清[3]研究了集装箱运输港口的通信与调度系统，提出的基于互联网的港口无线数字通信系统解决了上位集装箱管理系统数据信息与现场作业信息协调统一的问题。厦门港务集团港电服务有限公司采用摩托罗拉 TETRA 数字集群系统装备其港口主要作业区，以实现更先进高效的调度通信管理[4]；Dolanc 和 Judez[5]提出 TETRA 技术在专业或公共无线移动通信领域应用广泛，如电信、机场、安全等机构或部门。北京已经把采用 TETRA 技术的公共无线移动网络建设成为政府公网，并充分利用 TETRA 无线数字集群的传输能力，使政府各个部门各个网络实现无缝对接，改变了部门间网络各自为政的局面，提高了政府的办事效率。

在 TETRA 系统的关键技术方面，Flintoft 等[6]对 TETRA 无线集群系统的电磁兼容性(electro magnetic compatibility，EMC)问题以及无线移动手提机的抗干扰性进行了重点探讨；Dewey 等[7]对基于无线移动信道的 TETRA 技术性能以及信道编码框架进行了仿真研究；Alshamali[8]提出了基于 TETRA 技术的移动语音通信模型，讨论了采用小波压缩技术进行数据传送的可能性；黄有方和沈一飞[9]研究了带通信号的直接采样与重构理论及其应用。

TETRA 技术已经在港口、机场、交通和安全领域得到了应用，但是在装备制造业虚拟库存管理及协同物流配送中的应用还未见报道。将 TETRA 无线数字集群技术应用到虚拟库存管理领域将有广阔前景，特别是 TETRA 的模式、实时调度算法、通信数据传输与共享等在虚拟环境下的库存信息交换技术将会成为研究热点。

4.7　基于 GIS 的物流信息技术的应用

GIS 是以地理空间数据库为基础，采用地理模型分析方法，适时提供多种空间的和动态的地理信息以满足实际的应用需求的信息系统。通过将 GIS 技术应用到装备制造业虚拟库存管理与协同配送优化系统中，可以将物流过程中所涉及的资源信息在 GIS 的电子地图上直观地反映出来，并通过 GPS 的实时定位来实现对整个物流环节的监控管理。同时，通过 GIS 对地理对象信息的分析还可以应用于物流配送的路径决策中。

GIS 空间分析技术是物流 GIS 的核心功能，通过利用空间信息分析技术对原始数据模型进行观察和实验，用户可以获得新的经验和知识，并以此作为物流空间行为的决策依据。

物流 GIS 建立在物流地理空间数据库之上，可以可视化地展现运输工具与物料的相关信息，并能提供空间分析、辅助决策等功能。要将 GIS 应用于物流配送，就必须把 GIS 的地理对象与物流配送系统中特定的资源联系在一起，即建立具体的车辆、配送点与 GIS 地图上的地理对象的关联关系。这样，通过 GPS 获取的即时信息，就可以直接反映物流配送过程中所涉及的各类资源。

将 GIS 空间分析技术应用于物流系统可以辅助决策，实现如下分析功能：

(1)设施选址，用于确定一个或多个设施的位置。在物流系统中，客户点和运输路线共同组成了物流网络，客户点处于网络的节点上。例如，在满足客户实际需要、提高经济效益的原则上，在既定区域内设立合理数目的供应商或其他服务设施，确定每个设施的位置、规模以及设施之间的物流关系等。诸如此类的问题，在 GIS 和内在优化模块的辅助下均能得到很好解决并将结果直观展示出来。

(2)路径规划，在单对多和多对多的配送模式下给出合理的路径规划。例如，在处理一个起始点、多个终点的货物运输中，解决如何降低物流作业费用并保证服务质量的问题，包括确定使用车辆类型、车辆数量、每辆车的行车路线等。

(3)运输监控。物流 GIS 平台提供了可视化的界面，通过 GPS/GSM(global system for mobile communications，全球移动通信系统)的实时数据反馈，可以直观地反映车辆在运输过程中的状况，可以为信息的使用者提供更为直观、清晰的实时在途信息，有助于配送中心对运输的车辆及时做出决策。

集成了多种物流信息技术的物流 GIS 平台，可以为信息的使用者提供多种实时可靠的物流信息，可以内嵌各类物流优化计算模型，并将实时处理的结果以更为直观、清晰的形式提供给供应链上的各方。物流 GIS 平台具有以下优越性：

(1)物流 GIS 平台能提供良好的图形展示界面，除了图形的显示、出图功能以外，也能根据属性资料做不同的主题展示，将图形根据需要任意缩放。

(2)物流 GIS 平台既具备处理图形的能力，又能处理与图形特征相关的属性内容，并能处理大量的统计资料，使得图形资料能够灵活应用，任意叠合、分割、截取和统计分析。

(3)物流 GIS 平台的空间分析功能能够对点、线、面做不同的空间分析，获取相关信息。物流 GIS 平台在物流的最短路径分析、配送区域分割中具有独特作用。同时，GIS 的强大功能还表现在它能够根据不同的模型对地物进行仿真模拟，模拟目标物体的发展过程，可以完全在可视化的操作界面下了解模拟目标物体的发展过程。

在 GIS 空间分析研究方面，冯大鑫[10]构建了基于 Java 2 平台企业版(Java 2 platform enterprise edition，J2EE)框架的物流系统平台，将 GIS 平台引入物流配送中，分析讨论了 Web Services 技术，并利用 Web Services 实现了物流配送系统与 GIS 平台间的数据交互。Wang 等[11]指出空间分析是 GIS 的灵魂，他们研究了空间分析的理论框架，指出空间运筹模型和空间数据挖掘都是空间分析的重要组成部分，还将一种时空运筹模型应用于区际调水资源优化配置研究。杨斌和朱仲英[12]研究指出，GIS 是综合信息处理、分析、决策的核心，他们研究了基于云模型的多层空间关联规则挖掘。

在虚拟库存管理与协同配送的背景下，空间运筹模型、空间数据挖掘等空间分析技术经过适当改进可以用于辅助决策，这方面的研究和应用还较少。

4.8 本章小结

物流信息技术是现代信息技术在物流各个作业中的综合应用，是现代物流区别于传统物流的根本标志，也是物流技术中发展最快的领域。现代物流业的发展有赖于信息技术的提升，信息技术对现代物流业的发展有着巨大的推动作用。

发展装备制造业物流离不开物流信息技术的支撑，尤其是装备制造业物流系统的建立和加强离不开物流信息技术强有力的支撑。装备制造业物流要实行虚拟库存管理和协同配送技术应用，尤其需要物流信息技术的支撑。虚拟库存管理需运用通信技术和计算机信息网络技术，共享企业物流资源与信息资源，将实物库存信息化为虚拟库存，以实现库存的动态管理。协同配送涉及多个复杂环节，需要协调多个参与者，考虑多方面的因素，主要依赖于动态计划柔性配置配送网络的资源，需要进行实时信息的获取和处理，离不开 GPS、GIS、无线通信和 RFID 等物流信息技术的支撑。因此，在虚拟库存管理与协同配送的背景下，物流信息技术在装备制造业物流系统中的应用是本书的又一阐述重点。

参考文献

[1] 许岩，李胜琴．物联网技术研究综述．电脑知识与技术，2011，7(9)：2039～2040.

[2] 刘鹏．云计算(第二版)．北京：电子工业出版社，2011：2～6.

[3] 别永辉，刘清．基于 Internet 的港口无线数字通信系统．计算机工程与应用，2006，42(5)：223～226.

[4] 摩托罗拉(中国)．厦门港口采用摩托罗拉 TETRA 部署华南首套港口数字集群系统．电信技术，2005，(8)：53.

[5] Dolanc B，Judez M. Professional mobile system-TETRA over IP and IP over TETRA. EUROCON 2003，2003，1：173～177.

[6] Flintoft I D，Robinson M P，Porter S J，et al. Addressing the risk of EMC problems with mobile radio transmitters. Compliance Engineering，2000，9：30～34.

[7] Dewey R，Sfez R，Pequet E，et al. Design of the TETRA mobile radio air interface protocol. Mobile and Personal Communications，1993：38～43.

[8] Alshamali A. A mobile telecardiology system using TETRA standards. Information Technology：Coding and Computing [Computers and Communications]，2003：603～607.

[9] 黄有方，沈一飞．带通信号的三类采样频率区间确定与解释．振动与冲击，1995，14(2)：53～59.

[10] 冯大鑫．GIS 协同的物流配送管理系统研究与实现．浙江大学硕士学位论文，2007：9～68.

[11] Wang J F，Li L F，Ge Y. A theoretic framework for spatial analysis. ACTA Geographica Sinica，2000，55(1)：92～103.

[12] 杨斌，朱仲英．GIS 前瞻性技术的若干应用研究．微型电脑应用，2002，18(1)：9～12.

第二篇

库 存

第 5 章

虚拟库存管理概述

5.1 几种库存管理模式

5.1.1 传统库存管理

在传统的库存管理模式中，企业追求的不是供应链的整体最优，而是自身的利益最大化。供应链各节点企业缺乏沟通，导致整个供应链上的库存过量，牛鞭效应(bullwhip effect)严重，从而导致占用大量流动资金和保管费、场地占用及货物贬值或损坏等。在传统的库存管理模式下，企业各自为政，趋向建立自有仓库，“自行保管本企业的物料”的观念根深蒂固，库存管理只能围绕减少库存管理中的浪费、提高需求预测的准确性等方面展开，并不能从本质上减少库存管理成本。由于各企业倾向于拥有自己的库存，所以库存物资往往存储在不同的地理位置，相应的储存信息只有在当地才能获得，库存物资也只能被当地应用，供应链上的物资不能达到最优使用。

5.1.2 基于供应链的库存管理

随着供应链概念的提出，成员企业愈加意识到以彼此合作、信息共享为基础能够更好地对库存进行管理。相应地，库存管理领域也出现了合计预测与补给(aggregate forecasting and replenishment，AFR)模式、分布式库存管理(distributed inventory management，DIM)、VMI、联合库存管理(joint managed inventory，JMI)和CPFR等库存管理新模式。

(1)AFR。AFR是以供应链上的分销中心或主要分销商为中心，以销售历史数据作为预测未来需求的来源，并联合其下游分销商进行库存管理的管理模式。

虽然实施 AFR 库存管理模式的企业考虑到与下游分销商合作，但合作与信息共享只能单纯控制销售阶段的库存，并未深入到采购、生产等环节，也没有重点考虑客户需求，缺乏集成的供应链计划，易导致牛鞭效应的产生，也会有库存量很高而订单满足率低的情况发生，从而导致供应链整体运作效率降低，难以达到快速响应的效果，不能让客户满意。

(2)CPFR。CPFR 是在 AFR 的基础上，进一步推动企业共同计划的制订。在 CPFR 模式下，上、下游企业间不仅实行合计预测和补给，同时原属于各企业内部事务的计划工作(如生产计划、库存计划、配送计划等)也由合作企业共同参与。CPFR 模式要求合作企业双方长期承诺公开沟通、信息共享，确立协同性的共同战略，使双方共同取得长远发展和良好效益。CPFR 是在 AFR 的基础上衍变而来的，AFR 只是以历史销售数据作为预测的基础，并未对预测数据反馈修正和数据集成，合作并不深入。而 CPFR 强调的是合作双方必须做出最终的协同预测，考虑季节性因素，共同制定促销手段等，并共同参与制定预测模型与预测反馈修正制度，切实提高基于双方信息共享的协同预测精准度，以达到减少供应渠道的库存量、提高供应链运作效率、节约使用整个供应链的资源的目的。

(3) VMI。VMI 是以零售商和供应商双方都能获得最低成本为目标签订协议，由供应商管理商品库存，并持续监督协议执行情况，改进协议内容，以改进库存管理合作策略，将双方成本降到最低。VMI 模式改进了 AFR 模式的缺点，使供应商不只和下游企业一同管理库存，而是能够共享到更多的零售商信息，对下游企业的库存、订货、配送环节的控制策略进行计划和管理，从而减小供应链中的牛鞭效应，提高供应链的运作效率。VMI 的库存控制策略打破了企业各自为政的库存管理模式，在 VMI 中供应链集成化的管理思想得到了体现。

但 VMI 模式也有缺点，在 VMI 模式中，进行优化的仅是零售商和供应商双方，并未涉及整体供应链的优化，仍旧存在供应链集成化程度不够的问题。供应商的客户不仅仅是某一客户，而可能是多个客户，一对一实施 VMI 模式会影响到供应商与其他合作伙伴的供应关系，使得整个供应链体系不能达到最优。另外，一对一的 VMI 模式也会导致下游企业只关注与某供应商的单一合作，过分地依赖特定供应商，而放弃寻找能够使供应链进一步优化的供应链系统中的其他供应商伙伴，虽然合作双方成本最低，却不一定是供应链总成本最低。

(4)DIM。DIM 即建立一个库存控制协调中心，管理分布在相同或不同地理位置的多个仓库。这个库存控制协调中心本身并不持有任何库存，而是享有各库存的库存信息状况。根据客户的需求和各仓库的库存情况，库存控制协调中心考虑仓库的库存类型、供货能力、地理位置等，指定适合的仓库为客户供货。

DIM 应用协调中心控制企业的多个仓库，将库存虚拟化为信息，分开了物流和信息流。DIM 是基于信息系统的库存控制方法，能够进行企业多库存的整体优化，而非只能针对某一仓库进行局部优化。

DIM 体现了虚拟库存的特点，分离了物流和信息流进行决策制定和实际作业。但是在库存所有权上还有限制，多个仓库都为一个企业拥有，即在 DIM 中并没有将商流分离出去。

(5)JMI。JMI 是一种协调的库存管理模式，实际是组建一个协调中心，以解决供应链系统中由各节点企业的相互独立运作模式导致的需求放大现象，是提高供应链同步化程度的一种有效的库存控制方法。联合库存的思想最先体现于地区分销中心。传统的分销模式是分销商根据市场需求直接向制造商订货，而货物到达分销商需要一定时间，为了避免这段时间造成的缺货，分销商不得不进行库存备货，从而造成巨大库存成本。采用联合库存后大量的库存由地区分销中心储备，各分销商只需少量库存，从而减轻了分销商的库存压力。JMI 是在 VMI 的基础上进一步发展而产生的库存控制方法，在 JMI 中上、下游各个供应链节点企业权利责任平衡，并共同承担风险，共同制定供应链库存控制策略，联合考虑供应链的库存协调，以满足供应链最终客户的共同需求目标，最终消除需求逐级放大的供应链牛鞭效应。JMI 与 VMI 的最大区别在于，VMI 只是一对一的供应链局部库存管理优化，而 JMI 是供应链上多个企业节点共同进行供应链库存管理优化，扩大了优化范围，提高了供应链上成员企业间的信息交换与库存协调程度。

以上基于供应链的库存管理新模式都体现了供应链成员尝试打破传统的企业各自为政的禁锢，趋向于彼此合作、共享信息，以达到供应链整体最优的目的[1~11]。但是，在 AFR 模式和 VMI 模式中，供应链物流的内涵并没有得到完全的体现，库存的所有权受到了限制，供应链上的库存只得到了局部整合，信息技术在供应链物流中只是起到了辅助的作用。从 DIM、JMI 和 CPFR 的库存控制策略中，已经可以初步找到虚拟库存控制策略的特征，体现了虚拟库存的管理思想，即分离商流、物流和信息流，以信息代替实物，不受企业实体对库存所有权的限制，真正做到整条供应链上库存控制的优化。下面本书对虚拟库存管理模式做进一步的详细阐述。

5.1.3　虚拟库存管理概念的提出

随着供应链概念的不断深入，通信技术的不断发展，特别是互联网的广泛应用，远程获取信息并且调用物流资源的可能性大大增大。这表示，许多在地理位置上分散的系统可以被有效地组合起来，以实现更大的规模经济效益。在这种情况下，虚拟库存管理的概念应运而生。

我国对虚拟库存管理的概念并没有权威的定义。参考中外文献可知，虚拟库存管理模式是基于供应链的大环境背景的；虚拟需要先进的信息技术支撑，以达到将实物库存虚拟化为库存信息；供应链上的成员企业需要打破各自为政的禁锢，彼此合作，共享信息，以供应链整体的效益最大或成本最小为经营目标。

虚拟库存管理与传统库存管理的最大区别在于，虚拟库存管理分离了库存的实体物流和信息流。在虚拟库存管理模式下，库存物资可以被当做商品看待。这表示库存物资可以被借出、借入或者被交易，可以灵活地合并、分派和配置。虚拟库存管理使得库存控制的方法有了许多新的可能性，并且能够提高供应链整体的运作效率。

库存由实到虚的过程与金融系统的演变过程有着相似之处。为了进一步解释虚拟库存管理的概念和虚拟库存管理的作用，下面本书对金融系统的演变过程进行阐述，以作为类比研究。

以前，金钱的流通形式是贵重金属，如金、银，拥有金钱的人更倾向于自己持有这些珍贵金属，因为这样能够更好地保护他们的私有财产，这一点正如传统库存管理中企业更倾向于自己持有库存一样。表面看来自有金钱是最安全可靠的，但实际上其成本很高且有很大风险——要储存这些贵金属需要保密的空间，并且要人力严加看守，以防因意外、损毁或者盗窃所造成的金钱损失。在银行出现之后，投资者开始意识到银行具有明显的优势。一家银行可以持有几个不同投资者的资产，这样可以产生规模经济，并且能够增加安全性。此外，银行发现，更好地利用资金的方式是将资金贷款给投资者，这样可以赚取利息使得资金不断增值。在借贷活动中，银行借给投资者的资金可以比其实际储备的货币量多很多。尽管存在风险，但这样的金融系统最终被证明是可行并且有效的，它进一步提高了资产的利用率，这种独特的资产持有方式使得银行拥有特殊的优势。现在，我们通常很少自己持有大量实体货币，同时，银行系统的作用不容否认。经过金融系统的演变，金钱的形式已不再是有形资产(即金或银)，而是对金或银虚拟化后的货币形式。在流通过程中，我们并不需要实体的金或银，但是如果我们想要实体金、银，可以随时用货币来换取——这样便赋予了货币价值。

参照金融系统的演变过程，库存的实物形式就如同实体的金、银，而库存信息就如同货币。在虚拟库存管理中，我们需要做的是将实体库存虚拟化为库存信息，以减少不必要的库存管理费用，并有效地提高库存管理的效益。

5.2 虚拟库存管理模式

不同于 VMI，虚拟库存管理综合考虑了生产、需求等各方面的影响因素，从而达到资源的最优配置、缩短订单响应时间的目标。在虚拟库存管理中，库存状况不仅代表其自身的库存，还包括战略联盟或合作伙伴的库存信息。这种库存方式不但降低了库存水平、库存成本，而且还增加了原料的可用量。它强调的主体是供应链上的各个节点企业，而不只是局限于上、下两级企业之间。

5.2.1　相关概念

1. 虚拟库存

虚拟库存是近些年来提出的一个概念，实质是将参与敏捷供应链协同生产的各成员企业的库存信息进行集中管理。但实际的物理库存可能存在于地理位置分散的各成员企业中，企业可通过供应链网络中不同节点企业的库存来满足客户的需求。虚拟库存管理是在供应链环境下，运用通信技术和计算机信息网络技术，共享企业物流资源与信息资源，将实物库存信息化为虚拟库存，分离物资的实物物流和信息流，以实现库存的动态管理，并有效降低供应链整体成本的库存管理模式。

2. 虚拟仓库

虚拟仓库利用计算机和网络通信技术，将地理上分散的、属于不同所有者的实体仓库进行整合，形成具有统一目标、统一任务、统一流程的暂时性物资存储与控制组织，以实现不同状态、空间、时间的物资有效调度和统一管理。它的功能优于任何一个实体仓库，通过完全信息获得潜在收益，最根本的原因是这种管理模式减少了运输量、劳动力成本以及服务时间。

例如，图 5-1 中 A、B、C、D 为四个实体仓库(总部或配送中心的仓库)，库存信息共享，每个仓库均提供一部分的库存量作为虚拟仓库 VW 的库存。这样可快速响应不确定的客户需求，在不增加自有实体库存量的前提下扩大原料的可获得量。

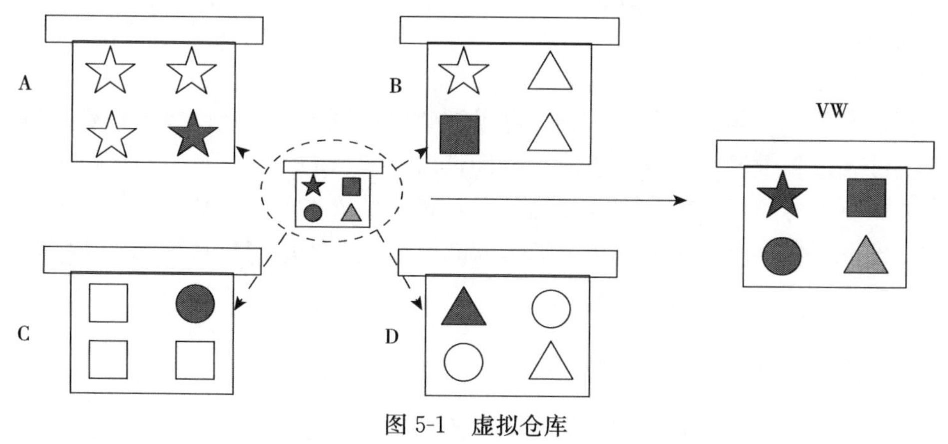

图 5-1　虚拟仓库

3. 虚拟物流

虚拟物流是指以计算机网络技术进行物流运作与管理，实现企业间物流资源共享和优化配置的物流方式，即多个具有互补资源和技术的成员企业，为了实现资源共享、风险共担、优势互补等特点的战略目标，在保持自身独立性的条件下建立的较为稳定的合作伙伴关系。虚拟物流本质上是 JIT 在全球范围内的应用，是小批量、多频率物资配送过程，以实现成本最低、快速响应客户需求的目标。

5.2.2 虚拟库存管理的组织架构

1. 理论架构

从理论的角度出发，虚拟库存管理由两个层级组成，即数据层和算法层，如图 5-2 所示。数据层运用硬件和软件对实时数据进行收集和传递，它是虚拟库存管理的基础[12]。

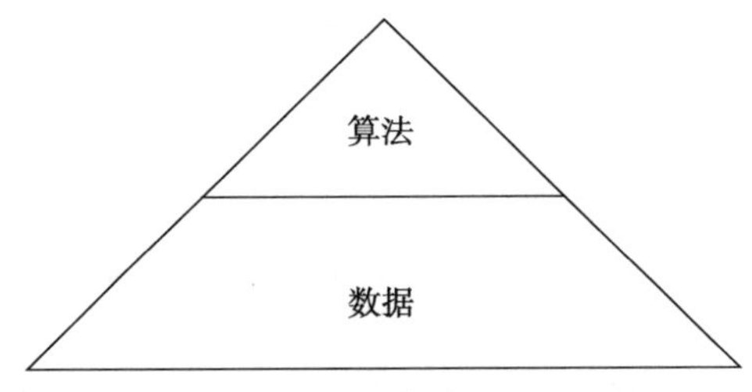

图 5-2 构成虚拟库存的两个层级

虚拟库存管理模式需要相关技术和算法的支持，如运用标准界面和集成数据库、无线通信技术、GPS、GIS、RFID 等先进技术进行数据采集和传输，并通过优化库存和配送业务(pure delivery)进行物流组织中多种资源的配置，采用供应商选择、订单优先级、合并运输等算法对数据进行加工和处理，在短时间内生成计划和决策。

2. 实践架构

在整个供应链中，共享信息资源可以有效地降低最终市场的需求信息沿供应链向上传递过程中产生牛鞭效应的可能性，而且信息的共享将使得供应链上的成员企业能更好地制订生产计划及配送计划，在降低成本的同时提高最终用户的满意度。良性的合作有利于结成更为紧密的联盟，以此来应对快速变化的市场需求(图 5-3)。

5.2.3 虚拟库存管理的分类

虚拟库存管理是近几年新兴的一个理论概念，它的管理形式以及分类的表述尚不十分明确，就国内外研究现状[13~20]来看，我们可以把虚拟库存管理的形式分为三类，即不完全虚拟库存管理、完全虚拟库存管理和混合虚拟库存管理。

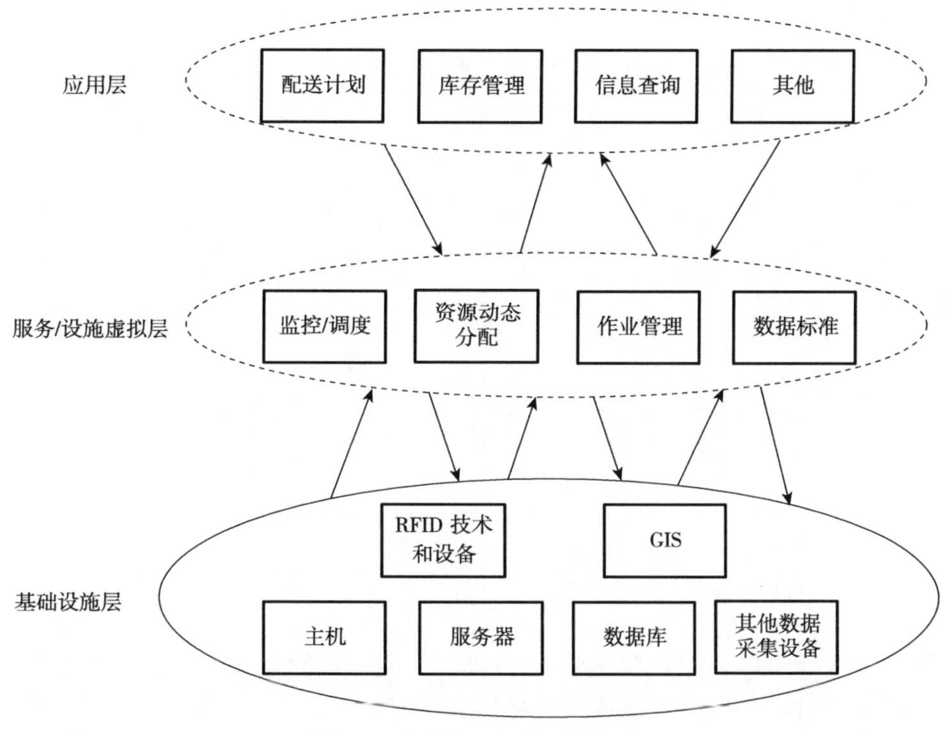

图 5-3　实践中 VW 的层级架构

1. 不完全虚拟库存管理

从图 5-4 可以看出，该管理模式中对库存的管理可以分为两个部分，一部分属于供应点的管理，另一部分是自有仓库的管理。这在一定程度上降低了自有仓库的存储量，当自有仓库的库存水平不能满足接下来的生产计划时，会触发供应商补货系统，供应商会及时地出货、安排配送，在规定的时间内将原料运送到生产车间。此类库存管理方式适用于库存空间有限，且与供应商合作密切的生产、分销企业。

2. 完全虚拟库存管理

完全虚拟库存管理是一种理想的库存管理方式，企业自身不设自有仓库，当生产需要某种原料、零部件时，直接从市场上进行采购，市场供应能力可视为无限大。例如，在丰田公司的 JIT 管理模式中，其上游的供应商要在规定的时间把零部件运送到规定的地方，但这只优化了丰田公司内部的库存成本，而把库存的风险、压力转嫁给其上游供应商，使得供应商不得不持有大量的库存，以满足丰田公司的正常生产。这样只能实现某一级企业成本最优的目标，并不能提高整个供应链的效率。由此可知，虚拟库存管理不是某一层级库存的成本优化，而是整个供应系统的成本优化。

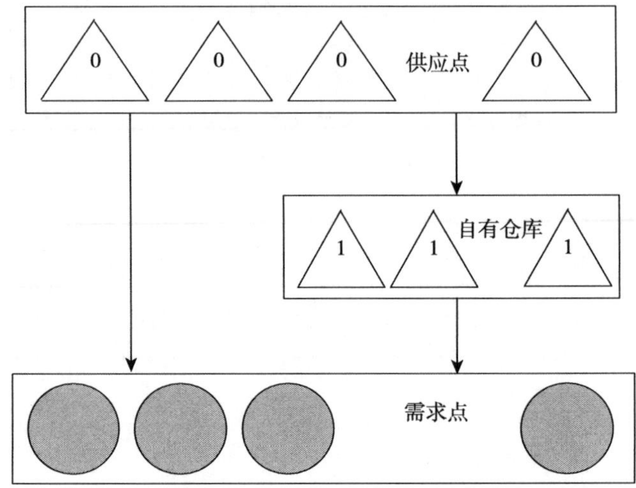

图 5-4 原材料虚拟库存管理(不完全虚拟库存管理)

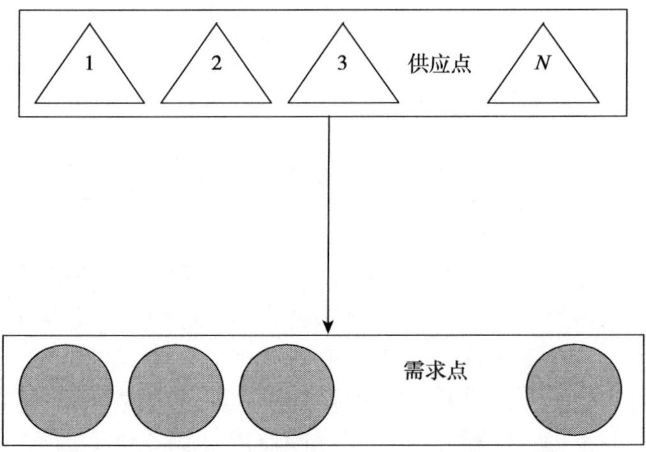

图 5-5 标准件虚拟库存管理(完全虚拟库存管理)

3. 混合虚拟库存管理

从图 5-6 中可以看出，流程 2 后面的零部件 2 需要一个较长的生产周期才能最终生产出来，对于下游需求者而言，该类产品的采购提前期较长，故此类零部件的库存水平设置较高。而对于流程 1 后面的零部件 1 来说，它所需的生产过程较短，且原材料充足，故此类零部件的库存量可稍低一些。如果零部件 2 的库存量急速下降，需迅速补充零部件 1 的库存量，以备零部件 2 的生产。

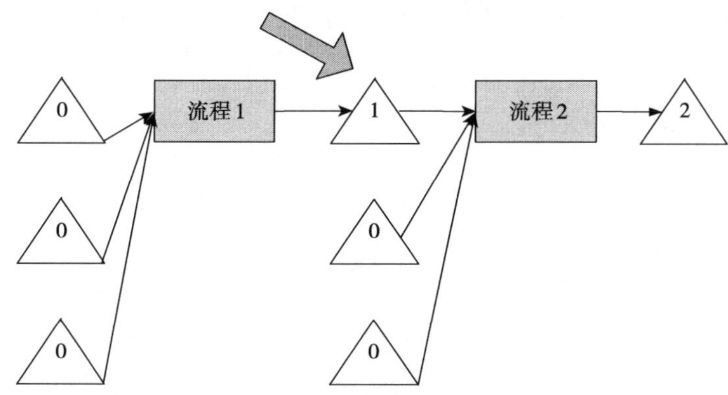

图 5-6　非标准件虚拟库存管理(混合虚拟库存管理)

5.2.4　装备企业实施虚拟库存管理的重要性和意义

随着物流领域全球化趋势的日益明显，在全球范围内配置物流资源将成为大势所趋。因此，应突破物流组织的规模约束，采用共享仓储空间和运输设备等物流设施的方法来获得协同效应，降低供应链成本。欧洲物流服务中心(European Logistics Service Center，ELC)就是一个基于这一理念的物流体系，在该体系中库存的地理位置不再是考虑的关键因素，可使用虚拟化的仓库作为整个供应链的服务中心。近年来，我国企业也开始进行该物流协作模式的实践，如宝钢集团有限公司与周边同业企业实行备件虚拟联合库存管理，应用无线通信技术、GIS/GPS 技术、自动识别技术以及智能信息处理技术，充分利用实时数据，由即时库存状态和客户需求触发库存补货和配送。

装备制造业是我国赶超世界先进水平的重要领域之一。大型装备制造业是典型的资金密集型按订单生产行业，不同于日常消费品行业和高标准化的汽车制造行业，订单型装备制造业的原材料(如钢板)和非标准件库存管理是虚拟库存管理的关键问题。以订单生产为模式的大型装备制造业具有自身特点，其虚拟库存管理在世界范围内的研究与应用极少。为了提升我国装备制造业的先进制造水平，进行装备制造业虚拟库存管理的研究与应用势在必行。本书研究成果将为我国大型装备制造业的生产服务提供理论基础，同时，实施虚拟库存管理对我国装备制造业占据世界领先水平、推进我国大型装备制造行业的发展具有积极的实际意义。

5.3　建立虚拟库存

根据企业实际的所处供应链环境，可以选用适当的虚拟库存控制策略对库存进行管理。主要的虚拟库存控制策略有三种类型，即虚拟持有库存、建立虚拟仓库和虚拟供应链。

5.3.1 虚拟持有库存

对虚拟持有库存仍然可以金融系统中的银行作类比，如图 5-7 所示。

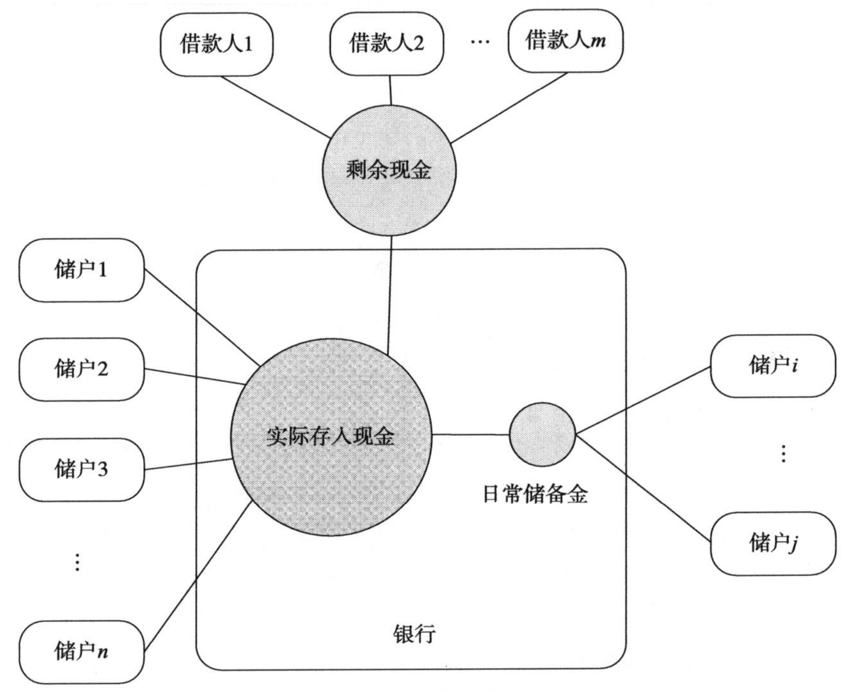

图 5-7 银行现金持有原理分析

某银行会有许多不同储户，储户并不自己分别持有大量现金，而是将原本自行持有的现金存入银行。银行收到储户的存款后会储备一些现金资源，以便储户取回其资金，而对其他资金则用做吸引其他用户贷款以产生利益。因此，银行储户存进银行的实际现金数额要比银行日常的现金储备量大得多，一般来说储户存进银行的实际现金额可以达到日常储备金的 12 倍。这种情况之所以可以存在，是因为只有小部分储户在存入现金后希望随时能够把钱取回来，而大部分储户在短期内是不会取出大量现金的。在这样的运作模式下，一方面，银行不需要存储大量现金，保管成本与风险大大减小；另一方面，能够将除去日常储备金的后资金资源很好地用于开展贷款业务，提高了资源利用率，增加了银行效益。

虚拟库存持有的原理和银行现金持有原理相似，只不过持有的对象不是现金而是库存信息，如图 5-8 所示。

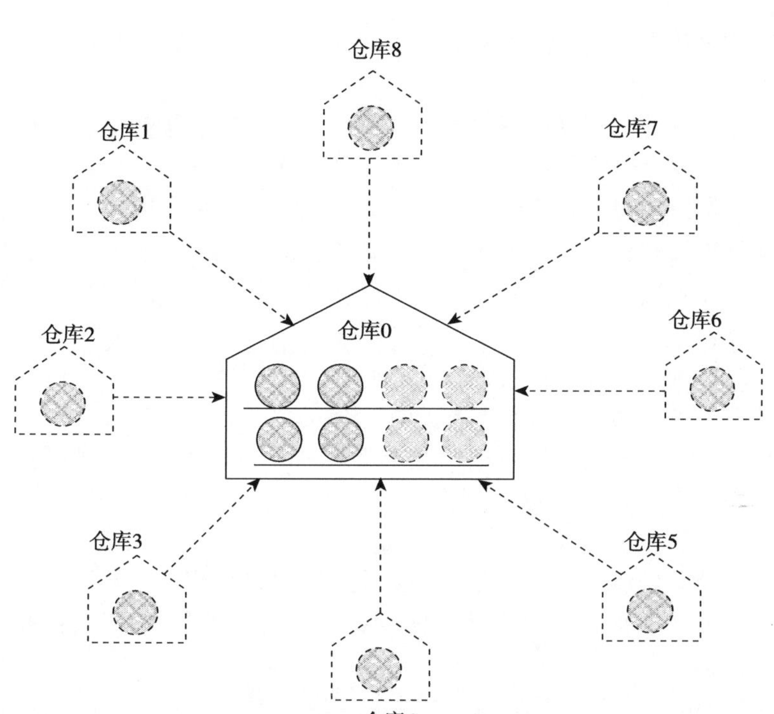

图 5-8　虚拟库存持有原理分析

某个企业专门建立仓库为需要存储某类商品的多个企业客户提供库存服务，日常储备的库存量比各企业客户实际存入的数量要少。

在图 5-8 中，8 个企业在采用虚拟库存持有的库存控制策略前，分别各自拥有一个仓库储存产品，即供应链中共有 8 个仓库需要管理，8 个仓库虽然存储了相同产品或相似代替品，但因彼此之间没有信息共享，没有办法将 8 个仓库的库存进行整合。在应用虚拟库存持有的控制策略后，8 个企业共用企业提供的仓库 0 进行库存管理，仓库 0 担任起库存整合优化的任务，根据实际需求分配库存。在虚拟库存持有模式下，虽然 8 个企业仍对其相应的库存拥有所有权，却只需掌握库存的信息状况，而不需要自行建立仓库存储、管理实物库存，大大减少了各企业的库存管理费用。由于集中了原本储存在 8 个仓库中的库存产品，仓库 0 的库存管理中产生了规模效应，库存管理费用被更大的库存量所分担，库存控制管理成本降低，仓储管理的效率提高。仓库 0 能够整体考虑供应链各成员企业的需求和库存控制，基于供应链全局对库存进行管理并合理分配，使得供应链整体得到了优化。在一般情况下，8 个企业不可能同时提取所有的库存，因此仓库 0 并不需要存储 8 个企业实际存储进来的库存量，日常只需存储适量库存，以保障短期内某企业的供货需求即可。在某企业对库存的需求短时期大幅上升的时候，企业 0 可以将非常备库存贷出，并收取相应的利润，这大大提高了供应链的整体效益。

虚拟库存持有的库存管理模式有明显的优势，虽然供应链要求持有库存，但各企业自身不需要存储实物库存，这大大降低了库存成本与库存风险。由于存储的货物减少，所以持有成本将降低；由于需要更少的存储空间，所以仓储费用将降低；使库存周转率提高，折旧成本将会减少；通过集中存储，提高了存储和仓库作业的专业化程度，增加了仓库空间的利用率，并获得了规模经济，使得库存费用大大减少。

很多形式的商品，如食品、通用零部件、日常消耗品等，都可以采用虚拟库存持有的库存控制策略。这些产品对仓库存储的要求相同或相似，批量较大，品种不是很多，可以大量集中储存，产生规模效应。由于可以将剩余库存贷出以获取利润，虚拟库存持有的库存控制方法甚至可以把仓库从成本中心变成利润中心，使仓库里的库存不会“缩水”而会“膨胀”。

虚拟库存持有控制策略适用于各种类型的需要设置库存量的制造企业，对于降低库存水平有着非常明显的效果，使得库存持有的效率大大提高，并能为整个供应链带来利润。

5.3.2 虚拟仓库的分布性

在大多数供应链仓库系统中，由于地理位置的限制，企业更愿意将产品集中存储在某一地理位置(通常是靠近客户的地方，而不是遍布各地)。换而言之，企业倾向于将所有产品库存存储在尽量少的仓库中，这样不仅可以减少建立仓库的费用，还可以更加方便地从本地获取库存信息，对库存周转的组织和控制也更加容易。但是，当产品种类很多的时候，这种单一地理位置的仓库储存策略就产生了弊端，把各种产品都存储在某个仓库不仅不能实现规模效应，而且对多品种的库存进行管理也增加了仓库日常管理的难度。

在现代信息技术高速发展的供应链系统中，在单一地理位置建立仓库的优势已经不再存在。互联网的应用，使本地仓库控制各地仓库成为可能，即使仓库地理位置分散遥远，本地仍可以像置身于当地一样非常容易地进行远程库存信息的获取；同样，互联网也可以实现本地仓库对分散在不同地理位置的库存周转进行远程控制和组织。因此，并不需要将仓库集中限制在某一特定地理位置才能获得以上优势，虚拟仓库的建立使之成为可能。

建立虚拟仓库和传统的在固定地理位置建立本地仓库的对比如图 5-9 所示。

在图 5-9 中，图(a)的仓库建立在单一地理位置的限制下，为了满足客户的多样化需求，为了将产品尽量存储在一个仓库中，本地仓库里存储了 6 类产品。一个仓库存储多种产品使得仓库管理的规模效益无法产生，仓库管理费用居高不

（a）在单一地理位置建立仓库

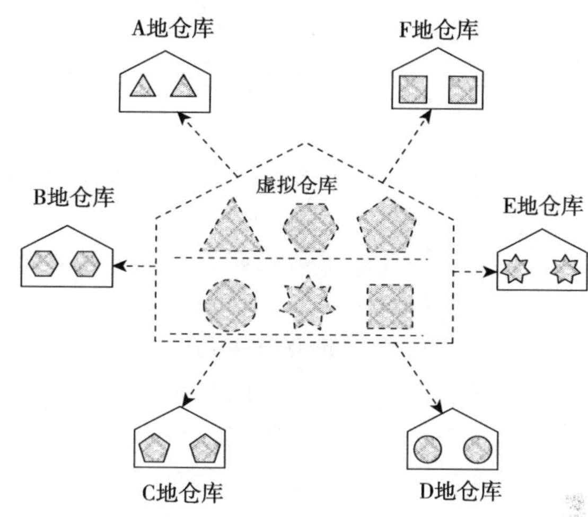

（b）建立虚拟仓库控制多地仓库

图 5-9　在单一地理位置建立仓库与建立虚拟仓库对比

下。更重要的是，一个仓库存储的产品种类是有限的，不同产品对仓储的条件要求是不同的，把各类产品都存储在某一仓库中不利于有效的仓储管理，在配送货物的环节也会因产品种类繁多而造成配送效率较低，不能很好地满足客户多样化的需求。

图 5-9(b)为多产品库存通过信息技术及库存信息共享联合建立虚拟仓库，即虚拟仓库系统。在虚拟仓库的运作模式下，实物库存分别存在 A、B、C、D、E、F 六个地方，每个仓库存有较少品种的几类产品；虚拟仓库则集成了六地的多品种库存，虚拟储存了多类型的产品，客户只需在虚拟仓库中查询需要的产品信息并进行订购，虚拟仓库即可向适合的实体仓库发出指令配送相应货物。

通过建立虚拟仓库，各地的库存信息很容易便能被获取，通过虚拟仓库的库存目录可以对多样化的产品类型进行查询，实现了一个仓库存储多种对仓储要求不同的库存产品，并能对远程的库存信息进行准确及时的组织和协调。实体存货的地理位置可能很分散，库存的集中整合不再受地理位置的限制，多点持有存货也可以使库存风险降低。

建立虚拟仓库的优势很明显，由于突破了地域的限制，虚拟仓库大小的选择有了更多的灵活性，信息即是虚拟仓库的库存；虚拟仓库有着比实体库存更大的存储潜力，其库存能力是通过信息共享后所有的可用仓库资源的综合，而非仅是本地的仓库资源；虚拟仓库可以支持更大的存货目录，能够支持产品的多样化，因此可以更好地满足客户的需求。

虚拟仓库同样适用于各种类型的生产制造企业，它消除了地域空间、产品多样化、仓库存货能力等方面的限制，是一种能够大大增加仓储效率的有效方式。虚拟仓库已经在一些企业中得到了实际的运用，如德国的奔驰汽车公司、欧洲的空中巴士公司等。

5.3.3 在生产过程中应用虚拟库存管理

为了满足客户需求，企业往往要设置安全库存。安全库存的存在是为了应对需求的不确定以及供应的不确定，通常应用于产成品的库存管理中，是确保能及时供应客户需求产品的最直接有效的方法。

而对于客户订制性较强的产品，在客户订单到达前对产品的生产和加工都无法确定，这是按订单生产模式的基本特点。显然，这时安全库存的存在不仅不能起到缓冲作用满足客户需求，反而导致了供应链资源的浪费。在这种供应链生产模式中，为了更好地利用供应链资源，将虚拟库存应用到生产过程中，将原有的产成品库存转化为通过生产过程来提供，而非通过企业持有产品库存和设立安全库存来提供，从而可以大大降低库存，减小库存管理成本，如图 5-10 所示。

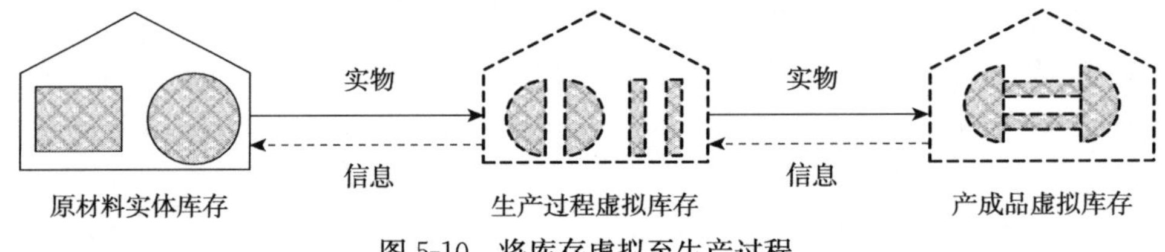

图 5-10 将库存虚拟至生产过程

在生产过程的虚拟库存控制模式下，产成品的实物库存虚拟化为生产过程中的生产能力，实体库存更多地以原料的形式存在于供应链系统中，而不对产成品进行仓储。这样一来，首先，由于原材料的通用性较强，不会出现因资产专用而产生折旧、过时等造成供应链资源的浪费；其次，原材料并未经多样化处理，相对来说库存形式更加标准化，能够更有效地利用仓库的货架空间；再次，原材料与产成品相比，由于没有进行进一步加工，相对来说存在形式较粗糙，在存储中不容易损坏；最后，由于原材料的定制化程度不强，可以大批量存储，有更多的库存可以分担库存管理成本，易产生规模效应。当然，在定制化很强的产品生产过程中，原材料也需要定制，整条供应链都不需要持有库存，而是需要无缝衔接进行生产，即 JIT 生产。在这种极端情况下，供应链中的所有库存都虚拟为信息，能够实现实物库存的零库存。

在按订单生产的供应链生产模式下，由于订单驱动生产，供应过程不像按库存生产(make to stock，MTS)模式那样只是简单的交货，复杂的供应链生产过程会造成客户的等待提前期较长。而现代的信息技术和信息共享使得生产过程能够实现无缝衔接，小批量生产技术的改进使得生产线更加柔性化，能够适应客户多样化的需求，并在一定程度上可以缩短生产提前期，使产成品库存向生产过程的虚拟化得以实现。

根据上述分析，生产过程的虚拟库存控制适用于按订单生产模式下不持有产成品库存的企业，仅存储原材料库存的库存管理成本比持有产成品库存的成本要低得多，大大降低了总持有库存并提高了供应链的效率。

5.4　虚拟库存管理的一般成本模型

虚拟库存管理和传统库存管理考虑的成本构成基本相似，都包括如订货费、采购费用、存储费用和缺货损失等一系列的成本费用。不同的条件约束下，模型中的参数设置会出现细微变化。以下介绍 N 个周期内不同环境下虚拟库存成本的基本模型。

首先，设置参数如下：

t：时段，$t=1, 2, 3, \cdots, N$（N 为自然数）。

i：供货点，$i=1, 2, 3, \cdots, K$（K 为自然数）。

T_m：是时段 t 的整数倍，m 是整数。

v_t：t 时段的材料价格，随市场价格变化。

s_t：t 时段的缺货成本。

d_t：t 时段的需求量，呈阶段性增长。

α：订货成本。

δ_t：值为 0 或 1。0 表示在 t 时段不补货，1 表示在 t 时段补货。

h：存储成本。

I_t：t 时段的库存量。

I_t^+：t 时段的库存量。

I_t^-：t 时段的缺货量。

X_t：在 t 时段获得的补货量，补货提前期为 T_r。

X_{it}：t 时段在供货点 i 获得的补货量，补货提前期为 T_r。

库存量公式为

$$I_t = I_{t-1} + \sum_t \sum_i X_i(t - T_r) - \sum_t dt \tag{5-1}$$

(1)不考虑提前期的虚拟库存成本。该虚拟库存管理模式的前提假设是：供应商提供瞬时供货，库存可得到及时补充；价格不断波动，成交价格以发货时信息系统中的价格为准。由此可知，价格(v_t)和补货量(X_t)同处于一个周期内。最终得到的 N 个周期内总成本期望值越小，表明库存管理的效率越高。该模型的缺点是只关注单个生产企业库存成本的最小最优，不能体现整个供应链的效率最大化。

考虑订货成本、材料成本、库存成本和缺货成本的总成本表达式为

$$E(\mathrm{TC})=\sum_{t=1}^{N}(\alpha\delta_t+v_tX_t+hI_t^{+}+s_tI_t^{-}) \tag{5-2}$$

(2)单个供应商的虚拟库存控制模型。此类虚拟库存管理的假设条件是：只有一个供应商(一个供应点)；生产企业采购的原材料或零部件提前期不为零；价格不断波动，成交价格以发货时信息系统中的价格为准。所以，补货量和价格所处的周期不同，但是不影响多个周期内成本的最优化目标。此模型多适用于非标准件的库存管理方式，成本公式为

$$E(\mathrm{TC})=\sum_{t=1}^{N}(\alpha\delta_t+v_{t-T_r}X_t+hI_t^{+}+s_tI_t^{-}) \tag{5-3}$$

(3)多个供应商的虚拟库存控制模型。此类虚拟库存管理的假设条件是：多个供应商(一个供应商的多个供应点)；零部件的市场供给能力无限大，生产企业采购的原材料或零部件提前期为零；价格不断波动，成交价格以发货时信息系统中的价格为准。在这种市场情况下，企业可以通过成本最小、保证供应商供货质量等原则来选择其中的几家或十几家供应商供货，通过 0-1 整数规划挑选可供货的供应商。此模型适用于多为标准件的库存管理，其成本公式为

$$E(\mathrm{TC})=\sum_{t=1}^{N}\sum_{i=1}^{K}[(\alpha_i\delta_{it}+v_{it}X_{it}\delta_{it})+hI_t^{+}+s_tI_t^{-}] \tag{5-4}$$

式(5-2)～式(5-4)可用于求解一个公司多阶段的库存最优问题，也可用于求解供应链上企业总成本的最优，但是由于供应链的状态复杂，很难分离出一条简单、独立的供应链求出最优解。因此，在解决这类问题时，首先要简化供应链的复杂程度，然后在此基础上不断添加约束条件，使之越来越符合实际状况。

5.5 本章小结

现代制造型企业对物流的管理逐渐趋于精益化和敏捷化，打造核心价值链、实行供应链的一体化管理成为更好地服务客户、夺取市场竞争优势的法宝。虚拟库存管理作为供应链管理的重要环节，管理范围不再局限于单个企业内部，而是以生产企业为主体，考虑上、下游节点企业的需求与供应链物流能力实现物流运作的优化，进行统一的协同调度和管理，消除货物在存储、保管、运输等流动过程中的损耗和积压，将局部的物流整合成协同的供应链物流。虚拟库存管理的优势在于企业间的库存协作管理把多个库存点可提供的库存信息汇集到供应商企业共有的信息平台上而不改变库存的物理位置，避免了重复运输，即利用供应链各

方内部的信息化系统，提高了企业内部流程运作的绩效，最终减少了企业的实体库存量，提高了库存周转率，减少了库存积压，降低了成本提高效益。

参考文献

[1] 赵敏，崔南方．备件的联合库存模式研究．中国设备工程，2004，(6)：9～12.

[2] 司书宾，孙树栋，蔡志强．基于供应成本的维修备件协同库存控制模型及其算法研究．西北工业大学学报，2006，24(5)：662～666.

[3] 童利忠，周洪浩．基于 VMI 的零售业供应链管理研究．商场现代化，2008，(9)：87.

[4] 刘作峰，周晓晔，王艳茹．VMI 在虚拟企业供应链管理中的应用．物流科技，2005，28(2)：63～65.

[5] 王亮，任聪，徐更杰，等．ABC 分类法的改进算法在军用物资安全库存中的应用研究．物流技术，2007，26(11)：218～221.

[6] 田昊，刘彩华．JIT 环境下生产商的安全库存模型设计．会计之友(中旬刊)，2006，(5)：84.

[7] 周斌，张瑞林，童陈灏，等．人工神经网络在预测服装企业安全库存的应用．计算机工程与设计，2005，26(12)：3453～3455.

[8] 林勇，马士华．基于提前期的通用件安全库存管理．系统工程，2003，21(1)：71～75.

[9] 韩宇鑫，刘晓伟．基于时间优化的安全库存管理．商业研究，2004，(12)：71～73.

[10] 陈金来．供应链分布式库存协同管理系统的研究与开发．浙江大学硕士学位论文，2004：8～84.

[11] 周柏翔，张付存，朱振东．供应链管理中安全库存水平及不确定因素的测定方法研究．工业技术经济，2004，23(6)：66～67.

[12] Landers T L，Cole M H，Walker B，et al. The virtual warehousing concept. Transportation Research Part E，2000，36 (2)：115～125.

[13] Jeroen van den Berg Consulting. Virtual Warehousing. Jeroen van den Berg Consulting，2001.

[14] Aigbedo H. An assessment of the effect of mass customization on suppliers’ inventory levels in a JIT supply chain. European Journal of Operational Research，2007，181 (2)：704～715.

[15] Fung S H，Cheung C F，Lee W B，et al. A virtual warehouse system for production logistics. Production Planning and Control，2005，16(6)：597～607.

[16] Solis A O，Schmidt C P. Stochastic lead times in a one-warehouse，*N*-retailer inventory system with the warehouse not carrying stock. European Journal of Operational Research，2007，181(2)：1004～1013.

[17] Graves S C. A multiechelon inventory model with fixed replenishment intervals. Management Science，1996，42(1)：1～18.

[18] Persona A，Battini D，Manzini R，et al. Optimal safety stock levels of subassemblies and manufacturing components. International Journal of Production Economics，2007，110(1～2)：147～159.

[19] Sourirajan K，Ozsen L，Uzsoy R. A genetic algorithm for a single product network design model with lead time and safety stock considerations. European Journal of Operational Research，2009，197(2)：599～608.
[20] Clarke M P. Virtual logistics：an introduction and overview of the concepts. International Journal of Physical Distribution & Logistics Management，1998，28(7)：486～507.

第 6 章

基于虚拟库存的原材料动态补货批量模型

随着物流领域全球化趋势的日益明显，在全球范围内配置物流资源已成为大势所趋。企业应该克服物流资源的规模约束[1]，采用共享仓储空间的方法来获得协同效应，降低供应链成本。虚拟仓库[2]是指利用信息技术和实时决策支持远程库存可视化，通过 Internet 技术对物流资源进行远程协同柔性配置，分布式库存、联合库存以及供应商库存管理等都是传统单一实体仓库虚拟化的表现形式，这些管理方式在理论研究上取得了很多成果[3~5]。其中，再订货点(R，S)库存控制模型在需求信息和成本结构确定的情况下是可行的、最优的策略，但是在需求和成本不确定情况下，该模型导致库存系统性能下降。在确定需求假设下，可以用(R，S)模型优化库存补货周期 R 和补货量，使库存量达到 S；在随机需求条件下，为了优化系统性能，库存控制参数 R、S 也将是动态变化的。Bookbinder 和 Tan[6]研究了一种“静-动”不确定性策略计算动态(R，S)模型的库存控制参数，该方法采用先固定补货周期，当需求实现时再调整补货量的方法，在最低服务水平约束下计算订货和库存持有成本的最小值。同样的问题，除了订货成本和库存持有成本之外，Tarim 和 Kingsman[7]还考虑了材料成本，也是以最低服务水平为约束在计划期内优化总成本。Tarim 和 Kingsman[8]还进一步考虑了缺货成本，由于成本结构的非线性，他们采用了分段线性化方法将非线性模型转换为混合整数模型来求解动态补货周期 R 和补至库存水平 S。

上述理论研究成果在分布式库存、联合库存以及供应商库存管理中已有良好的应用，但从范围更广、约束关系更松散的虚拟库存控制的角度来说，所有的供货市场均可视为企业的虚拟仓库，而供货市场的材料价格是实时波动的，因此采用(R，S)模型时，每次补货的材料价格不同。大型装备制造业是典型的资金密集型按订单生产行业，原材料是其主要库存物料，其库存计划是按预测进行的。装备制造业普遍面临原材料价格不断上涨、需求消耗大、不确定性因素多以及库存空间有限的困难，因此，装备行业原材料库存非常适合采用虚拟库存的形式。

本章以此为切入点，在 Tarim 和 Kingsman[8]研究的基础上，从虚拟库存的角度出发，研究在需求不平稳，原材料价格波动情况下的动态补货批量模型。

6.1 多周期动态批量问题

假设需求 d_t 是随机变量，在不同的时段 t 具有不同的概率密度函数 $g_t(d_t)$，平均需求量随时间变化，并且各期需求相互独立。在本问题中考虑订货成本、材料价格、库存持有成本和缺货成本，随机需求下的多周期生产/库存可以表述为一个动态批量问题，即在计划期 N 内确定补货周期 T_i 和补货量 X_t。计划期平均总成本为

$$E(\mathrm{TC}) = \int_{d_1} \cdots \int_{d_N} \sum_{t=1}^{N} (\alpha\delta_t + vX_t + hI_t^+ + sI_t^-) g_1(d_1) \cdots g_N(d_N) \mathrm{d}(d_1) \cdots \mathrm{d}(d_N) \tag{6-1}$$

其中，α 为订货成本；δ_t 表示在时段 t 是否订货，订货为 1，不订货为 0；v 为材料价格；h 为单位库存持有成本；s 为单位缺货成本；I_t^+ 和 I_t^- 分别表示时段 t 的库存量和缺货量；X_t 为时段 t 的补货量。不失一般性，假设初始库存为 0，不考虑补货提前期的影响。此外 $X_t - M\delta_t \leqslant 0$，$I_t = \sum_{i=1}^{t}(X_i - d_i)$，$I_t^+ = \max(0,\ I_t)$，$I_t^- = -\min(0,\ I_t)$，$X_t$、$I_t^+$、$I_t^-$ 大于 0，M 是一个极大正数。

在计划期内补货 m 次，即补货周期为 T_i，$i=1$，…，m，则平均总成本可表示为

$$\begin{aligned} f_1(T_i, X_{T_i}) = \sum_{i=1}^{m} \Big(& \alpha\delta_{T_i} + vX_{T_i} \\ & + \sum_{t=T_i}^{T_{i+1}-1} \int_{d_{T_i}} \cdots \int_{d_t} (hI_t^+ + sI_t^-) g_{T_i}(d_{T_i}) \cdots g_t(d_t) \mathrm{d}(d_{T_i}) \cdots \mathrm{d}(d_t) \Big) \end{aligned} \tag{6-2}$$

当 $t=T_i$ 时，$\delta_{T_i}=1$，$X_{T_i}>0$；当 $T_i \leqslant t < T_i+1$ 时，需求不平稳造成的库存和缺货成本可表示为

$$\sum_{t=T_i}^{T_{i+1}-1} \int_{d_{T_i}} \cdots \int_{d_t} (hI_t^+ + sI_t^-) g_{T_i}(d_{T_i}) \cdots g_t(d_t) \mathrm{d}(d_{T_i}) \cdots \mathrm{d}(d_t) \tag{6-3}$$

在给定分布的情况下式(6-3)是关于 X_{T_i} 的凸函数，而 vX_{T_i} 也是 X_{T_i} 的广义凸函数，根据凸函数的性质可知式(6-2)是关于 X_{T_i} 的凸函数。因此，$E(\mathrm{TC})$在 X_t 上具有极小值。

6.2 基于虚拟库存的原材料动态补货批量模型及求解方法

6.2.1 模型

将供货市场视为企业的虚拟仓库，不同于 JMI 和 VMI，虚拟仓库的供货量和材料价格具有不确定性，本书研究供货市场供货量稳定、材料价格实时波动情况下的多周期动态补货批量问题。假设需求是随机变量，在不同的时段具有不同的概率密度函数，平均需求量随时间变化且各期需求相互独立。在式(6-2)的基础上，考虑各供货点的运输成本，基于虚拟库存的原材料多周期动态补货的平均总成本为

$$f(T_i, X_{T_ij}) = \sum_{i=1}^{m}\Big(\sum_{j=1}^{l}(\alpha_j\delta_{T_ij} + v_{T_ij}X_{T_ij} + k_j[X_{T_ij}/M]L_j) + \sum_{t=T_i}^{T_{i+1}-1}\int_{d_{T_i}}\cdots\int_{d_t}(hI_t^+ + sI_t^-)g_{T_i}(d_{T_i})\cdots g_t(d_t)\mathrm{d}(d_{T_i})\cdots\mathrm{d}(d_t)\Big) \tag{6-4}$$

参数定义：

t：时段，$t=1$，2，3，…，N。

j：订货点，$i=1$，2，3，…，l。

T_i：补货时间，$i=1$，2，…，m。

v_{tj}：订货点 j 在 t 时段的材料价格。

k_j：从订货点 j 采购的原材料每车每千米运输成本。

L_j：订货点 j 距离需求点的距离。

M：整车运输量。

d_t：在时段 t 的需求量。

α_j：在 j 点订货成本。

h：在需求点的单位持有成本。

s：在需求点的单位缺货成本。

I_t：在需求点的库存量。当 $t=T_i$，$i=1$，2，3，…，m 时，$I_{T_{i+1}} = I_{T_i} + \sum_{j=1}^{l}X_{T_ij} - \sum_{t=T_i}^{T_{i+1}-1}d_t$。当 $t\in(T_i, T_{i+1})$时，$I_t=I_{t-1}-d_t$，$I_0=0$，$I_N=0$。

I_t^+：在 t 时段库存量，$I_t^+ < I_{\max}^+$，$I_{\max}^+$是需求点允许的最大库存量。

I_t^-：在 t 时段缺货量，$I_t^- < I_{\max}^-$，$I_{\max}^-$是需求点允许的最大缺货量。

决策变量：

δ_{tj}：1 表示在 t 时段在 j 点补货，0 表示不补货，当 $t=T_i$ 时，$\sum_{j=1}^{l}\delta_{T_ij}\geqslant 1$。

X_{tj}：t 时段在 j 点的订货量，$X_{tj}<X_{j\max}$，其中 $X_{j\max}$ 是 j 点在 t 时段的最大供货能力，当 $t\neq T_i$ 时，$X_{tj}=0$；式(6-4)中 v_{T_ij} 是在 T_i 补货时 j 点的材料价格，假设各订货点的价格都是随时间增长的，具有一阶连续导数，与补货量 X_{T_ij} 无关。

6.2.2 求解方法

将整个供货市场视为一个虚拟仓库，构造成一个虚拟供货点，先计算补货周期，因为补货周期与补货点个数无关，在对补货周期寻优时，不考虑运输成本，以式(6-2)为目标函数。在确定补货周期后，对补货量进行寻优，再以式(6-4)为目标函数，对补货量在各订货点的配置量进行分配。该方法的主要特征是：一边扩展目标函数，一边在时间和数量两个变量上进行迭代寻优，确定目标函数的可行下降方向。在具体求解过程中采用可行方向法确定可行方向，通过交叉应用不同的目标函数保证可行方向，使求解简单；用加步探索法确定极小值搜索区间，在此基础上采用黄金分割法求最小点，使目标函数最小。步骤如下：

(1)构造一个订货成本最高、材料价格随时间变化最大的虚拟供货点，其订货成本为α^*，材料价格为v_t^*，其中$\alpha^*=\max\limits_j(\alpha_j)$，$j=1，2，3，\cdots，l$；$v_t^*=\{v_{T_ij}\mid v'_{T_ij}=\max\limits_j(v'_{T_ij})，j=1，2，3，\cdots，l\}$。

(2)利用 Groff 法[9]计算式 $\int_{d_1}\cdots\int_{d_N}\sum_{t=1}^{N}(\alpha^*\delta_t+hI_t^+)g_1(d_1)\cdots g_N(d_N)\mathrm{d}(d_1)\cdots\mathrm{d}(d_N)$ 的补货周期 $T_i^{(0)}$ 和补货量 $X_{T_i}^{(0)}$ 作为式(6-2)的初始解。

(3)当 $X_{T_i}^{(0)}$ 值不变、$T_i^{(0)}$ 减小时，v_t^* 减小，式(6-2)中的 vX_{T_i} 项随之减小，hI_t^+ 项因为提前补货而增大。因此以初始步长 h_0 向 $T_i^{(0)}$ 减小方向走一步，得 $T_i^{(1)}=T_i^{(0)}-h_0$，计算 $f_1(T_i^{(0)}，X_{T_i}^{(0)})$、$f_1(T_i^{(1)}，X_{T_i}^{(0)})$并比较函数值的大小。

①若 $f_1(T_i^{(1)}，X_{T_i}^{(0)})<f_1(T_i^{(0)}，X_{T_i}^{(0)})$，说明方向正确，则步长加倍，有 $T_i^{(2)}=T_i^{(1)}-2h_0$，若仍有 $f_1(T_i^{(2)}，X_{T_i}^{(0)})<f_1(T_i^{(1)}，X_{T_i}^{(0)})$，则将步长再加倍，有 $T_i^{(3)}=T_i^{(2)}-4h_0$，直到 $T_i^{(k)}$点函数值刚刚变为增加为止。这样就得到三个点：$T_i^{(k)}<T_i^{(k-1)}<T_i^{(k-2)}$，其函数值呈现“高—低—高”的形式，故极小点必在区间$[T_i^{(k)}，T_i^{(k-2)}]$上。

②若 $f_1(T_i^{(1)}，X_{T_i}^{(0)})>f_1(T_i^{(0)}，X_{T_i}^{(0)})$，说明方向错误，因此仍从 $T_i^{(0)}$出发，向增加方向走。方法同步骤①，最终得到函数值呈现“高—低—高”的三个点 $T_i^{(k)}>T_i^{(k-1)}>T_i^{(k-2)}$。

③再进一步缩小搜索区间。在上述三个点 $T_i^{(k-2)}$、$T_i^{(k-1)}$、$T_i^{(k)}$ 之间，步长是逐次加倍的，故有 $2(T_i^{(k-1)}-T_i^{(k-2)})=T_i^{(k)}-T_i^{(k-1)}$，因此在 $T_i^{(k-1)}$、$T_i^{(k)}$ 之间再插入一点 $T_i^{(k+1)}$，其中 $T_i^{(k+1)}=1/2(T_i^{(k)}+T_i^{(k-1)})$，计算等距的四个点 $T_i^{(k-2)}$、$T_i^{(k-1)}$、$T_i^{(k+1)}$、$T_i^{(k)}$ 的函数值，令其中函数值最小的点为 $T_i^{(2)}$，左右相邻点分别为 $T_i^{(1)}$ 和 $T_i^{(3)}$，则得到一个更小的搜索区间 $[T_i^{(1)}, T_i^{(3)}]$。

④在搜索区间 $[T_i^{(1)}, T_i^{(3)}]$ 上给出最后区间精度 $\delta>0$，进一步应用黄金分割法计算最优点 $T_i^{(*)}$ 使函数值最小，计算步骤略。

(4)当 $T_i^{(*)}$ 值不变，$X_{T_i}^{(0)}$ 减小时，式(6-2)中的 vX_{T_i} 和 hI_t^+ 项随之减小，sI_t^- 项因为缺货而增大。因此同步骤(3)，采用加步搜索法和黄金分割法计算最优点 $X_{T_i}^{(*)}$ 使函数值最小，计算步骤略。

(5)当补货周期 $T_i^{(*)}$ 确定时，各订货点的材料价格 v_{T_ij} 也是确定值，因此式(6-4)中的项 $\alpha_j\delta_{T_ij}+v_{T_ij}X_{T_ij}+k_j[X_{T_ij}/M]L_j$ 在 $\sum\limits_{j=1}^{l}X_{T_ij}=X_{T_i}^{(*)}$ 和各供货点能力约束下的极小点 $X_{T_ij}^{(*)}$ 可用线性规划方法求解。

(6)令 $i=i+1$，返回步骤(3)求后续的补货周期及在各补货点的补货量。

整个求解方法流程如图 6-1 所示。

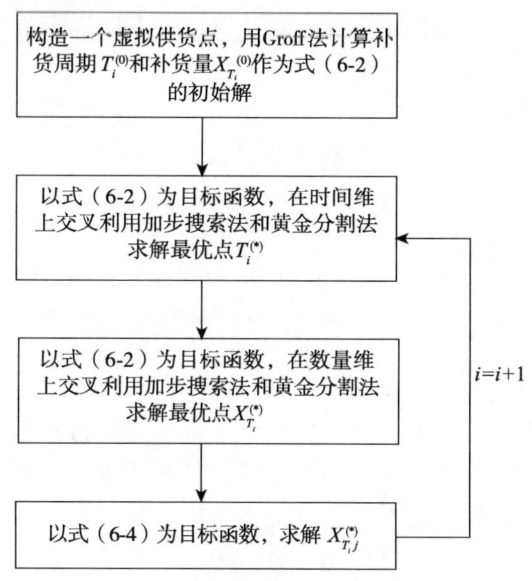

图 6-1　求解方法流程图

有关收敛速度的证明：

以步骤(3)的情况①分析加步探索法的收敛速度：

$T_i^{(k+1)}=T_i^{(k)}-2^kh_0$，假设 $\Delta=T_i^{(k+1)}-T_i^{(*)}$，则 $\Delta+2^kh_0=T_i^{(k)}-T_i^{(*)}$。

根据收敛性定义，验证当 $\alpha=2$，$\beta\in(0,1)$时，

$$\|T_i^{(k+1)}-T_i^{(*)}\|\leqslant\beta\|T_i^{(k)}-T_i^{(*)}\|^\alpha \tag{6-5}$$

是否成立。将不等式(6-5)转换为

$$\Delta\leqslant\beta(\Delta+2^k h_0)^2=\beta(\Delta^2+2^{k+1}h_0\Delta+2^{2k}h_0^2) \tag{6-6}$$

因为 $h_0\geqslant1$，显然不等式(6-6)在 $2^{k+1}h_0\beta\geqslant1$，即 $\beta\geqslant1/(2^{k+1}h_0)$时成立。因此该加步探索法是二阶收敛的，具有很好的收敛速度。

此外，黄金分割法每迭代一次，搜索区间就缩短为初始区间长度的 0.618 倍，第 k 次迭代区间长度为初始长度的 0.618^k 倍。现已有理论证明 0.618 法[10]最多只做 9 次迭代，最小精度可达 0.013，完全满足本问题所需的收敛速度和精度要求。

6.3 算例分析

基于虚拟库存的原材料动态补货问题是典型的非线性规划问题，因为需求量和供货点价格的不确定性，其优化问题也是 NP-hard 难题，采用一般的 lingo 优化器，花费 12 小时也未能解出计划期为 10 个周期的原材料补货量和补货周期的优化解。本节应用图 6-1 的求解流程，通过交叉采用加步搜索法和黄金分割法的启发式算法求解下面算例的优化解。

将整个供货市场视为一个虚拟仓库，其三个订货点订货成本、每个周期最大供货量、与需求点距离以及单位运输成本如表 6-1 所示。

表 6-1 订货点信息表

订货点	订货成本/元	最大供货量/个	距离/千米	单位运输成本/元
1	1 000	500	100	10
2	2 000	1 000	200	5
3	3 000	3 000	500	2

订货点 1 距离需求点较近，订货成本低，但原材料价格整体较高，单位运输成本高，存货能力较小。订货点 2 距离适中，订货成本比订货点 1 高，原材料价格整体适中，单位运输成本适中，存货能力适中。订货点 3 距离较远，订货成本在三个点中最高，但原材料价格整体较低，单位运输成本低，存货能力较大。如图 6-2 所示，在本例中假设订货点 1 的原材料价格呈阶段性上涨，订货点 2 的原材料价格呈指数型上涨(数值作整数化处理)，订货点 3 的原材料价格呈线性上涨(数值作整数化处理)。需求量波动情况如图 6-3 所示。考虑订货成本，原材料价格、运输成本、库存成本($h=5$)和缺货成本($s=20$)，以式(6-4)的最小值为优化目标，采用图 6-1 所示的求解流程，求得的订货量如图 6-4 所示，需求点的库存

量如图 6-5 所示，最小成本值为 3 711 987 元，优化计算时间不足 2 分钟。

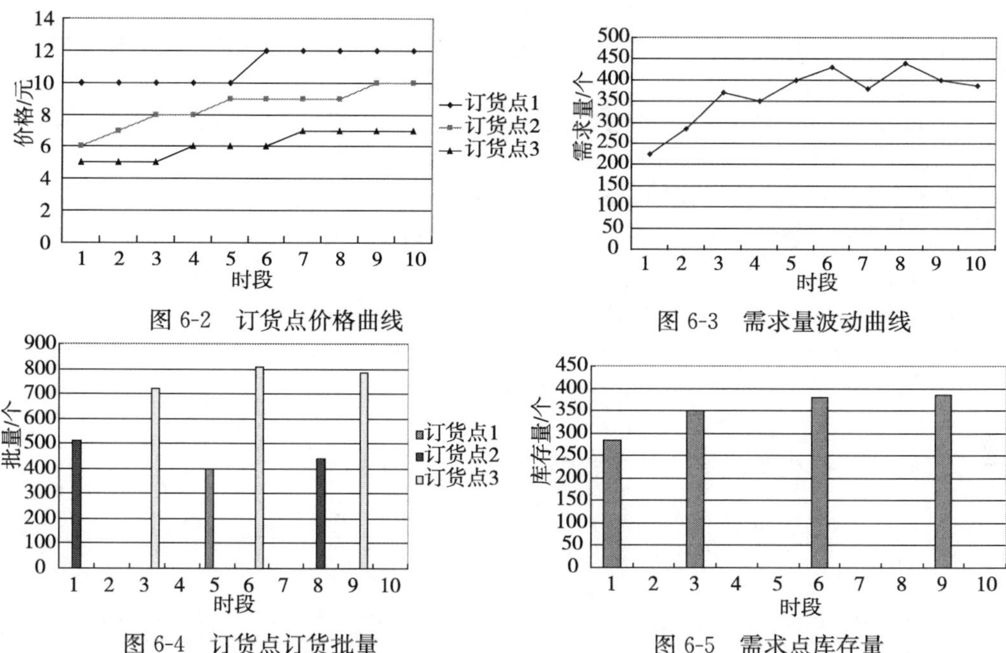

图 6-2　订货点价格曲线

图 6-3　需求量波动曲线

图 6-4　订货点订货批量

图 6-5　需求点库存量

6.4　本章小结

本章从大型装备制造行业原材料库存控制的需求出发，将供货市场视为企业的虚拟仓库，研究需求量不平稳、原材料价格实时波动情况下的多周期动态补货批量问题。本章建立了考虑订货成本、原材料价格、运输成本、库存成本和缺货成本的基于虚拟库存的原材料动态补货批量模型，并给出了交叉采用加步搜索法和黄金分割法的启发式求解方法。算例分析证明，该方法对不确定需求和原材料价格波动情况下的动态批量问题求解具有明显的优势。可进一步研究需求和原材料价格波动趋势与启发式算法中最优解搜索方向之间的关系，从而更好地提高算法的适用范围和计算效率。

参考文献

[1] Clarke M P. Virtual logistics：an introduction and overview of the concepts. International Journal of Physical Distribution & Logistics Management，1998，28(7)：486～507.

[2] Landers T L，Cole M H，Walker B，et al. The virtual warehousing concept. Transportation Research Part E，2000，36(2)：115～125.

[3] 车君华，谭建荣，张树有 . VMI 模式下成本控制优化与物料配送研究 . 中国机械工程，2005，16(20)：1817～1820.

[4] 郭海峰，黄小原，邱若臻．供应商管理库存的最优购买数量和利润．东北大学学报(自然科学版)，2005，26(2)：186～189.
[5] 司书宾，孙树栋，蔡志强．基于协同供应的维修备件协库存控制模型及其算法研究．西北工业大学学报，2007，25(5)：636～641.
[6] Bookbinder J H，Tan J Y. Strategies for the probabilistic lot-sizing problem with service-level constraints. Management Science，1988，34 (9)：1096～1108.
[7] Tarim S A，Kingsman B G. The stochastic dynamic production/inventory lot-sizing problem with service-level constraints. International Journal of Production Economics，2004，88(1)：105～119.
[8] Tarim S A，Kingsman B G. Modelling and computing (R^n，S^n) policies for inventory systems with non-stationary stochastic demand. European Journal of Operational Research，2006，174(1)：581～599.
[9] 李怀祖．生产计划与控制．北京：中国科学技术出版社，2005：1～303.
[10] 何坚勇．最优化方法．北京：清华大学出版社，2007：1～528.

第 7 章

装备制造业虚拟库存管理下安全库存模型研究

7.1 虚拟库存管理下的安全库存

以往制造资源计划(manufacturing resource planning，MRPⅡ)和 JIT 生产方式都只考虑到企业内部资源的利用问题，一切优化工作均着眼于本企业内部资源、成本的最优化。这些局部的管理模式显然不能适应现代物流发展的需要，在当前的经济市场里，一切工作都要快速响应用户需求，但该目标的实现单凭一个企业所拥有的资源远远不够。此时，企业自然会想到将资源延伸到企业外部，借助外部资源来达到快速响应市场需求的目的，如何借助外部资源实现市场需求的快速响应，已逐渐成为生产企业关注的一个热点问题。

在整个供应链网络中，组织间的协调涉及很多上游供应商、下游经销商，这些企业之间的信息透明度很低。因此，生产企业不得不维持一个较高的安全库存并为此付出较高的成本。除此之外，部门之间存在的信息沟通障碍也有可能使库存控制变得更困难。

供应链管理中，信息传递的不顺畅很容易造成牛鞭效应。牛鞭效应是供应链上的一种需求变异放大现象，是指信息流在从最终客户端向上游供应商端传递过程中无法有效实现信息的共享，使得信息扭曲、逐级放大，导致了需求信息出现越来越大的波动。虚拟库存管理方式恰恰解决了信息闭塞的问题，共享信息，降低了生产企业实体的安全库存。由于周转库存与生产周期成正比关系，所以只有生产周期变化周转库存量才会发生变化。图 7-1 和图 7-2 表达了一般库存模式和虚拟库存模式下的库存组成。

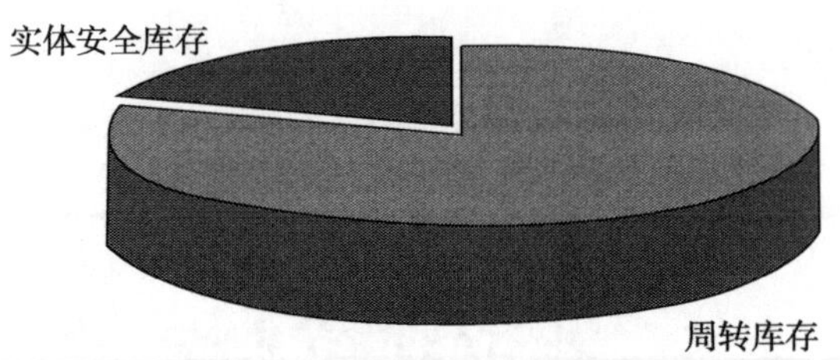

图 7-1　一般库存管理模式下生产企业的库存构成

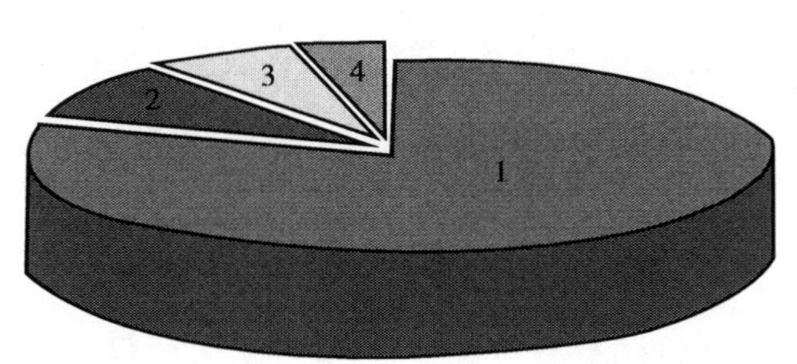

图 7-2　虚拟库存管理模式下生产企业的库存构成

在一般库存管理下，企业库存可分为两部分，即图 7-1 中所示的周转库存和实体安全库存，由于生产制造企业和供应商之间信息共享不充分，供应商在接到生产企业的采购订单后才可获知原料的需求信息。而在与之相对应的虚拟库存管理模式下，如图 7-2 所示，在生产能力和生产效率等外界条件不变的前提下，企业持有的周转库存量和传统模式下的周转库存量相等，但是安全库存可由三部分组成，第一部分安全库存放置于自己的实体仓库中；第二部分存储于供应商的配送中心或是其上游的供应商仓库中；第三部分由虚拟库存管理下同级其他企业的安全库存保证。后两部分的库存信息都可通过信息系统实现共享，体现了虚拟物流的特点，降低了企业实体库存水平。

对应于图 7-2，可知生产企业的安全库存可由三部分保证，具体的分布和供应模式见图 7-3。在图 7-3 中共有 n 个生产商，其中 I_{N1}($N=1$，2，3，…，n)表示生产企业 N 持有的实体安全库存；I_{N3}($N=1$，2，3，…，n)表示生产企业 N 放置于共有的配送中心、自由仓库或在途库存，通过信息共享，使之成为生产企业可获得的安全库存；I_{N2}($N=1$，2，3，…，n)表示生产企业 N 可由配送中心提供，或是存储在其上游供应商仓库中的物料保证的库存。

为了快速有效地响应用户需求必须实时地传递需求预测、库存状态、生产计划等，要做到这一点，可以通过集成的办法对供应链的信息系统模型做相应的改变。但是，目前许多企业的信息系统并没有很好地集成起来，供应商和用户得到的常常是延迟的、不准确的信息。这会使短期生产计划的实施遇到困难，也会导致预测出现很大的偏差，进而造成库存和退货的发生率随之增加[1~6]。

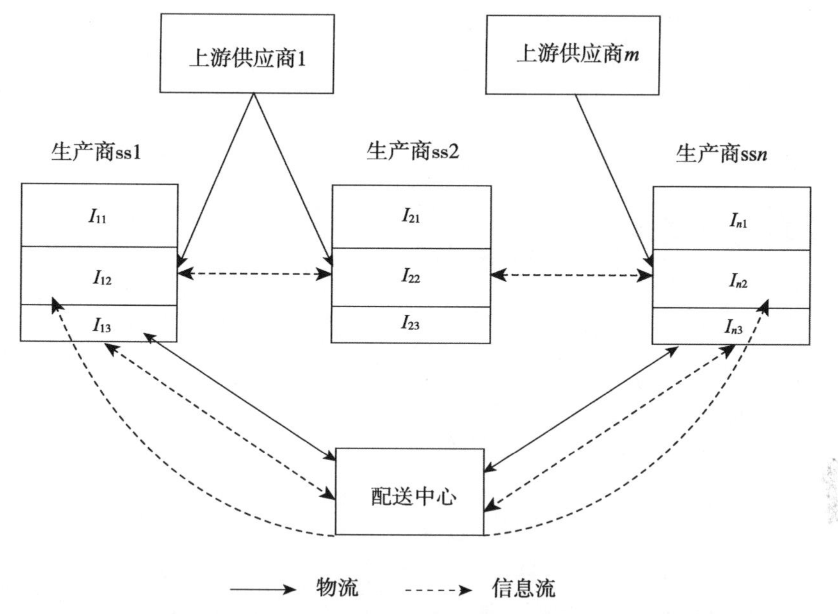

图 7-3　安全库存的分布及供应模式

(1)在一般库存管理模式下，核心生产企业和供应商之间信息流和物流的传递基本都是单向的。假设生产企业的上游供应商可提供的物料品种不限，当供应商们提供的原料完全不同时，企业根据不同的物料需求向相应的供应商下达订单，分别进行采购和配送；当供应商提供的原料存在重叠时，生产企业将以成本最优的原则选择其中的一家或几家供应商进行采购，如图 7-4 所示。

此种管理方式的缺点是：供应商之间、生产企业和其上游供应商之间不存在信息共享，信息单向传递，供应商处于被动的地位，为了保持长久的供需关系供应商不得不持有较高的库存来满足核心生产企业的需求。

(2)在虚拟库存管理模式下，生产企业和供应商之间的联系更加密切。供应商之间建立了信息平台，互相了解某些物料的库存状况(显然，战略联盟的企业之间才可能实现)；同时，供应商与生产企业共享库存信息，了解企业下一步生产计划的执行时间和所需物料，提前做好配送准备。每一个供应商都有几家下游生产企业，当其他的生产企业需求量突然放大时，供应商可“借用”其他供应商的库存完成某订单，或是生产企业通过自己的虚拟库存满足生产所需原料，如图 7-5 所示。

此种管理方式的缺点是：过多的企业信息实现共享，不利于企业自身商业信息的安全；供应商之间建立联盟关系的稳定性和可靠性很难把握。

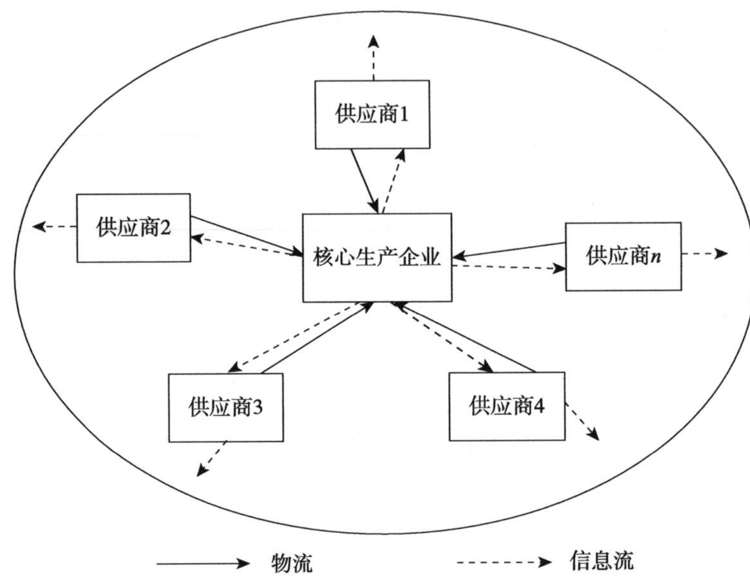

图 7-4 一般库存管理模式下生产企业与供应商之间的关系

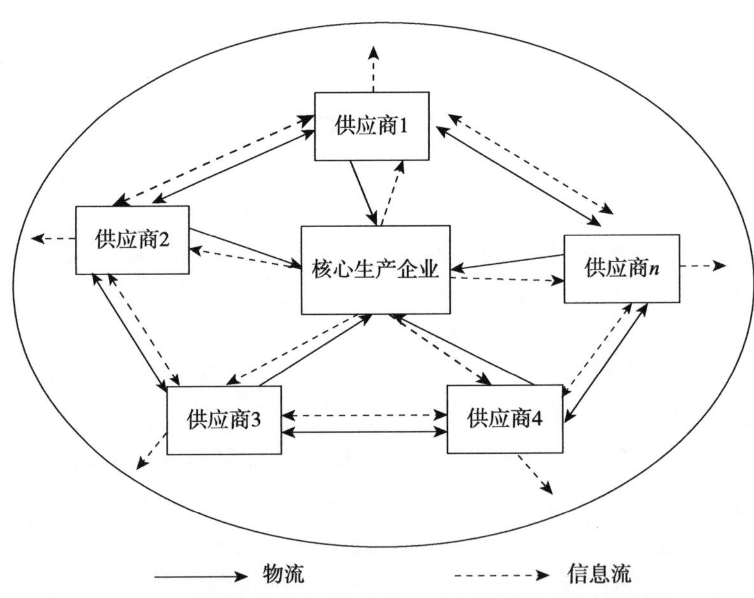

图 7-5 虚拟库存管理下生产企业与供应商之间的关系

7.2 虚拟库存管理对安全库存的影响因素分析

安全库存量的确定主要受到物料的使用频率(或者使用量)、生产周期、供应商的交货提前期以及订单处理期等方面的影响，当供应链上的节点企业进行虚拟库存管理时，上述影响因素都会对安全库存量的确定产生一定影响[7]。

(1)物料的交货提前期。物料的交货提前期是指可获得该原料的交货提前期，不仅包括上游的供应商，同时还包括同级的生产企业或分销企业。这样不仅可以加快合作伙伴的物料、资金的周转速度，还能有效地缩短交货提前期，有利于提高生产企业响应市场需求的速度。如图 7-6 所示，图中数据表示物料的交货提前期，如果供应商不是供应链的最前端，它与其上游供应商的关系同样可应用此种供应模式。

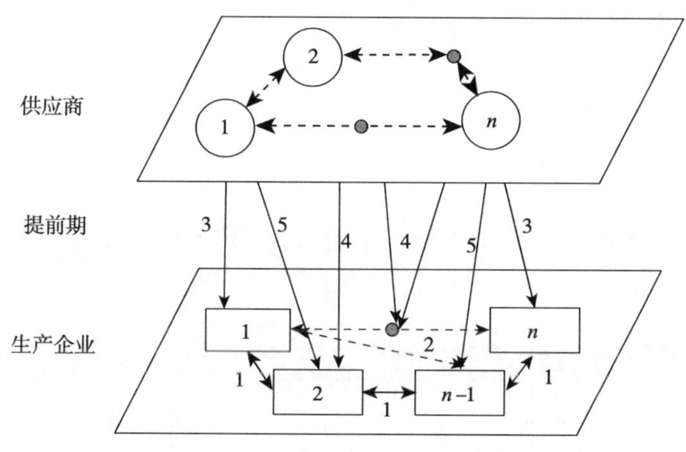

图 7-6　物料的供货途径及提前期

(2)订单处理期。订单处理期的长短直接影响客户的满意程度，因此供应链上、下游企业之间的连接越紧密，越有利于缩短订单处理期。信息系统的构建与集成会加快订单的传输速度，可使物料需求计划(material requirement planning, MRP)等一系列作业计划在短时间内完成。这些可通过统一供应链上各节点企业间部分信息系统的模块、统一物料代码等标准化方式实现，缩短企业内部信息模式转化的时间。

例如，离散型制造企业的原材料适用 MRP 系统，尤其是中小生产制造企业受自身条件限制，在运用 MRP 系统的同时应按 ABC 分类设置原材料的安全库存，对 MRP 中订购批量和物料编码的确定也应结合中小供应商的实际情况，其中物料编码部分可由核心生产制造企业统一制定。

(3)可用量的增加。生产企业所需的物料由上游供应商和同级生产企业的闲置安全库存保证，这在一定程度上扩大了原料的可供应量。供应商和生产企业间的物料可供货量见图 7-7，图中数据表示原料的可供应数量。

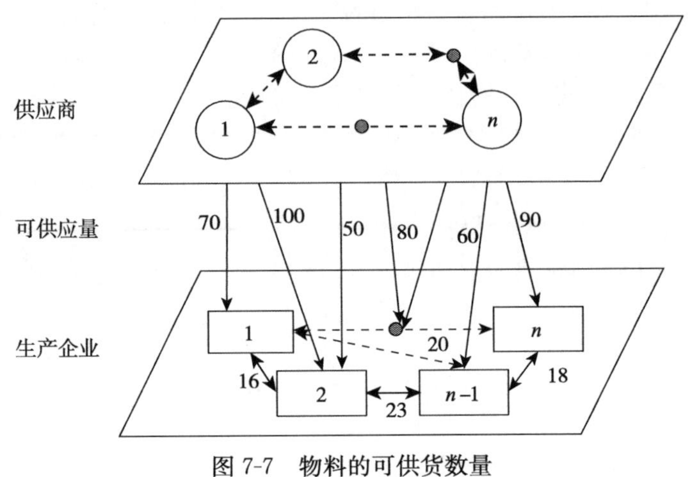

图 7-7　物料的可供货数量

7.3　虚拟库存管理下安全库存的 BP 神经网络模型

7.3.1　BP 神经网络理论概述

人工神经网络(artificial neural networks，ANNs)也称为神经网络(neural networks，NNs)或连接模型(connection model)，是对人脑或自然神经网络(natural neural network)若干基本特性的抽象和模拟。神经网络中的 BP 神经网络(back propagation neural networks)是一种按误差逆传播算法训练的多层前馈网络，最典型的是监督学习算法，它在模式识别、图像识别、数据挖掘等方面都有十分广泛的应用[8,9]，如图 7-8 所示。

BP 神经网络是一种学习能力很强的系统，从信息处理的观点来看，BP 神经网络能学习和储贮大量的输入-输出模式映射关系，是一类信息“映射”处理系统。由于 BP 神经网络具有通过样本学习完成任意空间映射的能力，所以它成为非线性系统建模、仿真、预测的工具，是当前应用最为广泛的一种人工神经网络。

BP 神经网络在学习相应模型的映射关系之前无需揭示描述这种映射关系的数学方程。它的学习规则是使用优化中最普遍的监督下降法，用迭代运算求解相应的学习记忆问题，通过反向传播来不断使网络的权值和阈值总是朝着误差变小的方向调整，最终得到更精确的解。

BP 神经网络模型可以逼近任意连续函数，具有很强的非线性映射能力，而且网络的中间层数、各层的处理单元数及网络的学习系数等参数可根据具体情况设定，灵活性很大，所以它在许多应用领域中都起到了重要作用。

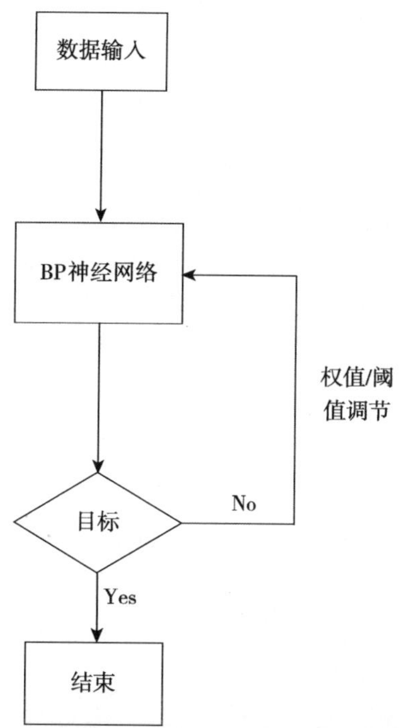

7-8　BP 神经网络的监督学习原理

7.3.2　BP 神经网络模型结构及工作原理

从结构上看，BP 神经网络模型拓扑结构是典型的多层网络，包括输入层(input)、隐层(hide layer)和输出层(output layer)，层与层之间采用全互连的方式，同一层单元之间不存在相互连接，其强度由对应的权值来确定[10]。它有输入层节点、输出层节点和一层或多层的隐层节点，最简单的三层 BP 神经网络拓扑图如 7-9 所示。

BP 神经网络算法是将输入的信息从输入层经隐层逐层处理至输出层(图 7-9)，其中隐层和输出层的神经元通过激励函数对前一层的输入进行加权和的处理(图 7-10)，最后由输出层输出结果。该过程中，不断对比期望输出误差，过大则按原连接通路反向调整各连接权值，使误差逐步减小，最后达到给定要求。

图 7-10 中所示的激活函数最常用 sigmoid 函数，此函数是可微的、严格递增函数，在线性和非线性行为之间显现出较好的平衡。sigmoid 函数定义为

$$f(u)=\frac{1}{1+\mathrm{e}^{-au}} \tag{7-1}$$

其中，a 为 sigmoid 函数的倾斜参数，改变参数 a 的数值可改变倾斜程度。

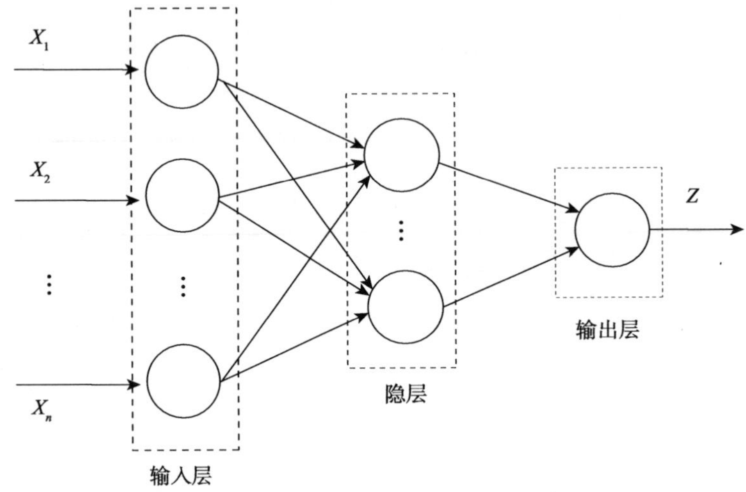

图 7-9 隐层、输出节点均为 1 的 BP 神经网络拓扑图

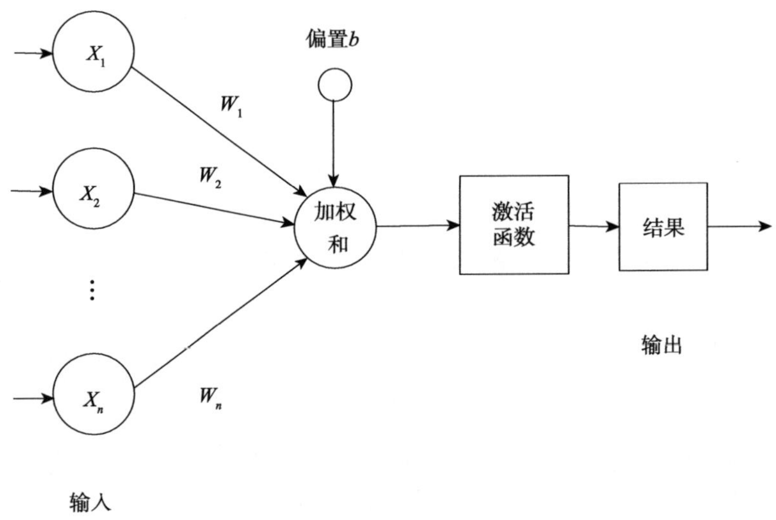

图 7-10 神经元的工作原理

7.3.3 BP 神经网络的求解通用过程

设模型的参数和变量如下：

X_i：输入层第 i 个节点的输出值。

Y_j：中间层(隐层)第 j 个节点的输出值。

W_{ij}：输入层第 i 个节点到中间层第 j 个节点的权系数。

W_{jk}：中间层第 j 个节点到输出层第 k 个节点的权系数。

θ_j：中间层第 j 个节点的阈值。

θ_k：输出层第 k 个节点的阈值。

Z_k：输出层中第 k 个节点的实际输出值。

多层计算单元的输出按照式(7-2)和式(7-3)计算。

$$Y_j = f(\sum_{i=0}^{N-1} W_{ij}X_i - \theta_j)j, \quad j = 0,1,\cdots,M-1 \tag{7-2}$$

$$Z_k = f(\sum_{j=0}^{M-1} W_{jk}Y_j - \theta_k)k, \quad k = 0,1,\cdots,L-1 \tag{7-3}$$

通过对网络的不断学习来调节式(7-2)和式(7-3)中的阈值 θ_j 和 θ_k，直至输出结果在一定的误差范围内，其中误差函数 E 可定义为 $E = \frac{1}{2}\sum_{i=1}^{P}\sum_{j=1}^{N}(t_{ij} - y_{ij})^2$。其中，$N$ 为输出层神经元的数目；P 为训练样本的数目；y_{ij} 为网络的实际输出；t_{ij} 为网络的期望输出，直到网络训练完成。

BP 算法的执行步骤可归纳为如图 7-11 所示的过程。BP 神经网络的学习算法属于全局逼近的方法，因而它具有较好的泛化能力，但缺点是收敛速度慢、局部极值、难以确定隐层和隐节点的个数。

7.3.4　安全库存预测 BP 神经网络模型及算法

1. 问题描述

随着生产制造企业进入供应链信息化管理时代，企业间的竞争逐步演变为供应链间的竞争，供应链物流管理成为现代物流发展的主要方向，其中管理的重心之一就是物料的库存。而基于虚拟库存的供应链物流管理正是突出了信息在物料库存管理中的作用，利用现代信息技术和 Internet 技术结合虚拟库存的管理思想，将分散在各地的分属不同所有者的仓库、车队、人力资源、信息单元通过网络系统连接起来，以更加灵活和合理的方式来进行统一的物流信息管理和决策。这样的供应链物流模式具有资源优势、管理优势、信息网络化优势以及兼容各种现代物流技术的高技术化应用趋势，在组织资源的速度、规模、效率、成本和资源的合理配置方面具有优势。

一直以来，库存问题是困扰生产企业的重要问题，尽管有些汽车制造企业实行 JIT 的运作模式，力争实现零库存的目标，但就当前的生产运作水平来看企业实现完全零库存依然非常困难。每个企业都设有相应的安全库存量，不管是生产企业还是分销企业，不同的只是存在的形式和地点。如果企业只关注自有实体库存量的减少，而把库存压力一味地转嫁给上游供应商，结果不但不利于降低整个供应链的库存水平，反而会影响供应链整体的优化。

影响安全库存的因素很多，并且其中一些因素与安全库存量的关系属于非线性关系，所以需要找到一种合适的模型及算法来全面反映、预测动态数据的内在

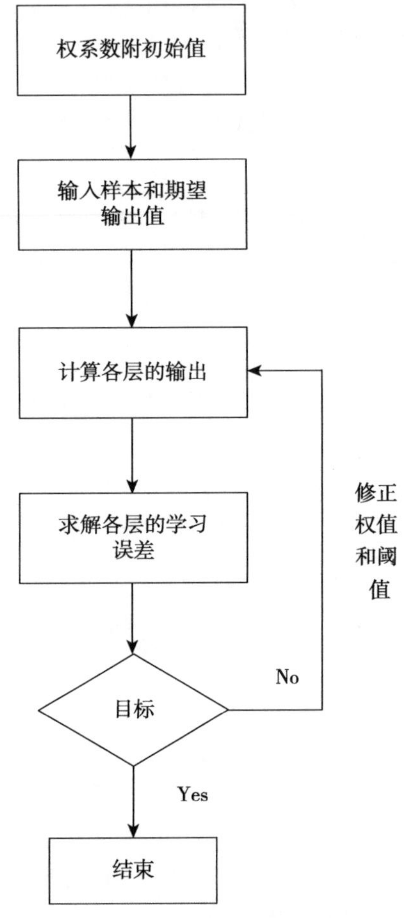

图 7-11　BP 算法的具体执行步骤

结构和复杂特性。BP 神经网络作为一种并行的计算模型，具有传统建模方法所不具备的很多优点，有很好的非线性映射能力，而且不必事先知道有关建模对象的结构参数和动态特性，只需给出对象的输入、输出数据，通过网络本身的学习功能就可以获得输入与输出的映射关系。

本书以装备制造企业的安全库存为研究对象，这种企业需求的物料种类多、需求变化大，在这种情况下安全库存的设置对生产的顺利进行、企业客户的服务水平都有着重要的作用。例如，港口机械制造企业、船舶电气企业等生产企业的产品均由许许多多零配件组成，它们分别由不同的供应商提供，企业根据客户的个性化要求进行生产、装配。在整个供应网络中，为了实现整体效率最大，需要研究网络上所有供应商、生产厂商、批发商、零售商等，以此研究从零部件到最终产品的安全库存。为了比较容易地检测预测结果，本书将研究对象放在一个生产企业的物流部门，以它的生产成品为基础，假设产成品直接提供给维修中心或最终用户，预测对象为生产该产成品所需物料的安全库存量。在此为了降低研究的复杂程度，假设只有一种零部件，即研究某型号紧固件的安全库存。

2. 网络模型

在安全库存的通用模型中，企业通常只重点考虑三个影响因素，即需求状况、提前期以及服务水平。然而在实际情况中，安全库存还受到很多其他因素的影响，它们也在不同程度地影响着安全库存量的设定，并且它们之间是一种非线性关系。为了逼近这种非线性函数，BP 神经网络算法是一种很合适的求解方法。

BP 神经网络算法可以模拟多个变量，同时不需要对输入变量作复杂的假定，通过观察得到的数据就可以从训练过程中通过学习得到隐含的输入、输出函数关系。为了保证研究的准确性、提高网络精度，可以增加网络训练样本的数量或是增加输入变量的个数。在模型建立之初，安全库存共有 13 个主要影响因素，但通过对实际数据的了解以及评估它们对安全库存量确定的影响程度，删掉了影响较小的 3 个因素，剩下 10 个因素作为自变量，把安全库存量作为唯一的输出因变量，以此建立安全库存预测 BP 神经网络模型。模型中各个因素之间的关系如图 7-12 所示。

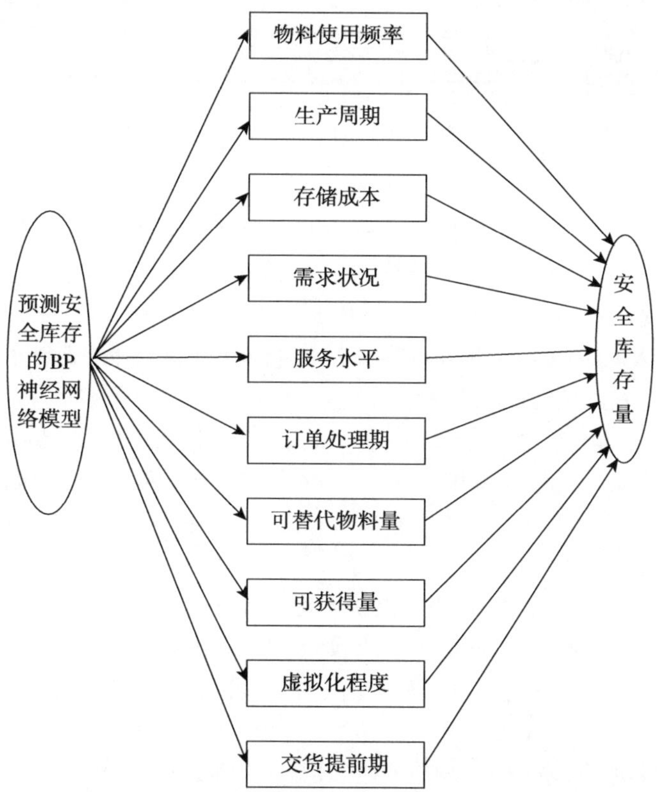

图 7-12　安全库存预测 BP 神经网络模型因素关系

图 7-13 说明了虚拟库存管理下内涵发生变化的影响因素。

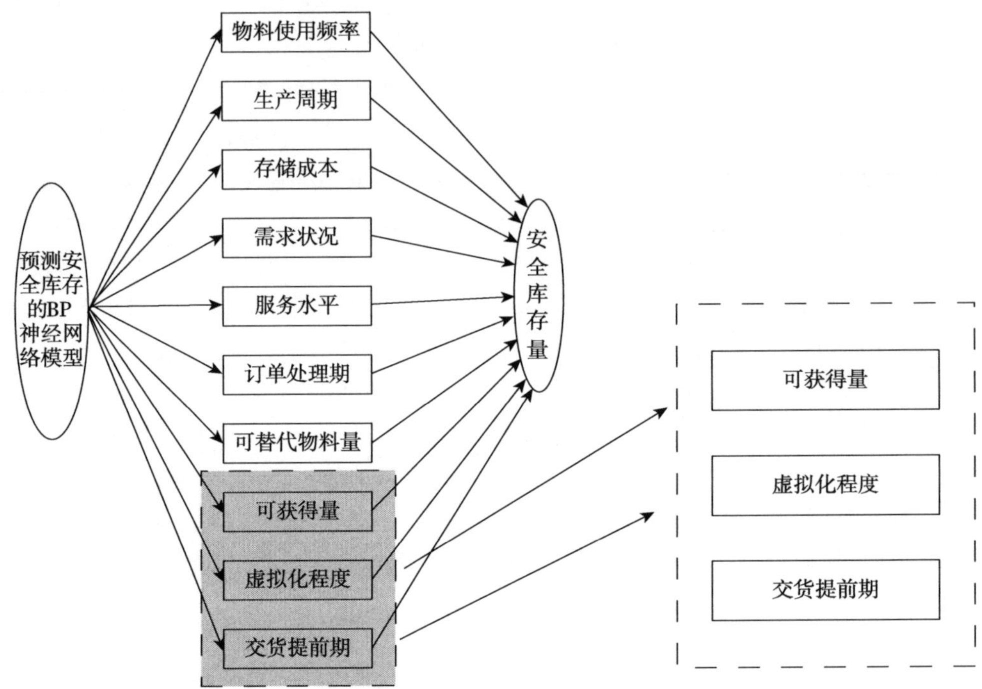

图 7-13 虚拟库存管理下内涵发生变化的影响因素

各因素的具体含义如下：

物料使用频率(X_1)：一个月内该种物料的使用量，它和安全库存量成正比。

生产周期(X_2)：指生产某种最终产品时装配这种零部件的时间长短，它和安全库存量成反比。

存储成本(X_3)：一个月内该种零配件的仓储费用，它和安全库存量成反比，当存储成本很高时，持有安全库存量较小。

需求状况(X_4)：通过市场对最终产品的需求情况分析以及它的物料清单(bill of materials，BOM)表分解，最终预测出企业对该物料的需求，用该物料一个月的需求量表示，它和安全库存量成正比关系。安全库存量随着行业的不同、需求情况不同也会有不同。

服务水平(X_5)：安全库存量与之成正比，服务水平越高，安全库存量越高，用百分比来表示，可用订单的完成率或投诉率来表示。

订单处理期(X_6)：从接到订单到执行生产间隔的时间，它与安全库存量成正比。

可替代物料量(X_7)：一个周期(本书以一个月为统计周期)内，市场上可替代这种零配件的种类数，它和安全库存量成反比。

可获得量(X_8)：生产企业所需的原料由上游供应商和同级生产企业的闲置库存保证，在一定程度上扩大了原料的供应量，它和安全库存量成反比关系。

虚拟化程度(X_9)：虚拟库存管理的程度可由企业间的信息化程度所体现，信息共享程度越高，虚拟化程度越高，越有利于降低安全库存的水平，它和安全库存量成反比关系。

交货提前期(X_{10})：从发出采购订单到零部件到货间隔的时间，它和安全库存量成正比。虚拟库存管理下，平均交货期缩短。

将装备制造企业紧固件连续多个时间段(分为 m 个周期)内的库存状况和影响安全库存量因素的历史数据进行网络训练，其中把前 $m-1$ 个周期的数据作为网络的训练样本，第 m 个周期的数据作为检测数据样本，以验证 BP 神经网络的预测能力。

由于 BP 神经网络系统是非线性的，初始值对训练能否达到局部最小化起到了很大的作用，初始权值在输入后进行累加时使每个神经元的状态值都接近于零。因此，对输入样本要进行归一化处理，以使得比较大的输出落在传递函数梯度大的地方。获得样本数据的计量标准彼此不统一，为了计算方便及防止部分神经元达到饱和状态，对输入数据进行归一化处理，使所有的数据都分布在[0，1]区间内，适合 BP 神经网络对数据进行训练。以 x 表示采样值，$x_{\max}$ 和 $x_{\min}$ 表示样本的最大值和最小值，则归一化公式为

$$X=\frac{x-x_{\min}}{x_{\max}-x_{\min}} \tag{7-4}$$

随后对网络进行训练得到安全库存 BP 神经网络的网络误差图，当误差处于设定范围内时，可以建立安全库存 BP 神经网络模型。用一个简单、通用的关系式来描述模型为

$$\mathrm{SS}=y_n=f_n\Big(\sum_{j=1}^{n}h_j(x)w_j\Big),\quad n=1,2,3,\cdots,9,10 \tag{7-5}$$

其中，w_j 为连接权值；SS 为安全库存 BP 神经网络模型输出函数；n 为影响因素的个数；f_n 为输出层的激活函数；$h_j(x)$为输入层的激活函数。

网络输入 $\boldsymbol{X}$ 为一个 1×10 的矩阵：$\boldsymbol{X}=[X_1,\ X_2,\ \cdots,\ X_{10}]$。

网络输入矩阵数据为 x_{ij}，$i=1，2，\cdots，10$；$j=1，2，\cdots，m$，m 为样本个数。

在实际设计中，确定隐层神经元节点数的办法是对于给定的输入输出模式，通过反复调试和对不同神经元数进行训练对比得到合适的值。本书采用公式法和经验法来选取隐层节点数。确定隐层神经元点节数的经验公式为

$$h=\sqrt{0.43pq+0.12q+2.54p+0.77q+0.35}+0.51 \tag{7-6}$$

其中，p 为输入层神经元个数；q 为输出层神经元个数；h 为隐层神经元个数，计算值需经四舍五入取整。

在本模型中，当 $p=10$，$q=1$ 时，求得 $h\approx6$。在 BP 神经网络算法的应用

中，当隐层神经元为 10 时，网络的稳定性最好，因此确定隐层节点数为 10。由此可知：输入层-隐层的连接权值 $\boldsymbol{W}_{ij}$ 是一个 10×10 的矩阵。隐层-输出层的联接权值 $\boldsymbol{W}_{jk}$ 是一个 10×1 的矩阵。隐层神经元转换函数的缩放系数矩阵 $\boldsymbol{T}_{ij}$ 是一个 1×10 的矩阵。输出层神经元转换函数的缩放系数矩阵 $\boldsymbol{T}_{jk}$ 是一个 1×1 的矩阵。网络输出为一个 1×1 的矩阵，$\boldsymbol{Y}=[y_k]$，$y_k=Y_k$，即安全库存量。

上述这些数值与具体的安全库存系统有关，对于同一系统其数值也不是唯一的，它们随每一次网络训练的不同而不同，但都能反映某特定安全库存系统各因素间的关系。BP 神经网络信息的获取过程包括了对神经网络的结构参数以及神经元特性、学习算法的确定过程，它的信息表示与信息获取过程同时进行、同时完成，当训练(信息获取)结束时，它就获得了网络内相关矩阵的信息。当网络内部信息表示达到一个稳定状态后，训练完成，即可以用该网络进行预测及分析等工作。一定时期积累了新的样本数据后，再对网络重新训练，以进一步提高网络精度，或获取新的知识、新的规则。实际上，企业的库存信息是不断变化的，因此需要不断调整安全库存的设置，这是一个动态的过程。

7.3.5 安全库存预测 BP 神经网络算法设计

1. 网络结构设计

根据人工神经网络的有关知识可以知道，任意一个连续函数都可用一个三层的前向神经网络来实现，因此本书采用三层的前向神经网络结构(图 7-9)。其所有信息向网络输入时，首先由输入层传递至隐层节点，经特征函数作用后，再传至下一隐层，直到最终传至输出层，其间每经过一层都要由相应的特征函数进行转换。输入为 10 个影响因素，输出为待测安全库存值(图 7-14)。

网络的参数设置如下：

(1)输入层。输入层选择 10 个输入因素，即物料使用频率(X_1)、生产周期(X_2)、存储成本(X_3)、需求状况(X_4)、服务水平(X_5)、订单处理期(X_6)、可替代物料量(X_7)、可获得量(X_8)、虚拟化程度(X_9)、交货提前期(X_{10})在规定时间段内相应的数值。

(2)隐层。通常情况下，隐层选一或二层时，收敛效果最好。理论上已经证明：具有偏差和至少一个 S 型隐层加上一个线性输出层的网络，能够逼近任何非线性函数。本书采用含有一个隐层的三层 BP 神经网络模型即可达到设计要求。根据公式法和经验值综合考虑确定隐层神经元个数为 10。

(3)输出层。输出层神经元节点数就是系统目标个数，选择 1 个结点，为第 n 个周期的待预测安全库存量。

(4)期望误差和迭代次数的选取。迭代次数选为 k 次，期望误差值设定为 $\frac{1}{k}$。

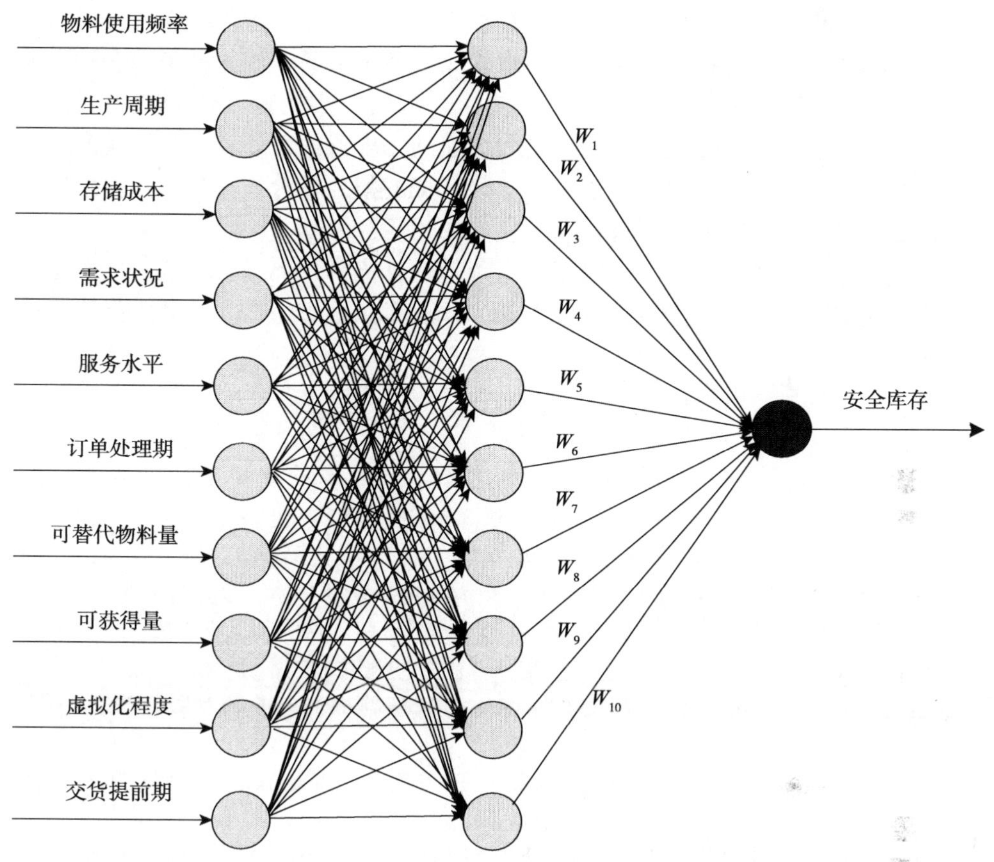

图 7-14　安全库存预测 BP 神经网络拓扑结构

(5)传递函数选择。中间层神经元的传递函数为 S 型正切函数，由于输出已经归一化到[0，1]中，故输出神经元的传递函数为 S 型对数函数。网络所用的训练函数为 trainlm，即使用 Levenberg-Marquardt 方法，适用于中型网络，收敛速度要求一般的情况。

2. 网络训练学习过程

使用 Matlab 6.5 的神经网络工具箱对安全库存的 BP 神经网络进行训练。在该模型中，含有 10 个输入元，初步设定训练参数如下：训练次数为 1 000，训练目标为 0.001，学习速率为 0.1。误差控制在可接受的范围内，网络训练结束后进行网络测试。

7.4　本章小结

虚拟库存管理通过信息技术实现信息共享、资源共享，在有效降低牛鞭效应的同时，还有利于降低各个企业安全库存水平。虚拟库存管理需要供应链上的各节点企业通力合作，随着网络的普及，投入成本逐步下降，使得越来越多的企业加入到信息化管理的大潮中，这其中也包括众多的中小企业，从而产生规模效应，有利于供应链的整体优化。企业之间传递的需求预测、库存状态、生产计划等都是供应链管理的重要数据，通过对这些数据的集成、分析可寻求更优化的库存管理方式，这是一个循序渐进、不断完善的过程。

安全库存的问题可大可小，对于某些价值非常高的产品来说，安全库存是不容忽视的问题，以至于有些企业希望实现“安全库存的 VMI”，以期达到零安全库存的目标。

参考文献

[1] 周秉利，黄春晓，张群．冶金企业备件库存虚拟共享及优化模型的研究．有色设备，2004，(1)：1～4.

[2] Simchi-Levi D，Zhao Y. Safety stock positioning in supply chains with stochastic lead times. Manufacturing and Service Operations Management，2005，7(4)：295～318.

[3] 周文专．基于系统动力学方法的安全库存水平控制研究．长沙民政职业技术学院学报，2007，14(1)：111～113.

[4] 张启超，张悟移．供应链中的安全库存优化管理的探讨．物流科技，2007，(6)：98～100.

[5] 林勇，马士华．基于随机提前期的通用件安全库存管理．工业工程与管理，2003，(3)：6～9.

[6] 万上海，程希骏．随机存货决策中的安全库存研究．价值工程，2003，(1)：71～72.

[7] 刘贵生．安全库存及其量的确定．江苏经贸职业技术学院学报，2008，(4)：15～17.

[8] 李莉．基于遗传算法的 BP 神经网络在织物染色配色中的应用研究．青岛大学硕士学位论文，2007：6～48.

[9] 刘婷．基于神经网络和数据包络分析方法的安全库存预测及评价研究．重庆交通大学硕士学位论文，2008：10～104.

[10] 高大启．有教师的线形基本函数前向三层神经网络结构研究．计算机学报，1998，21(1)：80～86.

第三篇

配　送

第 8 章

装备制造业协同配送网络设计

8.1 装备制造业协同配送网络概述

8.1.1 协同配送的基本概念

配送是在经济合理的区域范围内，根据用户的要求，对物品进行拣选、加工、包装、分割、组配等作业，并按时送达指定地点的物流活动。

协同配送是为了提高配送效率、降低配送成本而采用的一种配送方式。协同配送的概念较早在日本等发达国家提出，日本运输省流通对策本部《协同运输系统导入推进纲要》对协同配送进行了定义，指出协同配送是“在城市里，为使物流合理化，在几个有定期运货需求的货主的合作下，由一个卡车运输业者，使用一个运输系统进行的配送”。协同配送就是“把过去按不同货主、不同商品分别进行的配送，改为不区分货主和商品进行集中运货的‘货物及配送的集约化’。也就是把货物都装入在同一条路线运行的车上，用同一台卡车为更多的顾客运货”。

上述概念将协同配送解释为货物运输中的协同，主要体现在通过合并装车、运输路线优化来降低运输成本上。广义上我们认为协同配送不仅体现在运输过程中的协同，还可以拓展到与配送有关的供应链各个节点、各个环节在多个方面的协同。这是因为配送不仅是运输，还涉及供应商选择、配送网络设计、生产与销售的衔接等多个方面。协同配送可以具体理解为在以下几方面的协同：

(1)物流配送网络中各个节点的协同，如需求节点、供应节点、配送中心节点之间物流配送活动的协调。

(2)物流配送过程中各环节的协同，如库存、分配、运输环节之间的协调，以及各环节内部各要素的协调(例如，在运输环节内部，还要考虑不同地点和不同型号车辆的协同、取货与发货活动的协同、各取发货节点时间窗的协同等)，而在考虑成本时则需综合考虑各环节的总体成本，包括生产中的固定成本与可变成本、库存成本、运输成本与装卸成本等。

(3)物流配送系统的诸目标之间的协同，如成本和服务水平之间的协调等。

8.1.2 文献综述

1. 国内外关于物流协同配送的研究现状

国内外对于物流配送已有许多研究，但对于物流协同配送的理论方法的研究则起步较晚。Banaszak 等[1]研究了柔性制造中的生产、分配、运输路径的整合与控制。Mason 等[2]运用离散时间模拟方法研究了供应链中库存与运输环节的整合。Hu 和 Sheu[3]提出了在物流配送过程中基于模糊算法的客户分类方法。Silva 等[4]研究了物流流程优化的若干方法，包括遗传算法、蚂蚁算法等。李鉴和谢金星[5]研究了带时间窗口的分布式配送系统(即将最终产品的各配件分开库存，在合并中心满足顾客订单的产品配送系统)在运输时间均匀分布条件下的性能分析。李鉴和谢金星[6]还进一步研究了运输时间不确定情况下分布式配送系统的随机优化模型。张培林和魏巧云[7]建立了多个配送中心的选址模型，并用启发式算法求解。孙会君和高自友[8]采用双层规划模型描述了物流配送中心的选址问题。肖剑和陈义华[9]对双层规划模型进行了改进，建立了考虑下层规划费用函数约束的物流配送中心选址双层规划模型。宋宁华等[10]研究了物流布局、选址-分派、车辆-路径等方面的模型和算法。程代杰和石欣[11]通过拆分、组合订单及优化调度模型，提出了多货品、多门店情况下以最小成本为目标的物流调度计划方法。Russell 等[12]提出了多类报纸的生产和配送的协调算法。Yi 和 Özdamar[13]研究了突发灾难救助过程中的供应链协调模型。Doerner 等[14]分析了带有多个相互独立的时间窗的车辆路径问题(vehicle routing problem，VRP)，并分别采用启发式算法和分枝定界法求解。陈松岩和今井昭夫[15]以配送费用最小化为目标函数，提出了求解供应商的最佳位置与数量、配送中心的最佳位置与数量，以及从配送中心到最终用户的最佳配送路径的优化模型，运用传统启发式算法与模拟退火(simulated annealing)算法相结合的混合启发式解法，并利用人工生成数据和实例进行了计算验证。宁方华等[16]运用熵的概念分析了物流网络的协同效率。杨晓艳和崔利荣[17]分析了配送中心成本费用与等待的出货通知单，建立了定量配送与定时配送的随机模型，对配送中心配送组织形式的最优策略选择进行了定量分析。阳永生[18]以配送总里程最短为目标，建立了单配送中心的配送优化模型，提出了一种基于分枝定界法的混合求解策略。谢天保等[19]提出了在多个代理以自组织方式暂时结盟的情况下多个物流中心协同配送车辆的配载调度系统问题。

2. 国内外关于物流协同配送网络设计的研究现状

物流协同配送网络设计及其优化是物流协同配送系统建设的重要内容，配送网络设计的合理与否直接影响到物流的成本与效率。物流配送系统通常由供应节点、配送中心节点和需求节点组成。

O'kelly 采用重力模型[20]和二次型规划模型[21]进行节点的选择，在节点选择中考虑了设施的固定成本并采用启发式算法求解[22]。Ballou[23]给出了商务物流网络设计模型应用的概述。Ernst 和 Krishnamoorthy[24]提出了一种不考虑能力约束的 p 个枢纽问题求精确解的新方法。Sohn 和 Park[25]提出了一种降低模型规模的方法，建立了具有固定中转站问题的混合整数规划模型。Jayaraman[26]分析了配送网络设计问题中的设施位置、运输和仓库问题之间的相互依赖性。Nozick 和 Turnquist [27]在综合考虑设备成本、库存成本、运输成本与客户反应的基础上，提出了用于物流网络设计的选址模型。Horner 和 O'Kelly[28]提出了一个在 GIS 环境下具有非线性成本函数的网络设计模型。Cheong[29]研究了具有不同送货提前期、价格折扣和中转站的第三方物流公司的物流网络设计模型。Cordeau 等[30]研究了一种物流网络设计的整体优化模型，并对分枝定界法和 Benders 分解算法进行了比较，用以均衡工厂和仓库的选址与能力确定问题。Cardona-Valdés 等[31]研究了不确定环境下考虑成本与服务时间两个目标的网络配送系统设计优化问题。Caunhye 等[32]研究了应急物流系统优化模型，包括灾变情况下的物流设施布局、物流配送与运输等问题。

3. 现有研究存在的不足之处

现有文献虽然已较多地对物流配送进行了研究，但尚存在以下需要改进的问题：

(1)现有文献对物流协同配送问题的研究依然较少。国内外关于物流配送的研究较多集中于配送路线优化以及配送中心选址，对于物流协同配送的研究尚较少。

(2)现有研究对于装备制造业协同配送的研究较少。现有文献很少涉及制造企业的物流配送网络设计，更少涉及具有加工基地与中转站的制造企业的物流网络设计。制造企业往往具有半成品加工节点，半成品加工节点是专门为产品生产基地提供加工半成品的，一般设在原材料运输方便或人力资源成本与厂房资源成本较低廉的地方，其作用一是降低成本，二是扩大企业的生产能力。半成品加工基地既是原材料的需求节点，又是产品生产基地的供应节点。因此，制造企业的物流配送系统较为复杂，需要更加综合、系统地进行设计。

(3)对于配送的整体优化研究较少。现有研究较少从供应链角度进行研究，基本上都是对配送单个环节的研究，集中在配送中心选址与路径问题上，很少将联合运输问题与库存、供应商地点、用户地点、路线等问题进行整合。

本章研究带有半成品加工节点的制造企业物流配送网络设计问题，以整体最优为目标，对其物流配送网络的分配中心、半成品加工基地(合并点)、生产基地等节点进行选择，并制订这些节点的年运作计划与运输计划。

8.1.3 装备制造业物流协同配送网络模型体系

本章建立了装备制造业物流协同配送网络模型体系，其框架如图 8-1 所示。

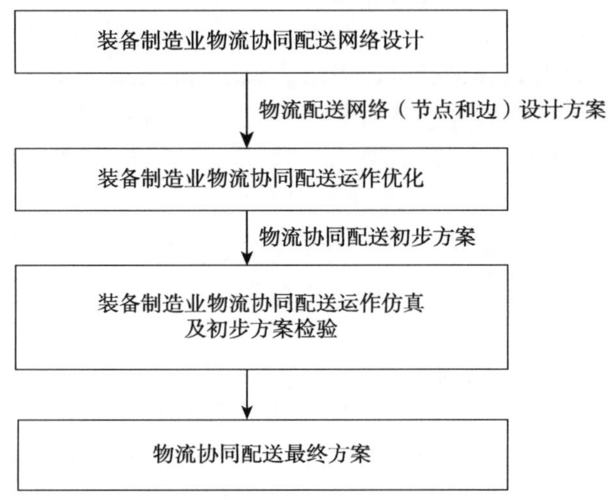

图 8-1 装备制造业物流协同配送模型体系框架

本章建立的框架由三个层次构成：第一层次是规划层面的模型，主要研究物流协同配送的网络设计，得到配送网络的节点与边的设计方案；第二层次是运作层面的模型，主要研究物流协同配送运作的优化，得到初步配送方案；第三层次是考虑随机因素的物流协同配送运作的仿真，通过对随机因素的模拟检验第二层次得到的初步配送方案的可行性与稳定性并进行协调，得到最终配送方案。下面具体介绍该三个层次模型的内容。

(1)装备制造业物流协同配送网络设计。物流网络是由网络的节点(供应商、配送点、合并点、生产厂等)、网络的边(节点之间的连线，或路径)、网络流(边上流动的物资)组成的，物流协同配送网络优化的目的就是合理地进行网络中节点的选择和边的选择。

物流协同配送网络设计由两部分构成，一是本章建立的基于 0-1 混合整数规划的物流配送网络优化模型，二是基于聚类分析的供应商选择模型(详见本书第 9 章)。

(2)装备制造业物流协同配送运作优化。物流网络确定之后，就要进行日常的协同配送运作，即确定配送需要的车辆数、车辆的路径、车辆的取货与送货次序以及合并装车策略等问题。本书第 10 章建立了协同配送运作优化模型，它是一种基于 0-1 混合整数规划的动态车辆路径优化模型，其中动态车辆路径模型又分为带硬时间窗的动态车辆路径优化模型和带软时间窗的动态车辆路径优化模型。

(3)装备制造业物流协同配送运作仿真。本书第 11 章建立了装备制造业物流配送仿真模型，并采用 em-Plant 得到车辆速度等指标随机变化时系统的各个性能指标，以检验物流配送运作方案的可行性与稳定性，并进行调整，得到考虑随机因素情况下的最终协同配送方案。

上述三个层次构成的模型体系如图 8-2 所示。

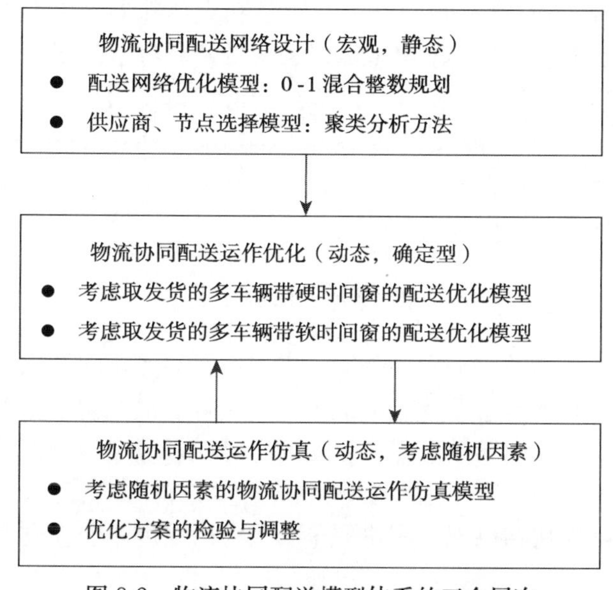

图 8-2　物流协同配送模型体系的三个层次

综上所述，本章研究基于 0-1 混合整数规划的装备制造业协同配送网络设计的优化模型；第 9 章研究基于聚类分析方法的装备制造业供应商节点选择模型；第 10 章研究基于动态优化方法的装备制造业协同配送运作优化问题，包括车辆数与运输路线的确定等；第 11 章研究基于仿真方法的装备制造业协同配送运作的控制与协调，得到考虑随机因素下协同配送的最终方案。

8.2　装备制造业物流协同配送网络的构成

8.2.1　装备制造业物流协同配送的特点

与其他行业的物流配送相比，装备制造业有其自身特点，主要表现在以下几个方面：

(1)装备制造业的高成本对运输时间的准确性要求较高。装备制造业通常需要使用大型原材料和半成品，由于大型原料及半成品的装卸与运输成本均很高，为节约成本，往往采用 JIT 策略，这就对运输时间的准确性提出了更高的要求。

(2)装备制造业通常具有半成品加工制造基地，这增加了物流配送网络的复杂性。装备制造企业常具有半成品加工制造基地，为了选择半成品加工基地，需要综合考虑固定成本、可变成本、装卸成本、运输成本以及原材料的利用率等因素，这就增加了装备制造业物流配送网络的复杂性。

(3)装备制造业的原材料和产品的大重量和大体积对运输提出了特定要求。装备制造业在运输大型原材料或半成品时通常有一些特定的要求，例如，需要有速度限制，在运输中不仅要考虑重量约束还要考虑体积约束等。

(4)装备制造业所使用的大型原材料的运输时间和装卸时间均较长，易受随机因素的影响。装备制造业的这些特点使得其物流配送网络更具复杂性，对于该网络进行科学设计是十分必要的。

8.2.2 装备制造业物流配送网络的构成

图与网络是运筹学的一个重要分支，许多重要的优化问题都可以用网络图进行描述。例如，在装备制造业物流配送系统中将货物从某些起点运输到某些终点时，合理的运输路线和中转站选择、合理的仓储地点确定等均涉及网络问题。

1. 图的基本概念

自 20 世纪 50 年代初以来，图论取得了重大的发展，现在它已广泛应用于电气工程、计算机科学、交通运输、邮电通信、社会科学等多个领域。

在现实生活中，人们为了反映某一系统中事物之间的关系，往往会用一些点或线画出示意图。例如，北京、上海、南京、杭州、西安、郑州、重庆、武汉、长沙、广州这 10 个城市和它们之间的航线可以用一个图形来描述。将这 10 个城市分别用 ν_1、ν_2、…、ν_{10}代表，每个城市在图上用一个点或圆圈表示。如果两个城市间有航线相通，就把表示这两个城市的点或圆圈用一条线段连接起来，得到线段 e_1、e_2、…、e_{15}。这样，就画成了如图 8-3 所示的图。

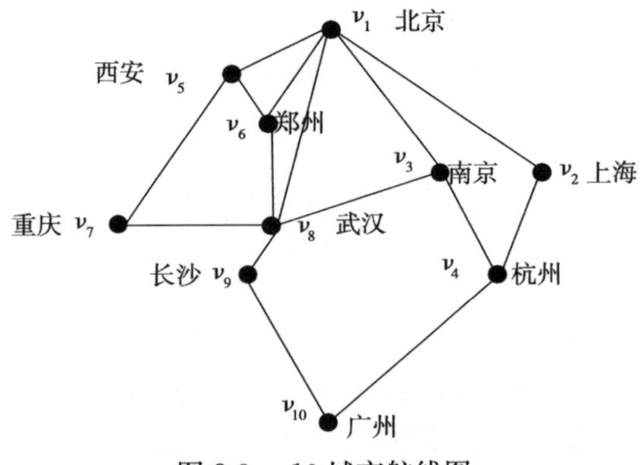

图 8-3 10 城市航线图

在图 8-3 中，代表城市的那些点称为图的节点(或称为顶点、点)，记做 ν_1，ν_2，…，ν_{10}。连接城市的直线(段)或曲线(段)称为图的边(或称为弧，下同)，记做 $e_k=[\nu_i，\nu_j]$，其中 e_k 表示连接节点 ν_i 与节点 ν_j 的边。从这个航线图可见，构成一个图的最基本的要素是节点以及连接其中某些节点的边。一般地，图的节点表示具体事物，边表示事物之间的联系。

定义 8-1　图 $G=(V，E)$由集合 V 和 E 构成。集合 V 的元素称为节点(或顶点)；集合 E 的元素称为边，它是以 $[\nu_i，\nu_j]$ 形式出现的无序对，其中 ν_i、$\nu_j\in V$。

在图 8-3 的例子中，图 $G=(V，E)$的节点的集合为

$V=\{$北京，上海，南京，杭州，西安，郑州，重庆，武汉，长沙，广州$\}$

亦可用符号表示为

$$V=\{\nu_1，\nu_2，\cdots，\nu_{10}\}$$

边的集合为

$E=\{$(北京，上海)，(北京，南京)，(北京，西安)，(北京，郑州)，
(北京，武汉)，(上海，杭州)，(南京，杭州)，(南京，武汉)，
(杭州，广州)，(西安，郑州)，(西安，重庆)，(郑州，武汉)，
(重庆，武汉)，(武汉，长沙)，(长沙，广州)$\}$

亦可用符号表示为

$$E=\{(\nu_1，\nu_2)，(\nu_1，\nu_3)，(\nu_1，\nu_5)，(\nu_1，\nu_6)，(\nu_1，\nu_8)，(\nu_2，\nu_4)，(\nu_3，\nu_4)，(\nu_3，\nu_8)，(\nu_4，\nu_{10})(\nu_5，\nu_6)，(\nu_5，\nu_7)，(\nu_6，\nu_8)，(\nu_7，\nu_8)，(\nu_8，\nu_9)，(\nu_9，\nu_{10})\}$$
$$=\{e_1，e_2，\cdots，e_{15}\}。$$

在实际问题中，有时仅用边来反映两个事物之间的关系是不够的。例如，某地区从 ν_1 到 ν_2 的公路是单行线，汽车只能由 ν_1 通向 ν_2，不能由 ν_2 通向 ν_1。如果此时仅用边来描述这种特定关系，就不能全面反映事物之间的联系。这时，可用一个带箭头的线段来代替连线(即 $\nu_1\rightarrow\nu_2$)，这就将单行线关系描述出来了。用箭头描述两事物间关系的有向性，在日常生活中是常见的。例如，部门间的领导与被领导的关系、工序的先后关系、车辆在两地间的运行等，都可用带箭头的有向线段表示。一个图，如果其边是有向的，则称这个图为有向图，否则就是无向图。

定义 8-2　有向图 $G_d=(V，E)$由集合 V 和 E 构成。集合 V 的元素称为起始节点(顶点)和终止节点(顶点)；集合 E 的元素称为有向边(或弧)，它是以 $[\nu_i，\nu_j]$ 形式出现的有序对，其中 ν_i、$\nu_j\in V$。

有向边(弧)$[\nu_i，\nu_j]$的方向为从 ν_i 流向 ν_j。图 8-4 是一个道路有向图，它表示车辆只能从节点 1 流向节点 2 和节点 3，从节点 2 或节点 3 流向节点 4 和节点

5，从节点 4 或节点 5 流向节点 6。

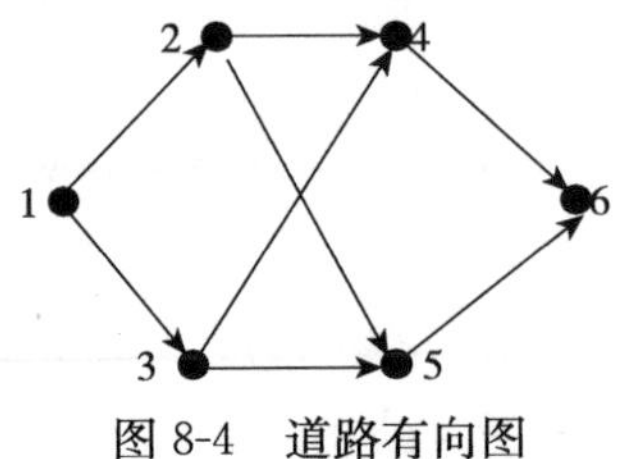

图 8-4　道路有向图

2. 网络与运输网络

在许多实际系统中，仅仅笼统地给出图是有向或无向仍然是不够的。例如，在研究公路系统时，除了描述公路的分布外，还应描述每条公路的长度，这就要在两个节点间的边上标出边的里程数(或运行时间)。又如，在研究港口时，除了描述港口的分布外，还应描述各港口的规模，于是在表示港口的节点处还应标上该港口的吞吐量。对于不同的问题可有不同的数量指标，由此可见，和图联系在一起的通常还有一个与节点或与边有关的数量指标(或称之为“权”)，这种带有某种数量指标(或权)的图称为网络。

由此可见，网络是一个赋权的图，网络中的边或节点与标为权的实数相关联。其中，与边相对应的权又称为边长，边长可为正、负或零。在边长为正的情况下，它可以表示公路的实际长度、车辆运行时间、费用、通信线路的信息容量、电气系统从一个状态转移到另一个状态时吸收的能量等；在边长为负的情况下，它可以表示电气系统从一个状态转移到另一个状态时释放的能量等。

运输网络是一种常见的网络，它是一个赋权的有向图。运输网络是由节点与有向边构成的，网中每条边都与标为边长(权)的非负实数相关联。网中的节点是各种运输方式的车站、枢纽或多种运输方式的结合部，如城市、地区中心、街道交叉口等；其边即该网络中车站之间、枢纽点之间或各种运输方式的结合部之间的区间线路，如铁路线、公路线、航空线、水运航道以及运输管道(如两城市间的公路、两地区中心间的路径、两交叉口间的街道等)；其边长是与该网络的边相关的数量指标，称为边的权，如道路的长度、运行时间、运输费用、交通流量等。这样一个用赋权有向图表示的运输系统，称为运输网络。

3. 装备制造业物流配送网络

装备制造业物流配送网络是一个有向赋权网络，见图 8-5。该网络的节点通常包括供应商节点、中转站(即配送中心)节点、半成品加工基地节点、生产基地节点、仓库节点等，该网络的边则是由这些节点之间的连线组成，边上流动的是原材料或半成品，其边权可以是运输成本、运输时间、距离等。

从图 8-5 可见，装备制造业的物流配送网络除了具有一般配送网络的供应节点、配送中心节点和生产基地节点外，常常还有半成品加工基地节点，所以其网

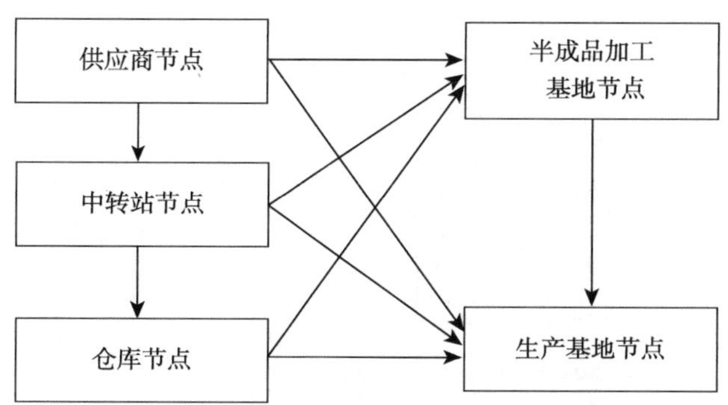

图 8-5　装备制造业物流配送网络

络结构更加复杂。半成品加工基地节点将半成品加工后运送到生产基地节点进行装配，因此，半成品加工基地节点既是原材料的需求节点，又是产品生产基地的供应商节点。它们通常位于原材料和人力成本较低的地区，其作用一是降低成本，二是扩大企业的生产能力。

8.3　装备制造业物流协同配送网络的设计

物流网络设计是物流管理的重要组成部分，物流配送网络的设计合理与否直接影响到物流的成本与效率。本节建立了基于 0-1 混合整数规划的装备制造业物流协同配送网络优化模型，为合理设计物流配送网络以达到协同配送的目的提供了决策依据。

8.3.1　装备制造业物流协同配送网络设计问题描述

设某装备制造企业的物流配送网络中有 m 个供应节点、n 个产品生产基地、p 个中转站、q 个半成品加工基地，其网络如图 8-6 所示。已知各供应节点的固定成本、可变成本和生产能力，各中转站的固定成本、库存量和容量，各半成品加工基地和产品生产基地的固定成本、可变成本和生产能力，各节点间的运输成本，应完成的产品产量。

需要决策的问题是：如何选择供应商、中转站、半成品加工基地和产品生产基地，如何安排生产与运输计划，使得总成本最小。即如何选择节点、如何确定原材料流与半成品流，使得总成本最小。

根据实际情况，假设模型满足以下假设：

(1)在生产基地之间或者在半成品加工基地之间，不存在原材料的流动或者半成品的流动。

(2)每个半成品加工基地或生产基地均拥有一个仓库。假设在任何仓库中，

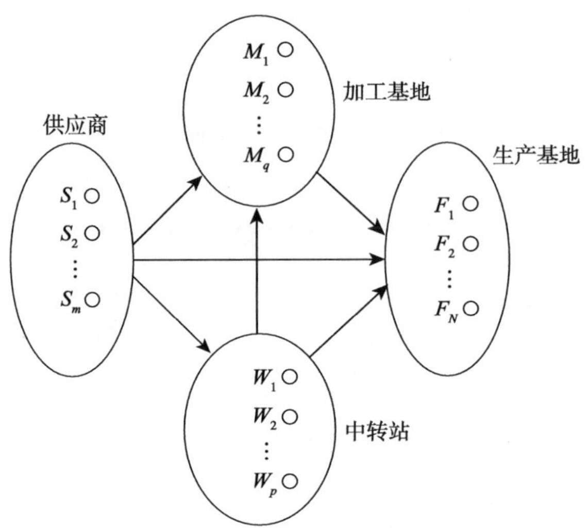

图 8-6 制造企业物流配送网络

每个半成品的库存成本均相同，因此在网络设计优化时，在总成本中可以不考虑半成品的库存成本。

(3)假定在半成品加工基地中，半成品一旦完成加工，便立刻被运往生产基地，因此在半成品加工基地的仓库中并不存储半成品。

8.3.2 变量与参数的符号

设置模型的决策变量如下：

$X_{ij}^k(i=1, 2, \cdots, m; j=1, 2, \cdots, q+p+n)$：从供应节点 i 运到第 j 个需求节点的第 k 种原材料的数量，该需求节点可以是半成品加工基地、中转站或生产基地。

$Y_{jl}^k(j=1, 2, \cdots, p; l=1, 2, \cdots, q+n)$：从中转站节点 j 运到第 l 个半成品加工基地或生产基地的第 k 种原材料的数量。

$Y_{jl}(j=1, 2, \cdots, q; l=1, 2, \cdots, n)$：从半成品加工基地节点 j 加工并运到第 l 个生产基地的半成品的数量。

$Z_i(i=1, 2, \cdots, q+p+n)$：一个 0-1 变量，表示是否使用第 i 个半成品加工基地或者中转站、生产基地。

MQ_l：生产基地 l 生产的产品数量。

FQ_l：生产基地 l 加工的半成品数量。

k：$k=1, 2$，表示大型货物($k=1$)或中小型货物($k=2$)。

模型中参数的符号及其定义如下：

f_i：节点 i (包括加工基地节点、中转站节点、生产基地节点)的固定成本。

p_{1j}：半成品加工基地节点 j 加工一个半成品的可变成本。

p_{2l}：生产基地节点 l 生产一个半成品的可变成本。

p_{3l}：生产基地节点 l 生产一个产品的可变成本。

a_{ij}^k：将原材料 k 从供应节点 i 运到节点 j（包括加工基地节点、中转站节点、生产基地节点）的单位运输成本。

b_{jl}^k：将原材料 k 从中转节点 j 运到加工基地节点或生产基地节点 l 的单位运输成本。

c_{jl}：将加工好的半成品从加工基地节点 j 运到生产基地节点 l 的单位运输成本。

d_i^k：原材料 k 在节点 i（包括加工基地节点、中转站节点、生产基地节点）的单位库存成本。

e_{ij}^k：将原材料 k 从供应节点 i 运到节点 j（包括加工基地节点、中转站节点、生产基地节点）的单位装卸成本。

g_{jl}^k：将原材料 k 从中转节点 j 运到加工基地节点或生产基地节点 l 的单位装卸成本。

h_{jl}：将加工好的半成品从加工基地节点 j 运到生产基地节点 l 的单位装卸成本。

I_j^k：原材料 k 在加工基地节点或生产基地节点 j 的库存增量（$j=1, 2, \cdots, q+n$）。

I_{0j}^k：原材料 k 在加工基地节点或生产基地节点 j 的期初库存量（$j=1, 2, \cdots, q+n$）。

S_i^k：供应节点 i 可提供的原材料 k 的最大数量。

T_l：节点 l（包括加工基地节点、中转站节点、生产基地节点）的原材料库存周转率。

C_l：节点 l（包括加工基地节点、中转站节点、生产基地节点）的原材料仓库库存容量。

T'_l：生产基地节点 l 的产品库存周转率。

C'_l：生产基地节点 l 的产品仓库库存容量。

T''_l：生产基地节点 l 的半成品库存周转率。

C''_l：生产基地节点 l 的半成品仓库库存容量。

q_j：加工基地节点 j 的半成品加工能力。

p_l：生产基地节点 l 的半成品加工能力。

pp_l：生产基地节点 l 的产品生产能力。

w_j^k：加工基地节点 j 加工一个半成品所需要的原材料 k 的数量。

v_j^k：加工基地节点 j 加工半成品时对原材料 k 的利用率。

w'^k_l：生产基地节点 l 生产单位产品（不包括半成品）所需要的原材料 k 的数量。

v'^k_l：生产基地节点 l 生产产品（不包括半成品）时对原材料 k 的利用率的倒数。

w''^k_l：生产基地节点 l 加工单位半成品所需要的原材料 k 的数量。

v''^k_l：生产基地节点 l 加工半成品时对原材料 k 的利用率的倒数。

f：每个产品需要的半成品数量。

D：产品的总需求量。

8.3.3 基于 0-1 混合整数规划的装备制造业协同配送网络优化模型

根据上述假设，建立具有加工基地的装备制造企业物流配送网络的 0-1 混合规划模型如下：

$$\begin{aligned}\text{o. b.}\quad \text{Min}\sum_{i=1}^{p+q+n} f_i Z_i + \sum_{j=1}^{q}\sum_{l=1}^{n} p_{1j} Y_{jl} + \sum_{l=1}^{n} p_{2l}\text{FQ}_l + \sum_{l=1}^{n} p_{3l}\text{MQ}_l \\ + \sum_{i=1}^{m}\sum_{j=1}^{p+q+n}\sum_{k=1}^{2} a_{ij}^k X_{ij}^k + \sum_{j=1}^{p}\sum_{l=1}^{q+n}\sum_{k=1}^{2} b_{jl}^k Y_{jl}^k + \sum_{j=1}^{q}\sum_{l=1}^{n} c_{jl} Y_{jl} + \sum_{k=1}^{2}\sum_{i=1}^{p+q+n} d_i^k I_i^k \\ + \sum_{i=1}^{m}\sum_{j=1}^{p+q+n}\sum_{k=1}^{2} e_{ij}^k X_{ij}^k + \sum_{j=1}^{p}\sum_{l=1}^{n+q}\sum_{k=1}^{2} g_{jl}^k Y_{jl}^k + \sum_{j=1}^{q}\sum_{l=1}^{n} h_{jl} Y_{jl}\end{aligned} \tag{8-1}$$

$$\text{s. t.}\quad \sum_{i=1}^{m} X_{ij}^k = \sum_{l=1}^{n} Y_{jl}^k + I_j^k,\quad j=1,\cdots,p;\ k=1,2 \tag{8-2}$$

$$\sum_{j=1}^{p+q+n} X_{ij}^k \leqslant S_i^k,\quad i=1,\ \cdots,\ m;\ k=1,\ 2 \tag{8-3}$$

$$\sum_{k=1}^{2}(I_j^k + I_{0j}^k) \leqslant T_j C_j Z_j,\quad j=1,\cdots,\ p+q \tag{8-4}$$

$$\sum_{j=1}^{q} Y_{jl} + \text{FQ}_l \leqslant T''_l C''_l Z_l,\quad l=1,\ \cdots,\ n \tag{8-5}$$

$$\text{MQ}_l \leqslant T'_l C'_l Z_l,\quad l=1,\ \cdots,\ n \tag{8-6}$$

$$\sum_{l=1}^{n} Y_{jl} \leqslant q_j Z_j,\quad j=1,\ \cdots,\ q \tag{8-7}$$

$$\text{FQ}_l \leqslant p_l Z_l,\quad l=1,\ \cdots,\ n \tag{8-8}$$

$$\text{MQ}_l \leqslant \text{pp}_l Z_l,\quad l=1,\ \cdots,\ n \tag{8-9}$$

$$w_j^k v_j^k \sum_{l=1}^{n} Y_{jl} \leqslant \sum_{i=1}^{m} X_{ij}^k + \sum_{r=1}^{p} Y_{rj}^k - I_j^k,\quad j=1,\ \cdots,\ q;\ k=1,\ 2 \tag{8-10}$$

$$w'^k_l v'^k_l \text{MQ}_l + w''^k_l v''^k_l f \cdot \text{FQ}_l \leqslant \sum_{j=1}^{p} Y_{jl}^k + \sum_{i=1}^{m} X_{il}^k - I_l^k,\quad k=1,\ 2;\ l=1,\ \cdots,\ n \tag{8-11}$$

$$\sum_{j=1}^{q} Y_{jl} + \mathrm{FQ}_l = f \cdot \mathrm{MQ}_l, \quad l=1, \cdots, n \tag{8-12}$$

$$\sum_{l=1}^{n} \mathrm{MQ}_l = D \tag{8-13}$$

$$X_{ij}^k, Y_{st}^k, Y_{ul} \geqslant 0 ; \quad \mathrm{FQ}_l, \mathrm{MQ}_l \geqslant 0$$
$$i=1, \cdots, m; j=1, \cdots, p+q+n; s=1, \cdots, p; t=1, \cdots, q+n;$$
$$u=1, \cdots, q; l=1, \cdots, n; k=1, 2 \tag{8-14}$$

$$Z_i = 0 \text{ 或 } 1, \quad i=1, \cdots, p+q+n \tag{8-15}$$

其中，式(8-1)中的目标函数是物流配送系统的总成本最小。该总成本包括各节点间的原材料与半成品的运输成本，各节点的储存成本、固定成本、可变成本、卸货费用、装货费用等。式(8-2)表示节点的运入量、运出量与库存量之间的平衡约束关系；式(8-3)～式(8-9)反映半成品加工基地节点、中转站节点和生产基地节点的库存能力约束、加工能力约束、生产能力约束等；式(8-10)～式(8-13)表示必须满足原材料需求、半成品需求和产品需求的约束；式(8～14)与式(8-15)分别为非负约束与 0-1 整数约束。

模型的输入参数如下：

(1)能力，包括：生产能力，加工能力，仓库的储存容量，供应点提供原材料的能力。

(2)需求，包括：单位半成品和单位产品所需的原材料数量，半成品需求量，产品需求量。

(3)成本，包括：单位原材料成本，中转站、半成品加工基地与生产基地的固定成本，单位产品与单位半成品的可变成本，单位原材料与半成品的运输成本，单位原材料、单位半成品与单位产品的存储成本，单位原材料与单位半成品的装卸成本。

模型的输出变量如下：

(1)节点的选择，包括：中转站的选择、半成品加工基地的选择、生产基地的选择。

(2)生产计划，包括：半成品加工基地的加工数量、生产基地的半成品加工数量与产品生产数量。

(3)运输计划，包括：大型原材料、中小型原材料和半成品的运输路径与运输量。

8.3.4　模型的特点

本章建立的 0-1 混合整数模型对物流配送网络进行了整体优化。模型具有以下特点：

(1)对于供应节点、半成品加工基地节点、中转站节点、产品生产基地节点进行整体考虑，寻求使得整体最优的节点选择、生产计划与运输计划方案。

(2)综合考虑了生产成本、库存成本、运输成本、装卸成本等多种因素，其中在生产成本中考虑了半成品加工基地和不同产品生产基地的固定成本、可变成本以及材料利用率水平，更加符合实际。

(3)体现了装备制造业的特点，对于装备制造业物流协同配送网络设计，特别是对于具有半成品加工基地的装备制造企业的物流协同配送网络设计具有借鉴意义。

8.4 装备制造业物流协同配送网络优化算例

设某装备制造企业的物流配送系统包含 3 个半成品加工基地、1 个中转站和 5 个产品生产基地。该企业有 500 多个长期合作的供应商，长期以来供应商都是无偿提供运输服务的，因此，供应商的选择与物流配送网络(如离开产品生产基地的距离等)关系不大，主要取决于产品的性质、供应商的特点等。根据这一特点，我们可以采用聚类分析等方法选择供应商。此外，该装备制造企业的产品生产基地与中转站均设在海边，大部分货物通过水运运输，少量货物采用陆运方式运输。

根据上述情况，我们将 500 多个供应商简化为两类节点，一类是从水路进入物流配送网络的节点，另一类是从陆路进入物流配送网络的节点。这就大大简化了物流配送网络，使得求解模型的精确解成为可能。另外，该企业所需的大宗货物由供应商直接送达基地，小型货物由供应商送至其中转站，再由中转站配送。简化后的物流配送网络如图 8-7 所示。

将数据输入式(8-1)～式(8-15)，运用 Lingo 8.0 求解，运行时间约为 1 秒，得到该制造企业的物流配送网络图，如图 8-8 所示。

从运行结果可知：

(1)网络节点的选择。原材料选择陆路 S_1 和水路 S_2 两个进入点；半成品加工基地节点选择加工基地 M_2 和 M_3；中转站节点选择 W；生产基地节点选择生产基地 F_2、F_3 和 F_5，见图 8-8。

(2)网络流及运输计划的确定。

①原材料的流动。在图 8-8 中，水路和公路入口处供应节点上括号中的两个数字分别表示运出的大型原材料和中小型原材料的数量(吨)；图中带有箭头的实线表示原材料流，实线上括号中的两个数字分别表示运输的大型和中小型货物的数量(台)；带有箭头的虚线表示半成品流，虚线上括号中的数字表示运输的半成品的数量(件)。从图 8-8 可见，一部分原材料由陆路和水路供应节点运到中转站

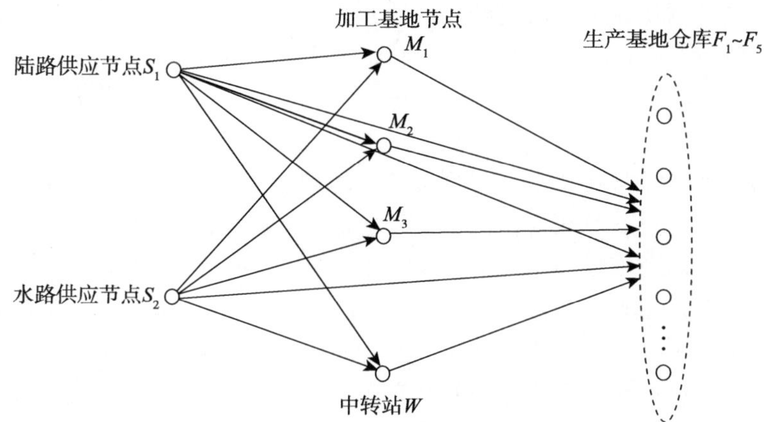

图 8-7　某装备制造企业物流配送网络简化图

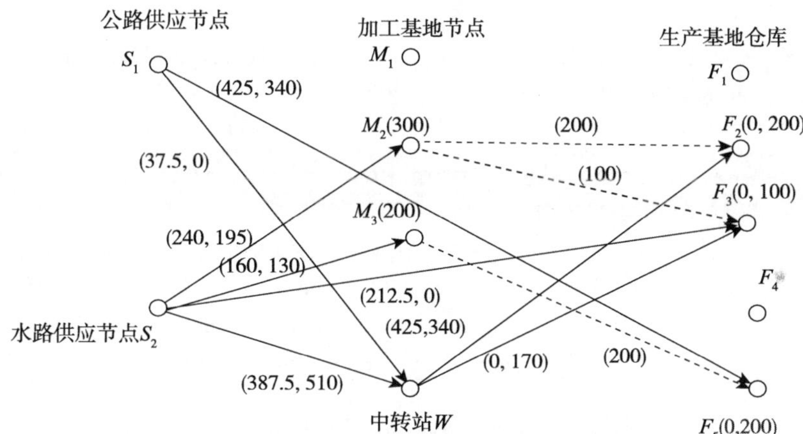

图 8-8　某装备制造企业物流配送网络设计图

节点，再由中转站节点运到生产基地；另一部分原材料由陆路和水路节点分别直接运到生产基地；还有一部分原材料由水路直接运到半成品加工基地。

②半成品的流动：加工基地 M_2 和 M_3 生产的半成品直接运往生产基地进行装配。

(3)生产安排。在图 8-8 中，加工基地节点旁括号中的数字表示加工的半成品数量(件)，生产基地括弧中的两个数字分别表示该基地加工的半成品数量(件)与生产的产品的数量(台)。可见，半成品加工基地 M_2 生产 300 件半成品，M_3 生产 200 件半成品；生产基地 F_2 生产 200 件半成品、200 件成品；生产基地 F_3 和 F_5 分别生产 100 件和 200 件成品。

(4)配送成本。目标函数值为 477 120 元，该目标函数值反映了物流配送系统的总配送成本，包括各节点间的原材料与半成品的运输成本、各节点储存成本、固定成本、可变成本、卸货费用与装货费用。

8.5 本章小结

装备制造企业常常在成本相对低廉的地区建立半成品加工厂，这使得其物流网络变得较为复杂。本章建立了基于 0-1 混合整数规划的物流协同配送网络优化模型，该模型统筹考虑了多个因素，提供了一种物流协同配送网络设计、生产计划与运输计划制订的方法。

本章模型还可在以下两方面作进一步改进：一是考虑生产基地之间的材料流与半成品流的调剂，这时网络将变得更加复杂，需要引入更有效的算法；二是可以引入非线性成本函数，以更接近生产实际。

参考文献

[1] Banaszak Z A，Tang X Q，Wang S C et al. Logistics models in flexible manufacturing. Computers in Industry，2007，43(3)：237～248.

[2] Mason S J，Ribera P M，Farris A，et al. Integrating the warehousing and transportation functions of the supply chain. Transportation Research Part E：Logistics and Transportation Review，2003，39(2)：141～159.

[3] Hu T L，Sheu J B. A fuzzy-based customer classification method for demand-responsive logistical distribution operations. Fuzzy Sets and Systems，2003，139(2)：431～450.

[4] Silva C A，Sousa J M C，Runkler T，et al. Soft computing optimization methods applied to logistic processes. International Journal of Approximate Reasoning，2005，40（3）：280～301.

[5] 李鉴，谢金星．带时间窗口的分布式配送系统在运输时间均匀分布条件下的性能分析．系统工程理论与实践，2002，22(3)：80～87.

[6] 李鉴，谢金星．分布式配送系统在运输时间均匀分布条件下的性能分析．运筹学学报，2003，7(1)：83～90.

[7] 张培林，魏巧云．物流配送中心选址模型及其启发式算法．交通运输工程学报，2003，3(2)：65～68.

[8] 孙会君，高自友．考虑路线安排的物流配送中心选址双层规划模型及求解算法．中国公路学报，2003，(2)：115～119.

[9] 肖剑，陈义华．考虑费用函数约束的物流配送中心选址双层规划模型．物流技术，2004，(11)：89～90.

[10] 宋宁华，田青，齐二石．物流系统规划设计方法综述．天津大学学报(社会科学版)，2003，(3)：225～228.

[11] 程代杰，石欣．区域配送中心物流调度模型．重庆大学学报(自然科学版)，2004，(1)：76～80.

[12] Russell R, Chiang W C, Zepeda D. Integrating multi-production and distribution in newspaper logistics. Computers & Operations Research, 2008, 35(5): 1576～1588.

[13] Yi W, Özdamar L. A dynamic logistics coordination model for evacuation and support in disaster response activities. European Journal of Operational Research, 2007, 179(3): 1177～1193.

[14] Doerner K F, Gronalt M, Hartl R F, et al. Exact and heuristic algorithms for the vehicle routing problem with multiple interdependent time windows. Computers & Operations Research, 2008, 35(9): 3034～3048.

[15] 陈松岩，今井昭夫．物流网络选址与路径优化问题的模型与启发式解法．交通运输工程学报，2006，(3)：118～121.

[16] 宁方华，陈子辰，熊励．熵理论在物流协同中的应用研究．浙江大学学报(工学版)，2006，40(10)：1705～1708.

[17] 杨晓艳，崔利荣．定时与定量配送的最优策略．系统工程，2006，24(7)：13～15.

[18] 阳永生．基于分支定界算法的物流配送网络优化研究．数学理论与应用，2010，(1)：57～61.

[19]谢天保，雷西玲，席文玲．多物流中心协同配送车辆调度模型研究．计算机工程与应用，2010，46(29)：203～206.

[20] O'Kelly M E. The location of interacting hub facilities. Transportation Science, 1986, 20(2): 92～106.

[21] O'Kelly M E. A quadratic integer program for the location of interacting hub facilities. European Journal of Operational Research, 1987, 32(3): 393～404.

[22] O'Kelly M E. Hub facility location with fixed costs. Papers in Regional Science, 1992, 71(3): 293～306.

[23] Ballou R H. Logistics network design: modeling and informational considerations. International Journal of Logistics Management, 1995, 6(2): 39～54.

[24] Ernst A T, Krishnamoorthy M. An exact solution approach based on shortest-paths for *p*-hub median problems [J]. INFORMS Journal on Computing, 1998, 10(2): 149～162.

[25] Sohn J, Park S. Efficient solution procedure and reduced size formulations for *p*-hub location problems. European Journal of Operational Research, 1998, 108(1): 118～126.

[26] Jayaraman V. Transportation, facility location and inventory issues in distribution network design. International Journal of Operations and Production Management, 1998, 18(5): 471～494.

[27] Nozick L K, Turnquist M A. Inventory, transportation, service quality and the location of distribution centers. European Journal of Operational Research, 2001, 129(2): 362～371.

[28] Horner M W, O'Kelly M E. Embedding economies of scale concepts for hub network design. Journal of Transport Geography, 2001, 9(4): 255～265.

[29] Cheong M L F. New models in logistics network design and implications for 3PL companies. Nanyang Technological University, 2005: 1～191.

[30] Cordeau J F, Federico P, Marius S. An integrated model for logistics network design. Annals of Operations Research, 2006, 144(1): 59～82.
[31] Cardona-Valdés Y, Alvarez A, Ozdemir D. A bi-objective supply chain design problem with uncertainty. Transportation Research Part C: Emerging Technologies, 2011, 19(5): 821～832.
[32] Caunhye A M, Nie X F, Pokharel S. Optimization models in emergency logistics: a literature review. Socio-Economic Planning Sciences, 2012, 46(1): 4～13.

第9章

港口装备制造业的供应商选择

9.1 供应商选择的背景

9.1.1 供应商选择的流程

港口装备制造业协同配送的目的在于最大限度地提高人员、物资、金钱、时间等物流资源的效率，以降低成本、取得最大效益、提高服务水平。一般而言，协同的条件包括供应商的地区、配送圈的密度、服务水平、配送车辆性质、配送商品特性、物流设施状况、物流系统的独立程度等。此外，物流协同化系统应在确定了内容和服务水平、保管、搬运、拣选、收配(集货配送)方式、设施、机器、车辆、人员之后再进行设计。近年来，供应链管理(supply chain management，SCM)的理念逐步被港口装备制造业接受，旨在改善供应商作业水平和能力，以满足港口装备制造业短期和长期的供应需求，其中供应商选择、评价与管理对提供高性价比的原料、零部件或配件尤为关键。供应环节作为供应链的源头，供应商关系管理对企业的竞争力和盈利性起着决定性作用，并对成本、产品质量、技术及新产品导入时间产生直接的影响。研究显示，供应商管理成本占据了生产成本较大的比例，因而有效的供应商管理可以显著地减少供应链整体成本[1]。除此之外，通过实施供应商管理，港口装备制造商可以促使供应商的能力达到自身的预期，增加对采购业务的控制能力，并且通过长期的、有信任保证的订货合同来满足采购的要求，减少和消除不必要的针对购进产品的检查活动。

目前，我国制造企业在进行供应商关系管理时存在较多问题，多数国内制造企业与供应商仍处于传统的竞争关系中，而非合作关系。制造企业通过研究建议书和报价，选一个或几个供应商。这种关系模式，主要是由价格驱动的，注重短期目标。因此，制造企业在选择供应商时多以产品质量、价格、柔性、交货准时性、提前期和批量等作为主要的评估指标，没有形成一个全面的供应商综合评价指标体系，不能对供应商做出全面、具体、客观的评价。而且，制造企业即使建立了一套指标体系，由于评价指标值的确定受主观因素的影响，供应商评价的客观性存在问题。同时，许多评价指标不是建立在供应链管理基础上的，不适用于动态、合作、竞争的市场环境，难以对供应商的整体水平进行准确评价。因此，选择供应商包括制造企业在从确定需求到最终确定供应商以及评价供应商的不断循环的过程，应遵循“QCDS”原则，即质量、成本、交付与服务并重的原则。在这四者中，质量因素最为关键，首先要确认供应商的质量保证体系的建立，然后确认供应商的生产设备和工艺能力；其次要运用价值工程(value engineering, VE)的方法对所涉及的产品进行成本分析，并通过双赢的价格谈判实现成本节约。在交付方面，要确认供应商的生产能力、人力资源配置、扩大产能的潜力。最后要确认供应商的售前、售后服务水平。一般选择供应商的过程包括以下步骤：

(1)分析市场竞争环境。这个步骤旨在找到具体的产品市场，以有效地开发供应链合作关系(包括产品需求、产品的类型和特征、用户需求等)，从而确定供应商评价选择的必要性，以及分析供应商的现状及其存在的问题。

(2)建立供应商选择目标。制造企业必须确定供应商评价程序的实施(包括信息流程、实际目标等)。其中降低成本是主要目标之一，供应商评价与选择既是制造企业自身和企业之间的一次业务流程重组过程，又是一次增值的过程。

(3)建立供应商评价标准。供应商综合评价的指标体系是制造企业对供应商进行综合评价的依据和标准，是反映企业本身和环境所构成的复杂系统不同属性的指标，按隶属关系、层次结构有序组成的集合。根据系统性、全面性、稳定性、可比性、灵活性等原则，建立起供应链管理环境下供应商的综合评价指标体系。不同行业、企业、产品需求、不同环境下的供应商评价有所不同，主要涉及供应商绩效、设备管理、人力资源开发、质量控制、成本控制、技术开发、用户满意度、交货协议等方面。在此基础上，制造企业应建立一个小组以控制和实施供应商评价。

(4)评价供应商。在供应商的评价过程中，应调查、收集有关供应商生产运作等方面的信息。在收集供应商信息的基础上，利用一定的方法和技术进行供应商评价。在评价后，通过决策方法和技术进行供应商选择，或进行重新评估。

(5)实施合作关系。一旦企业决定实施供应商评价，评价小组必须与初步选定的供应商取得联系，以确认它们与企业建立合作关系的意愿，获得更高业绩水平的愿望。制造企业应让供应商参与到评价的设计过程中，但参与的供应商不宜太多。在实施合作关系的过程中，随着市场需求的变化，应根据实际情况的需要，修正供应商评价标准，或重新进行供应商评估。

9.1.2 供应商选择的方法

供应商选择的研究始于美国学者 Dickson 开创性地提出供应商绩效评价标准[2]。从 20 世纪 90 年代初至今，国内外学者对供应商的评价及选择进行了大量深入的研究，主要涉及供应商选择的指标体系、供应商选择的方法、供应商选择的过程等课题。目前，该领域的研究已形成较为成熟的理论和方法，包括线性加权法、基于成本的方法、实证/概念方法、数学规划法、基于人工智能的方法、组合法、模糊理论优化方法、数据包络分析（data envelopment analysis，DEA）法等。

1. 供应商选择的指标体系

供应商选择的首要问题是对评价指标的研究。供应商选择属于多标准决策问题，在各项指标及其权重确定的基础上构建综合指标体系。早在 20 世纪 60 年代，美国学者 Dickson 就提出了 23 条供应商选择指标并对其进行了排序，权重位列前三的指标分别是质量、交货期、历史表现[2]。自 20 世纪 90 年代到 21 世纪初，随着经济全球化的不断深入，以 Weber 为代表的学者们对 Dickson 提出的 23 项指标按引用频率进行了重新排序，并探讨了这些指标随时间的变化情况，发现价格、质量、交货期位列前三[3]。除了供应商选择的一般指标权重的确定之外，还应根据具体情况重新进行权重分配[4]。与此同时，供应商选择的指标体系随着全球商业环境的变化而不断扩大，近年来新增的指标有产品开发、生产柔性、绿色环保等[5~7]。

2. 供应商选择的方法

针对供应商选择方法，国内外的研究成果经历了定性、定量、定性与定量相结合的演进过程，目前常用的方法有线性加权法、成本法、数学规划法、组合法等。线性加权法主要应用于单货源选择，有赖于人为判断，从而主观性较强。因此，在 20 世纪 70 年代，美国运筹学家 Saaty 提出了层次分析法（analytical hierarchy process，AHP），即一种定性与定量分析相结合的多目标决策分析方法，因考虑了无法直接量化的因素而被广泛应用于供应商评价和选择[8]。成本法多用于解决单一产品采购供应商选择问题，并支持采购成本的整体决策，包括成本比率法、作业成本法等[9]。数学规划法是供应商选择中运用相当广泛的一种方法，旨在解决单货源和多货源情况下供应商选择与采购量优化决策问题，包括单目标规划和多目标规划模型[10,11]。鉴于建模与求解运算的困难性，现有的研究较少涉及供应商选择与采购量分配决策方面的多目标非线性规划模型。组合法通过集成多种方法来解决供应商选择与采购量分配优化决策这一复杂问题，如涉及 AHP、DEA 等方法的组合[12]。

3. 供应商选择的过程

虽然目前关于供应商选择过程的研究较少，但在有关指标或方法的研究中，涉及了选择的过程或步骤，如供应商选择过程的三类过程模型(即国际采购模型、伙伴选择模型、通用模型)、采购的八个步骤及其三个情境(即新任务、经修正的重新采购和直接重新采购)[13]。

近年来，随着供应链管理理念的出现、全球化的深入发展以及电子商务的普及，供应商选择指标体系、选择方法和选择过程有了全新的内涵。因此，在全球供应链管理的环境下，制造企业不再以传统的低价优质作为选择供应商的主要标准，而以质量保证体系、财务稳定性、环境标准等来评定潜在的供应商，继而选择一个或少量几个供应商，建立长期的合作关系[14]。伴随着 20 世纪 90 年代制造业供应链的对外延伸，为了进一步降低成本和提升国际竞争力，越来越多的制造企业在全球范围内寻求供应商。由于各国商业和文化环境的差异，制造企业采用了更为全面、复杂的指标体系来评价和选择供应商，因而选择供应商的指标在很大程度上受到了文化因素的影响[15]。此外，电子商务的迅猛发展促进了企业之间、企业与消费者之间、企业与政府之间(business to government，B2G)的信息交流和信息化管理，从而实现供应链的无缝连接和业务集成。在电子商务环境下，供应商的选择标准除了传统的质量、价格、交货期之外，信息安全、信誉口碑、财务健康、劳资关系等因素也显得尤为重要[16]。虽然电子商务能通过采购过程中投标人选择、伙伴选择、表现评估等环节的自动化来提高采购效率、降低采购成本，但并不是采购与供应商选择的所有环节都适合电子化或自动化，电子化并不能完全取代传统的人际沟通方式[17]。

9.2 供应商选择的指标体系

9.2.1 供应商选择的问题描述

针对港口装备制造业协同配送的供应商选择，并基于本书第 8 章建立的供应网络模型，本章将以港口装备制造企业为例，进行其供应商选择研究。通过调研其供应网络，我们可以把网络抽象成如图 9-1 所示的网络结构，即由大约 500 个供应商、3 个配套基地(合并点)、2 个中转库(配送中心)以及 5 个工厂(生产基地)组成。由此发现，企业产品的零部件存在 4 种从供应商到工厂的配送方式或计划，即直接运送(路径 1)、经配套基地(路径 2)运送、经中转库和配套基地(路径 3)运送，以及经中转库(路径 4)运送。

由此可见，该供应网络因供应节点众多变得十分复杂，同时拥有四种配送方式以及大量的零部件需要进行配送，使得协同配送问题更为烦琐，无法以数学建

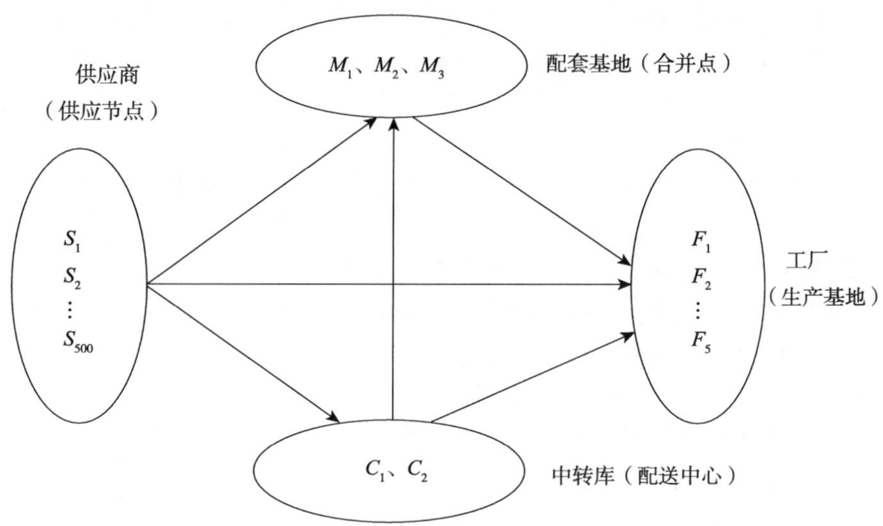

图 9-1　港口装备制造企业配送网络示意图

模的方式直接加以解决，由于存在的 NP 难题，简化势在必行。因此，在解决协同配送问题之初建立“基于聚类分析的供应商选择”模型，对众多的供应商进行初选，以降低该类节点的数量，也就是该维度的规模。有鉴于此，为了有效地解决该问题，需基于以下约束或假设：

(1)上述 500 个供应节点可以属于不同的供应商或其中几个节点属于同一个供应商；不同供应商可能承担不同产品零部件的供应或某个供应商提供各零部件的供应。

(2)由于合并点、中转站、工厂的数量相对较少，而且其转换成本较高，所以转换或变更这些节点在供应商选择这一初步评价阶段不予考虑。

(3)由于四种不同的配送方式涉及不同的产品零部件及特征，需进行分类处理，其中大宗货物供应商一般直接进行配送，且其多为长期客户，易于与其他供应商区分；其余供应商可以根据不同指标、针对不同配送方式加以选择。

在上述供应网络及其约束的基础之上，港口装备制造业协同配送的供应商选择将涉及供应商选择指标体系和选择模型的建立。

9.2.2　供应商选择指标的分析和确定

所谓供应商选择问题就是对地理空间分布的供应商进行选优，以简化协同配送的复杂度，因而在“基于聚类分析的供应商选择”模型提出和建立的基础上，首先应对供应商选择的指标进行分析和确定。通过详细的调研我们发现产品零部件的供应商供货的产品、地点、时限、提前期、成本、数量、质量、频次等可作为对其选择的评价指标。这些评价指标之间存在复杂的关联关系甚至相互冲突。具体而言包括以下几个方面：

(1)供应商产品决定了其配送的方式，该问题首先应予以考虑，以初步区分供应商的不同类型。

(2)供货地点涉及供应商或供应节点与配套基地、中转库和工厂之间的空间关系，对配送的时间或时限影响很大；供应商配送时限的掌握与其能力(如运力、产能、提前期等)密切相关，因此时间和空间指标可作为主要的供应商分类指标。

(3)工厂或用户方面，除对供应商有时空的考量外，还必须保证供货的质量、数量、频次等，也可以作为供应商能力的重要部分。

基于上述考量，供应商选择的原则大致如下：

(1)把上述评价指标归纳为三个一级指标，即地点(所处空间位置、与配送网络其他节点的运输距离等)、时间(时限、提前期、频次等)以及能力(质量、数量、运输等)。

(2)由于指标之间的关联，应加以综合考虑，如以三个一级指标可以形成一个三维的供应商的特征空间，作为评价的基础。

9.3 供应商选择的建模

9.3.1 模型的选择

针对上述选择指标建立供应商特征空间，此时如何选择供应商的问题涉及供应商的区分，以期从500个供应商群中找出最符合某种配送方式、某次具体配送业务的供应商组合的问题可以演化为数学上类型辨识问题，具体而言包括分类和聚类两种选择。虽然聚类分析起源于分类学，但是聚类不等于分类。聚类与分类的不同在于，聚类所要求划分的类是未知的。由于在供应商选择和协同配送问题的初始阶段，所得到的信息一般具有抽象性和模糊性，所以比较适宜于用聚类算法加以解决。同时，聚类方法的优点还有：①与分类算法相比，不存在不确定区间；②多属于非指导性、自组织类型算法，运算效率较高。

聚类是将物理或抽象对象的集合分成由类似的对象组成的多个类的过程，由聚类所生成的簇是一组数据对象的集合。这些对象与同一个簇中的对象彼此相似，与其他簇中的对象相异，相异度可以根据描述对象的属性值计算，对象间的距离是最常采用的度量指标。数学工具用于分类学中，形成了数值分类学，多元分析技术进一步被引入到数值分类学，形成了聚类分析。聚类分析又称群分析，是研究指标分类问题的一种统计分析方法。聚类分析包括系统聚类法、有序样品聚类法、动态聚类法、模糊聚类法、图论聚类法、聚类预报法等。聚类分析是数据分析中的一种重要技术，许多领域都会涉及聚类分析方法的应用与研究工作，如数据挖掘、统计学、机器学习、模式识别、生物学、空间数据库技术、电子商务等。其主要理论依据如下：

(1)从统计学的观点看，聚类分析是通过数据建模简化数据的一种方法。传统的统计聚类分析方法包括系统聚类法、分解法、加入法、动态聚类法、有序样品聚类、有重叠聚类和模糊聚类等。采用 k-均值、k-中心点等算法的聚类分析工具已被加入到许多通用的统计分析软件包中，如 SPSS(statistical product and service solution，统计产品与服务解决方案)、SAS(statistics analysis system，统计分析系统)等。

(2)从机器学习的角度讲，簇相当于隐藏模式。聚类是搜索簇的无监督学习过程。与分类不同，无监督学习不依赖预先定义的类或带类标记的训练实例，需要由聚类学习算法自动确定标记，而分类学习的实例或数据对象有类别标记。聚类是观察式学习，而不是示例式的学习。

(3)就数据挖掘功能而言，聚类能够作为一个独立的工具获得数据的分布状况，观察每一簇数据的特征，集中对特定的聚簇集合作进一步的分析。

聚类作为数据挖掘中的一个模块，可以作为一个单独的工具来发现数据中深层次的分布信息，并且概括出每一类的特点。聚类分析的算法可以分为划分法、层次法、基于密度的方法、基于网格的方法、基于模型的方法等。聚类分析还可以作为其他数据挖掘任务(如分类、关联规则)的预处理步骤。数据挖掘领域主要研究面向大型数据库、数据仓库的高效实用的聚类分析算法。一个好的聚类方法要能产生高质量的聚类结果——簇，这些簇要具备高的簇内相似性和低的簇间相似性两个特点。

9.3.2　模糊聚类分析模型

聚类结果的好坏取决于该聚类方法采用的相似性评估方法以及该方法的具体实现，聚类方法的好坏取决于该方法是能发现某些还是所有的隐含模式。常用的聚类技术或方法包括以下几种[18~21]：

(1)图论法。如欧文(Owen)图形分解法，图论法属于几何法的一种，适用于低维度分析，一般适用于两维平面。

(2)线性法。如 Kohonen 关联(即采用 k-均值法)，线性法只能根据已知数据找出其聚类中心。

(3)神经网络法。如自适应共振理论(adaptive resonance theory，ART2)属于非指导性分类法，分类数目可能过多；自组织映射(self-organizing map，SOM)法需事先确定类型数目。

(4)模糊理论法。如模糊 c-均值聚类法，是一种基于相似性关系和模糊关系的直接聚类法，能够较好地实现迭代计算达到优化聚类目的。

常用的模糊聚类法有模糊图论法、基于相似性关系和模糊关系的直接聚类法、基于模糊等价关系的传递闭包法和基于目标函数模糊 c-均值聚类法。图论法的前提是建立模糊图，不适合多元素模糊聚类分析；直接聚类法初始结果传递性较差；传递闭包法不适用于大数据，难以满足实时性较高的要求；模糊 c-均值聚类法能够较好地实现迭代计算达到优化聚类目的，还可以转化为优化问题借助经典数学的非线性规划理论求解，且易于计算机实现。同时，供应商选择的评价指标在信息收集、描述和处理过程中，存在一定程度的不确定性和模糊性特征，因而本书选择模糊 c-均值聚类法进行聚类分析。

1. 数学模型

模糊目标函数 c-均值聚类法是以极小化类别方法为目标函数进行聚类分析的。如可供选择的供应节点有 n 个，$X=\{x_1, x_2, \cdots, x_k, \cdots, x_n\}$，按照 p 个指标来划分，即 $x_k \in \mathbf{R}^p$，将其分为 c 个子集($2 \leqslant c \leqslant n$)，则建立模型为[22]

$$\min z(\widetilde{\boldsymbol{U}}) = \sum_{i=1}^{c} \sum_{k=1}^{n} (\mu_{ik})^m \| x_k - v_i \|_G^2 \tag{9-1}$$

$$\text{s. t.}\ v_i = \frac{\sum_{k=1}^{n} (\mu_{ik})^m x_k}{\sum_{k=1}^{n} (\mu_{ik})^m}, \quad \forall i \tag{9-2}$$

$$\sum_{i=1}^{c} \mu_{ik} = 1, \quad \forall k \tag{9-3}$$

$$0 < \sum_{i=1}^{n} \mu_{ik} < n, \quad \forall i \tag{9-4}$$

$$\widetilde{\boldsymbol{U}} \in M_{fc} \tag{9-5}$$

该模型为 m 加权模型，m 为加权指数，一般情况下 $m \geqslant 1$ 是一个给定的数。第一个函数为模糊目标函数，μ_{ik} 为元素 x_k 属于类别 i($i=1, 2, \cdots, c$)的隶属度；$\widetilde{\boldsymbol{U}}=[\mu_{ik}]$为模糊分类矩阵(且 $\mu_{ik}=[0, 1]\ \forall i, k$)；$v_i$ 为类别 i 的聚类中心($i=1, 2, \cdots, c$)；$M_{fc}=\{$所有 X 上的模糊 c-划分$\}$。

2. 模型的求解

聚类的准则为求目标函数极小值，由于矩阵 $\widetilde{\boldsymbol{U}}$ 中各列都是独立的，所以 $\min z(\widetilde{\boldsymbol{U}}) = \min \left\{ \sum_{i=1}^{c} \sum_{k=1}^{n} (\mu_{ik})^m \| x_k - v_i \|_G^2 \right\} = \sum_{k=1}^{n} \min \left\{ \sum_{i=1}^{c} (\mu_{ik})^2 \| x_k - v_i \|_G^2 \right\}$ 的极值约束条件为 $\sum_{i=1}^{c} \mu_{ik} = 1$。引入拉格朗日乘数 λ 来求解。

$$z(\widetilde{\boldsymbol{U}};\boldsymbol{V})=\sum_{i=1}^{c}\sum_{k=1}^{n}(\mu_{ik})^{m}\|x_k-v_i\|_G^2+\lambda\left(\sum_{i=1}^{c}\mu_{ik}-1\right) \tag{9-6}$$

对式(9-6)求关于 λ、μ_{ik} 和 v_i 的偏导数，可以得到局部最优点的必要条件为

$$v_i=\frac{\sum_{k=1}^{n}(\mu_{ik})^m x_k}{\sum_{k=1}^{n}(\mu_{ik})^m},\quad i=1,2,\cdots,c \tag{9-7}$$

$$\mu_{ik}=\frac{\left(\dfrac{1}{\|x_k-v_i\|_G^2}\right)^{\frac{1}{m-1}}}{\left(\sum_{j=1}^{c}\dfrac{1}{\|x_k-v_j\|_G^2}\right)^{\frac{1}{m-1}}},\quad i=1,2,\cdots,c;\ k=1,2,\cdots,n \tag{9-8}$$

式(9-7)和式(9-8)组成了一个由 $(n+1)\times c$ 个方程构成的非线性方程组。

3. 决策策略

就模糊 c-均值聚类法的结果对于决策而言，尚需要加上约束条件，使数学求解的结果与实际问题联系起来，也就是使供应商选择更符合实际的需求[6]。因此，增加了两个层次的决策策略，即初步策略与进一步决策策略，其中进一步决策策略又包括供应商能力和供应商位置约束条件。

(1)初步策略。在供应商选择评价指标的专家重要性打分完成后，这些分值可作为模糊 c-均值聚类法的输入。首先，若针对评价指标的打分值之和(即 $R_l^k=\sum_{y=1}^{z}R_{l,y}^k$) 小于一定量值，则认为该供应商总体评价过低而不予考虑，这将初步解决供应商或供应节点过多的问题。其次，由于模糊 c-均值聚类法的聚类中心数目可以在相当大的范围内加以选择(理论上 $c\in[2,n)$)，所以，聚类中心数目的确定需要另外的决策策略加以完善，这一决策基于两个空间过近的中心，其特征相似，可作为同类处理。具体步骤如下：

步骤 1：设定聚类中心数目 $c=r$，初始值 $r=2$。

步骤 2：计算聚类中心之间的欧氏距离 d_s，即 $d_s=\|v_i-v_j\|$。其中 i，$j\in[1,c]$ $(i\neq j)$；$s\in\left[1,\dfrac{c(c-1)}{2}\right]$。

步骤 3：如果 $\min(d_s)>\beta$，设定 $r=r+1$，$c=r$，继续步骤 2；否则停止计算，确定 $c=r-1$。

(2)进一步决策策略。根据具体的位置(如与任务相关的配套基地、中转库、工厂位置等)、时限(如提前期、频次等)、产品(如质量、数量等)的要求可以选择某个聚类中心作为最符合实际情况的那类，即与该聚类中心的距离最短。在此基础上，鉴于所选聚类中某些供应商的产能限制，某个供货任务可能由多个供应商同时完成。式(9-9)表示了与聚类中心最接近的 N 个供应商的总产能达到某次

供货任务的需求量。在此，供应商产能约束条件为

$$C^a = \sum_{t=1}^{t^a} C_t^a \geqslant Q^a, \quad \forall t^a \leqslant T^a; a = 1,2,\cdots,N \tag{9-9}$$

与此同时，存在供应商选择的优先顺序问题，也就涉及需完成某次任务的其他节点(如配套基地、中转库、工厂等)，那么以该供应商与这些节点距离之和最小的顺序作为优先选择的顺序。在此，供应商位置约束条件为

$$D_p = \sum_{q=1}^{K} d_{pq}, \quad \forall p \neq q;\ p = 1,2,\cdots,K \tag{9-10}$$

9.4 实例验证

9.4.1 算例参数设置

算例选择港口装备制造企业某次配送的案例，产品的零件可由 500 个供应商中的 152 个供应商提供，因此把这些供应节点定位为选择对象。算例的参数设置如下：

(1)专家根据该具体零件的特点，对这些供应商或供应节点进行专家评分或打分(1～100 评分标准)，具体的三个指标为：指标 1——空间，指标 2——时间，指标 3——能力。这也是数据的正态化处理过程，有利于模糊 c-均值聚类法的收敛性。

(2)计算三个维度的评分之和，将小于某个阈值(设为 90)的供应节点首先排除在外。由此，剩下 83 个供应节点进行模糊 c-均值聚类。

(3)聚类中心从 2 个开始计算，在得到聚类中心之后，计算聚类中心之间的欧氏空间距离。若小于一定的阈值(设为 40)，就认为这两个类供应节点之间的相似度大，而相异度不足，可以归为一类。

9.4.2 算例结果分析

如图 9-2(a)、(c)、(e)所示，该算例在三种情况下(聚类中心数分别为 2、3、4)的收敛性符合要求，对应的模糊分类空间(模糊分类值相对于聚类中心数、评分值)如图 9-2(b)、(d)、(f)所示。表 9-1 显示了模糊 c-均值聚类法的运算结果，同时图 9-3 显示了聚类中心及其所属类具体节点的分布(分别表示了两维平面和三维空间的分布情况)。

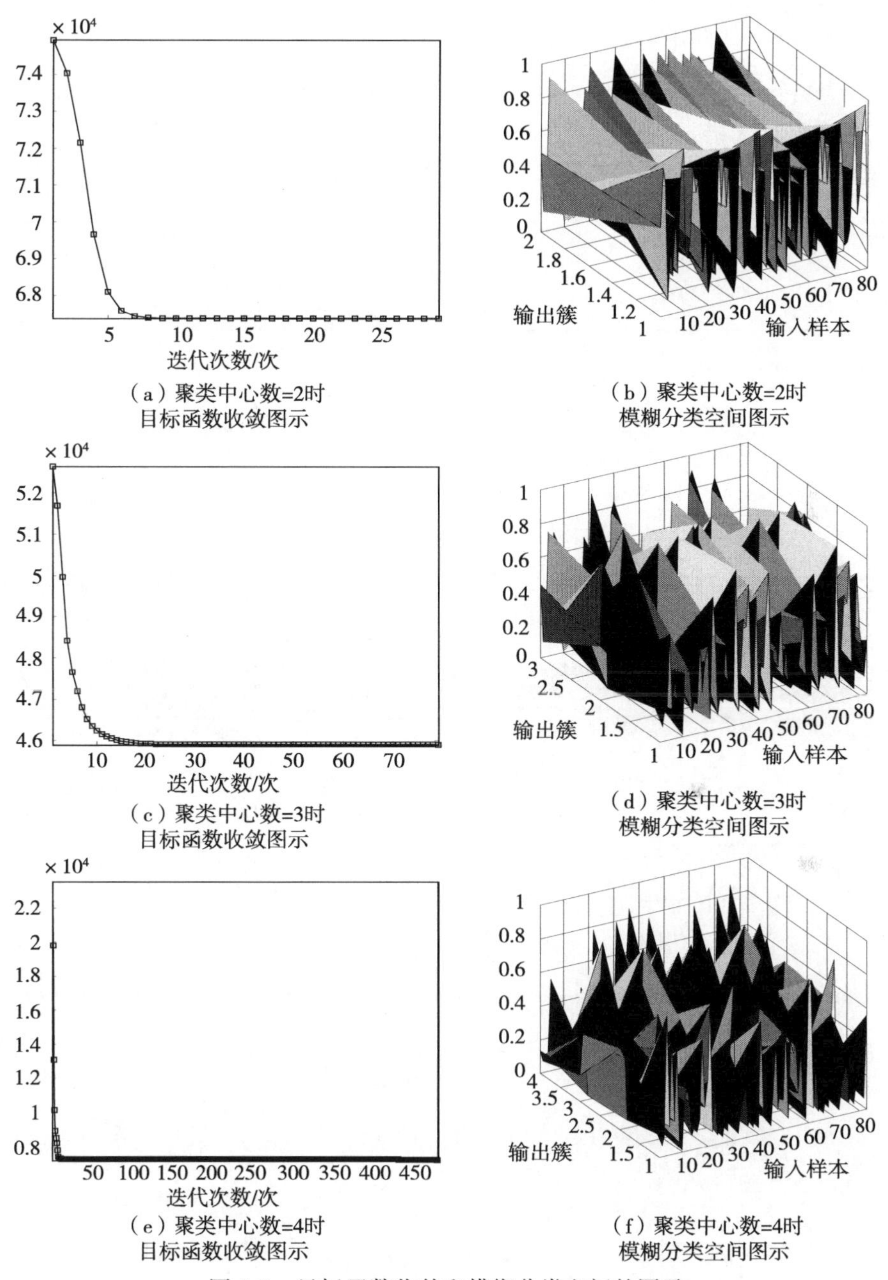

(a) 聚类中心数=2时目标函数收敛图示

(b) 聚类中心数=2时模糊分类空间图示

(c) 聚类中心数=3时目标函数收敛图示

(d) 聚类中心数=3时模糊分类空间图示

(e) 聚类中心数=4时目标函数收敛图示

(f) 聚类中心数=4时模糊分类空间图示

图 9-2　目标函数收敛和模糊分类空间的图示

(1)在聚类数为 2 的情况下，供应节点或供应商聚成了数目分别为 40 和 43 的两类，两个聚类中心之间的距离大于阈值(40)。因此根据决策策略，继续选择聚类数为 3 的情况。

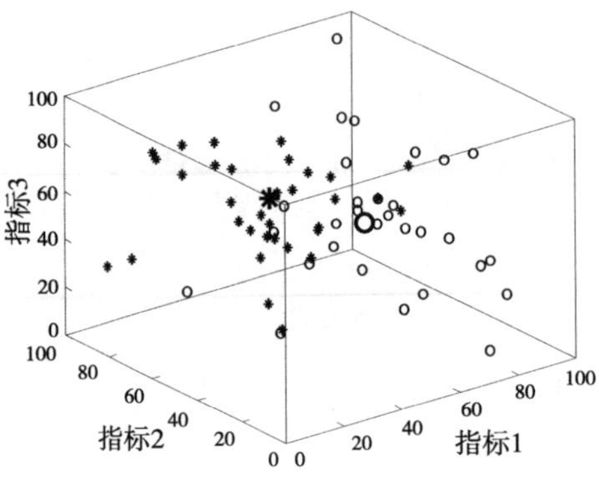

（a）聚类中心数=2时空间分布

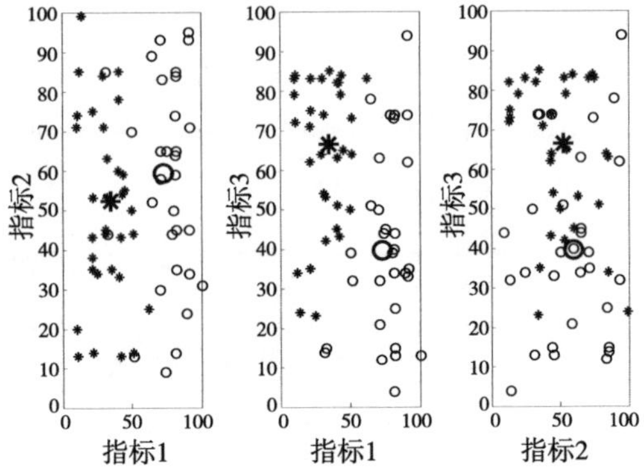

（b）聚类中心数=2时平面分布

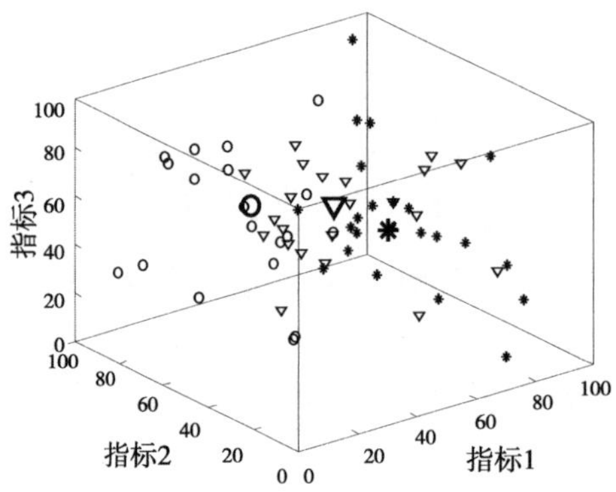

（c）聚类中心数=3时空间分布

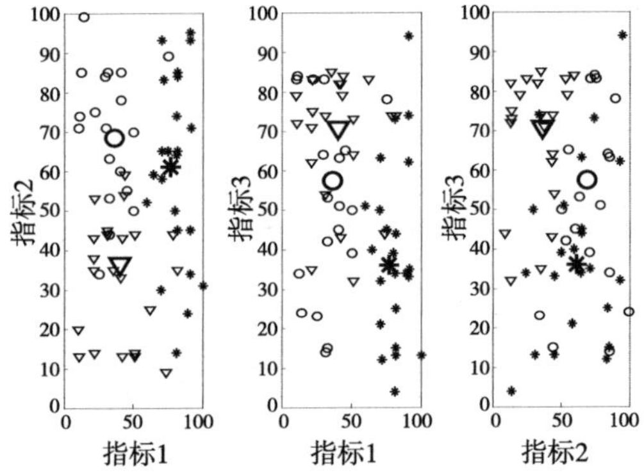

（d）聚类中心数=3时平面分布

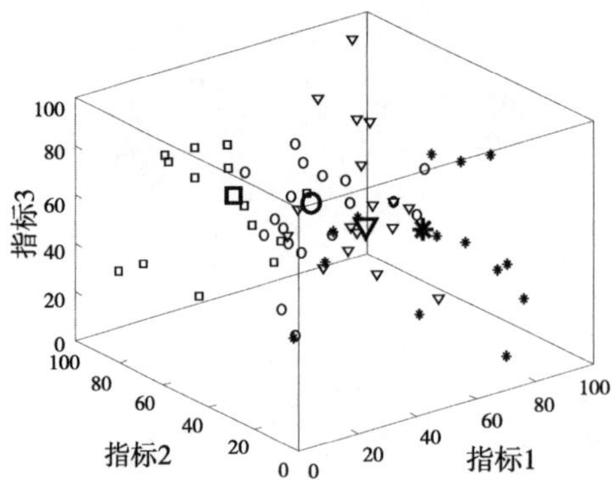

（e）聚类中心数=4时空间分布

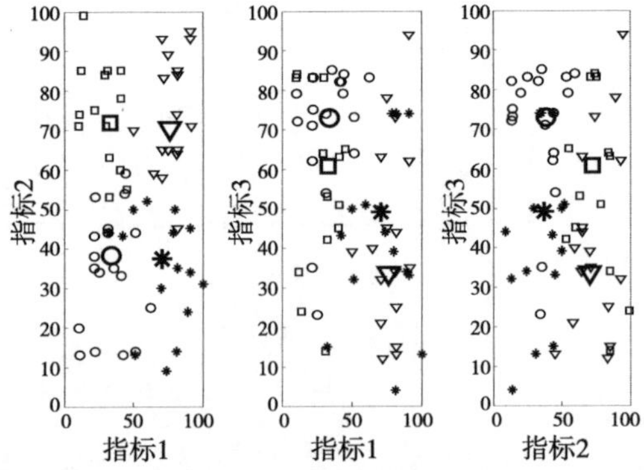

（f）聚类中心数=4时平面分布

图 9-3　聚类中心及其所属类的节点分布

(2)在聚类数为 3 的情况下，供应节点或供应商聚成了数目分别为 27、29 和 27 的三类，三个聚类中心之间的距离分别大于阈值(40)。因此根据决策策略，继续选择聚类数为 4 的情况。

(3)在聚类数为 4 的情况下，供应节点或供应商聚成了数目分别为 21、18、22 和 22 的四类，四个聚类中心之间的距离存在小于阈值(40)的情况，这说明聚类数已过多而出现相似度过大的情况。因此根据决策策略，不再继续选取更大的聚类数，选择聚类数为 3 的情况最佳。

根据实际的配送要求，该算例涉及的配送任务交货时间比较紧急，因而对就近供货要求相对较高，而对供应商或节点的产量要求则相对降低。具体情况如下：

(1)选择表 9-1 中(聚类中心数 ＝ 3)的第二类(包含 29 个供应节点)。

(2)经计算，其中的 5 个供应商最符合配送要求，在总配送量可以达到供货量的要求下，其与其他节点(如工厂)之间的配送距离最短。

表 9-1　不同聚类中心数下的聚类结果

聚类数	聚类中心(坐标)					聚类中心间距离	距离数	最短距离
	序号	节点数	指标 1	指标 2	指标 3			
2	1	40	72.986 0	59.392 2	39.689 9	d_1＝ 47.347 8	1	47.347 8 (>40)
	2	43	34.644 7	52.175 0	66.516 5			
3	1	27	35.818 3	68.446 1	57.354 9	d_1＝ 47.036 2	3	(>40)
	2	29	77.076 4	61.038 1	36.017 2	d_2＝ 42.222 9		
	3	27	45.154 6	31.592 4	75.723 7	d_3＝ 58.844 3		
4	1	21	33.713 9	38.271 2	72.826 9	d_1＝ 44.296 0	6	35.7481 (<40)
	2	18	71.024 2	37.396 5	48.966 5	d_2＝ 66.385 0		
	3	22	76.532 2	70.418 4	33.582 5	d_3＝ 35.748 1		
	4	22	32.743 8	71.884 6	60.697 4	d_4＝ 36.843 6		
						d_5＝ 52.843 4		
						d_6＝ 51.524 6		

9.5　本章小结

本章通过建立“基于聚类分析的供应商选择”模型，以其供应节点选择为实际算例，证明了基于目标函数的模糊 c-均值聚类法对于供应商选择的适用性和合理性，可以作为协同配送网络中供应节点设计的依据。

参考文献

[1] Christopher M. The agile supply chain: competing in volatile markets. Industrial Marketing

Management, 2000, 29(1): 37～44.

[2] Dickson G W. An analysis of vendor selection systems and decisions. Journal of Purchasing, 1966, 2(1): 28～41.

[3] Weber C A, Current J R, Benton W C. Vendor selection criteria and methods. European Journal of Operational Research, 1991, 50(1): 2～18.

[4] Ellram L M, Cooper M C. Supply chain management, partnership, and the shipper-third party relationship. International Journal of Logistics Management, 1990, 1(2): 1～10.

[5] Parsons A L. What determines buyer-seller relationship quality? An investigation from the buyer's perspective. Journal of Supply Chain Management, 2002, 38(2): 4～12.

[6] Mummalaneni V, Dubas K M, Chao C N. Chinese purchasing managers' preferences and trade-offs in supplier selection and performance evaluation. Industrial Marketing Management, 1996, 25(2): 115～124.

[7] Miles M P, Munilla L S, McClurg T. The impact of ISO 14000 environmental management standards on small and medium sized enterprises. Journal of Quality Management, 1999, 4(1): 111～122.

[8] Malladi S, Min K J. Decision support models for the selection of internet access technologies in rural communities. Telematics and Informatics, 2005, 22(3): 201～219.

[9] Degraeve Z, Labro E, Roodhooft F. An evaluation of vendor selection models from a total cost of ownership perspective. European Journal of Operational Research, 2000, 125(1): 34～58.

[10] Crama Y, Pascual R J, Torres A. Optimal procurement decisions in the presence of total quantity discounts and alternative product recipes. European Journal of Operational Research, 2004, 159(2): 364～378.

[11] Yahya S, Kingsman B. Modelling a multi-objective allocation problem in a government sponsored entrepreneur development programme. European Journal of Operational Research, 2002, 136(2): 430～448.

[12] Liu F H F, Hai H L. The voting analytic hierarchy process method for selecting supplier. International Journal of Production Economics, 2005, 97(3): 308～317.

[13] Siguaw J A, Simpson P M, Baker T L. Effects of supplier market orientation on distributor market orientation and the channel relationship: the distributor perspective. Journal of Marketing, 1998, 62: 99～111.

[14] Rao C P, Seshadri S. Industrial buyers' expectations of supplier-attributes across developing countries: implications for marketing strategies. International Executive, 1996, 38(5): 671～689.

[15] Damsgaard J, Lyytinen K. Contours of diffusion of electronic data interchange in Finland: overcoming technological barriers and collaborating to make it happen. Journal of Strategic Information Systems, 1998, 7(4): 275～297.

[16] Akarte M M, Surendra N V, Ravi B, et al. Web based casting supplier evaluation using

analytical hierarchy process. Journal of the Operational Research Society，2001，52：511～522.

[17] Ma H，Davidrajuh R. An iterative approach for distribution chain design in agile virtual environment. Industrial Management & Data Systems，2005，105(6)：815～834.

[18] Chen C H，Occeña L G. A knowledge sorting process for a product design expert system. Expert Systems，1999，16(3)：170～182.

[19] Chen C H，Khoo L P，Yan W. A strategy for acquiring customer requirement patterns using laddering technique and ART2 neural network. Advanced Engineering Informatics，2002，16：229～240.

[20] Chen C H，Khoo L P，Yan W. Web-enabled customer-oriented product concept formation via laddering technique and Kohonen association. Concurrent Engineering：Research and Applications，2002，10(4)：299～310.

[21] Chen C H，Khoo L P，Yan W. An affective design system for product conceptualization via sorting technique and Kohonen self-organizing map. University of Tsukuba，Japan，2003：14～17.

[22] Bezdek J C. Pattern Recognition with Fuzzy Objective Function Algorithms. New York：Plenum Press，1981.

第 10 章

确定条件下装备制造业协同配送优化

装备制造业生产过程中所涉及的零部件、原材料数量众多，且这些零部件和原材料具有分布广，体积、形状、重量各异等特点，因此需要用不同类型的配送车辆进行运输。为了降低零部件、原材料在需求点和供给点之间的配送成本，实现各需求点和各车辆之间的协同配送至关重要。同时，由于装备制造企业为控制成本、提高效率，在生产管理过程中普遍采用 JIT 的生产方式，这对零部件和原材料的配送准确性提出了很高的要求。因此，装备制造业中的配送问题多是基于时间窗的配送问题。

装配制造业协同配送优化主要有两类决策问题：一个是确定车辆数目，即为了完成计划配送任务，确定成本最小的车辆安排方案；另一个是在确定车辆数目后，确定每辆车的行走路径，即配送线路，以保证完成所有任务的成本(距离、时间)最小。

10.1　单一类型配送车辆的数量优化

单一类型配送车辆的数量优化是指，装备制造企业在生产过程中需要在指定时间内完成一系列配送(或取货)任务，在只有一种类型车辆可以选择的情况下，确定按时完成任务所需的最小车辆数目。该问题可以抽象为一个有向网络图，如图 10-1 所示，在网络图中，点 1～点 5 分别表示 5 项任务，每项任务的作业量和工作时间窗已知。点 0 和点 6 都表示配送中心，每个配送中心有若干单一类型的车辆可以使用，其中车辆的容量、速度、最大工作时间已知。

在图 10-1 中，弧(1，4)表示任务 1 和任务 4 可以由同一辆车辆完成而不会违反时间窗限制。车辆从配送中心点 0 出发，依次完成一系列任务后返回配送中心点 6。确定完成任务所需最小车辆数目，即确定图 10-1 中每个任务节点都经过一次的从点 0 到点 6 的最小流量，因此单一类型配送车辆的数量优化问题可以抽

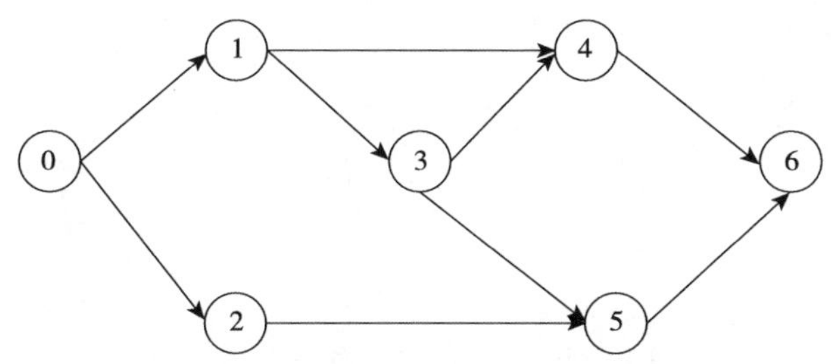

图 10-1　5 项任务的车辆配送示意图

象为网络最小流问题。

10.1.1　单一类型配送车辆的数量优化模型

单一类型配送车辆的数量优化问题基于以下假设：

(1)所有任务节点的需求量均小于车辆最大容量。如果节点 i 的需求量超出了车辆最大容量，则显然该点单独就至少需要一辆车，因此只需考虑不满整车的部分即可。

(2)车辆的使用可变成本远小于固定成本。基于该假设，可以只考虑车辆使用数目，而不用考虑最优的车辆行驶问题。

为便于建模，引入如下符号说明和决策变量：

s_i：车辆在任务节点 i 处的服务时间，为常量，$i=1，2，\cdots，n$。

t_{ij}：车辆从节点 i 到节点 j 的行驶时间，为常量，$i，j=0，1，2，\cdots，n，n+1$。

l_j：任务节点 i 的配送量。

$[a_i，b_i]$：任务节点 i 被服务的时间窗。

MC：配送车辆最大容量。

MT：配送车辆的最大工作时间。

x_i：配送车辆到达任务节点 i 的时刻，为决策变量。

v_i：配送车辆离开任务节点 i 时的车载量，为决策变量。

y_{ij}：配送车辆是否在完成任务 i 后马上执行任务 j，为 0-1 决策变量。如果车辆在完成任务 i 后马上开始任务 j，则 $y_{ij}=1$；否则，$y_{ij}=0$。

根据以上符号说明，可建立如下数学模型：

$$\sum_{j=1}^{n} y_{0j} = \sum_{i=1}^{n} y_{in+1} \tag{10-1}$$

$$\sum_{i=0}^{n} y_{ij} = 1, \quad j = 1,2,\cdots,n \tag{10-2}$$

$$\sum_{j=1}^{n+1} y_{ij} = 1, \quad i = 1,2,\cdots,n \tag{10-3}$$

$$x_j \geqslant x_i + s_i + t_{ij} - \mathrm{MT}(1 - y_{ij}), \quad j = 1,\cdots,n+1; i = 0,\cdots,n \tag{10-4}$$

$$x_i \geqslant a_i, \quad i=1, 2, \cdots, n \tag{10-5}$$

$$x_i \leqslant b_i, \quad i=1, 2, \cdots, n \tag{10-6}$$

$$v_j \geqslant v_i + l_j - \mathrm{MC}(1 - y_{ij}), \quad i=0, \cdots, n; j=1, \cdots, n+1 \tag{10-7}$$

$$v_j \leqslant \mathrm{MC}, \quad j=0, \cdots, n+1 \tag{10-8}$$

$$x_j \leqslant \mathrm{MT}, \quad j=0, \cdots, n+1 \tag{10-9}$$

式(10-1)表示配送车辆从配送中心出发的次数与配送车辆回到配送中心的次数相等；式(10-2)表示所有的任务节点的流入次数为1，即任务开始执行且仅开始1次；式(10-3)表示所有任务节点的流出次数为1，即任务完成且仅完成1次；式(10-4)表示同一车辆服务节点之间的时间顺序约束，即如果某车辆在完成任务 i 后直接执行任务 j，则到达任务节点 j 的时刻 x_j 与到达任务节点 i 的时刻 x_i 应该满足 $x_j \geqslant x_i + s_i + t_{ij}$；式(10-5)和式(10-6)为车辆到达任务节点 i 的时间窗约束；式(10-7)表示同一车辆服务节点之间的车载量顺序约束，即如果某车辆在完成任务 i 后直接执行任务 j，则车辆离开任务节点 j 时的车载量 v_j 与离开任务节点 i 时的车载量 v_i 应满足 $v_j \geqslant v_i + l_j$；式(10-8)表示车辆的最大容量限制；式(10-9)表示车辆的最大工作时间限制。

配置车辆决策的目标为车辆使用数量最小(车辆配置成本最低)，因此模型的目标函数为

$$\min f = \sum_{j=1}^{n} y_{0j} \tag{10-10}$$

对模型进行求解，不仅可以得到满足要求的车辆配置最小数量，同时还可以得到初步的车辆调度方案。不过需要注意的是，该车辆调度方案只是一个可行方案，未进行优化。

10.1.2 单一类型配送车辆的数量优化算例

某大型装备制造企业配送中心位于原点，有15个需求点需要执行配送任务，各任务点信息如表10-1所示，其中节点0为配送中心。

表10-1 任务节点信息

节点编号	坐标	装载量/立方米	服务时间/小时	时间窗
0	(0, 0)	—	—	—
1	(90, 0)	13.0	1.0	[3, 5]
2	(70, −50)	32	0.5	[5, 5]

续表

节点编号	坐标	装载量/立方米	服务时间/小时	时间窗
3	(30，30)	28	1.5	[12，16]
4	(−10，−60)	88	1.0	[8，10]
5	(−30，80)	45	1.0	[5，6]
6	(−80，0)	86	0.5	[1，6]
7	(−70，90)	83	1.0	[3，8]
8	(90，−80)	10	0.5	[9，12]
9	(50，−20)	80	1.0	[3，6]
10	(30，90)	77	1.5	[6，8]
11	(−50，−90)	56	1.0	[4，6]
12	(80，60)	66	0.5	[5，6]
13	(−30，−10)	73	1.0	[13，15]
14	(−70，−70)	25	1.0	[11，14]
15	(−60，40)	36	0.5	[4，7]

各点区域分布如图 10-2 所示。

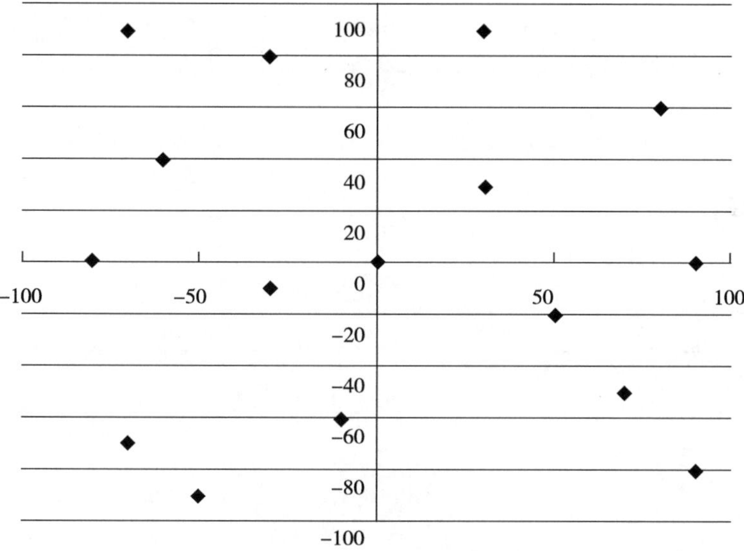

图 10-2　配送网络图

配送车辆为单一类型的车辆，最大容量为 300 立方米，各点之间的距离采用城市距离，即 $d_{ij}=|x_i-x_j|+|y_i-y_j|$。例如，配送中心到任务点 3 的距离为 $d_{03}=30+30=60$(千米)，车辆的行驶速度为 40 千米/小时，故车辆从配送中心到任务点的行驶时间为 1.5 小时。

采用 Cplex 对模型进行求解，得到最少需要 6 辆车，且车辆的一个可行调度方案如图 10-3 所示。

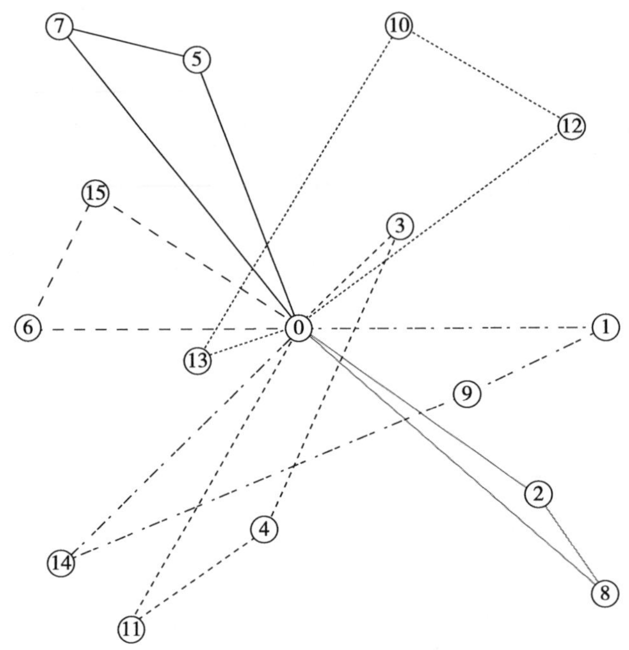

图 10-3 初始车辆调度方案

各车辆的载重信息及到达任务点的时刻如表 10-2 所示，可以看出，尽管车辆容积有 300 立方米，但只有 V_1、V_5 和 V_6 得到了充分利用，其余车辆的容量未得到充分利用。因此，在配送时可以采用多类型车辆以降低配送成本。

表 10-2 车辆配送信息

车辆	调度方案(到达时刻，离开时载重量)
V_1	0→1(3，13)→9(5.5，93)→14(14，300)→0
V_2	0→2(5，32)→8(9，202)→0
V_3	0→5(5，45)→7(8，128)→0
V_4	0→6(5，86)→15(7，122)→0
V_5	0→11(6，56)→4(8.75，144)→3(16，300)→0
V_6	0→12(5，66)→10(7.5，202)→13(15，300)→0

10.2 多类型配送车辆的数量优化

在实际配送过程中，装备制造企业往往会根据配送货物的规格、重量、体积不同而组合采用不同类型的车辆，如小型车、中型车和大型车，以降低配送成本。不同类型车辆的容量和速度不同，为便于建模，引入如下假设：

(1)不同类型车辆的固定成本不同，且大型车的固定成本高于中型车，而中型车的固定成本又高于小型车。

(2)车辆使用的固定成本远高于可变成本，因此在确定车辆数目时可以不考虑车辆的具体调度问题。

(3)任一需求点的配送量都小于最大车型的容量。如果某需求点的配送量超过最大车型的容量，则显然仅该点就需要至少一辆大型车。因此，可以只考虑不满足最大车型的部分配送量。

10.2.1　多类型配送车辆的数量优化模型

除仍沿用 10.1 节中已定义的部分符号外，本部分另定义如下变量：

C_k：使用 k 类型车辆的固定成本，仅与是否使用有关。

MC_k：k 类型车辆的最大车载容量。

t_{ij}^k：k 类型车从需求点 i 至需求点 j 的行驶时间。

并引入如下决策变量：

$y_{ij}^k \in \{0，1\}$：如果类型为 k 的配送车辆为需求点 i 服务后又紧接着为需求点 j 服务，则 $y_{ij}^k=1$，否则 $y_{ij}^k=0$。

v_i^k：类型为 k 的车辆离开需求点 i 时的载重量。

x_i^k：类型为 k 的车辆到达需求点 i 处的时刻。

l_i^k：类型为 k 的车辆完成需求点 i 的配送量。

f_k：类型为 k 的车辆的使用数。

基于上述符号和决策变量的定义，建立多类型配送车辆数量优化模型为

$$\min \sum_k C_k f_k \tag{10-11}$$

$$\sum_{j=1}^{n} y_{0j}^k = f_k,\quad k=1,\cdots,K \tag{10-12}$$

$$\sum_{i=1}^{n} y_{in+1}^k = f_k,\quad k=1,\cdots,K \tag{10-13}$$

$$x_j^k \geqslant t_{0j}^k - \mathrm{MT}(1-y_{0j}^k),\quad j=1,\cdots,n \tag{10-14}$$

$$x_j^k \geqslant x_i^k + s_i + t_{ij}^k - \mathrm{MT}(1-y_{ij}^k),\quad i,j=1,\cdots,n \tag{10-15}$$

$$v_j^k \geqslant l_j^k - \mathrm{MC}_k(1-y_{ij}^k),\quad i,j=1,\cdots,n \tag{10-16}$$

$$v_j^k \geqslant v_i^k + l_j^k - \mathrm{MC}_k(1-y_{ij}^k),\quad i,j=1,\cdots,n \tag{10-17}$$

$$\sum_k l_i^k = D_i,\quad i=1,\cdots,n \tag{10-18}$$

$$l_j^k \leqslant D_j \sum_{i=0}^{n} y_{ij}^k,\quad j=1,\cdots,n;k=1,\cdots,K \tag{10-19}$$

$$l_j^k \geqslant \sum_{i=0}^{n} y_{ij}^k, \quad j = 1,\cdots,n;k = 1,\cdots,K \tag{10-20}$$

$$\sum_{i=0}^{n} y_{ij}^k \leqslant 1, \quad j = 1,\cdots,n;k = 1,\cdots,K \tag{10-21}$$

$$\sum_{j=1}^{n+1} y_{ij}^k \leqslant 1, \quad i = 1,\cdots,n;k = 1,\cdots,K \tag{10-22}$$

$$\sum_{i=0}^{n} y_{ij}^k = \sum_{i=1}^{n+1} y_{ji}^k, \quad j = 1,\cdots,n;k = 1,\cdots,K \tag{10-23}$$

$$x_j^k + s_j + t_{j0}^k \leqslant \mathrm{MT}_k, \quad j = 1,\cdots,n;k = 1,\cdots,K \tag{10-24}$$

约束式(10-12)表示 k 类型的车离开配送中心的次数，即使用量。约束式(10-13)表示 k 类型的车返回配送中心的次数，显然，车辆离开配送中心的次数等于车辆返回配送中心的次数，即所有派出车辆都要返回。约束式(10-14)和式(10-15)为基于访问顺序的时间约束。约束式(10-16)和式(10-17)为基于访问顺序的车载量约束。约束式(10-18)表示每个需求点的需求都要得到满足。约束式(10-19)和式(10-20)为一致性约束，式(10-19)表示如果 k 类车为需求点 j 服务，则车辆必须要访问需求点 j；式(10-20)表示如果 k 类车不为需求点 j 服务，则车辆不访问需求点 j。约束式(10-21)和式(10-22)表示每类车在需求点的进入次数和离开次数最多为 1 次，即最多为需求点服务 1 次。约束式(10-23)表示每类车在每个需求点的进入次数等于离开次数。约束式(10-24)为车辆最大工作时间约束。

10.2.2 多类型配送车辆的数量优化算例

采用 10.1 节中的算例数据，假设有小型(S)、中型(M)和大型(L)三种类型的车辆可以使用，三种类型车辆的容量、速度及固定成本如表 10-3 所示。

表 10-3 车辆信息

车辆类型	速度/(千米/小时)	容量/立方米	固定成本/元
S	8	150	700
M	5	200	800
L	4	300	1 000

采用 Cplex 对模型进行求解，结果显示需要 1 辆 S 型车、2 辆 M 型车和 1 辆 L 型车。从表 10-4 可以看出，所有车辆的空间恰好都充分利用。并且由于充分利用了成本更低的小型车和中型车，成本更低(单一车型下成本为 4 000 元，而混合车型下仅 3 300 元)。

表 10-4　车辆配送信息

车辆	类型	调度方案(到达时刻，离开时载重量)
V_1	M	0→1(3，13)→12(5.4，79)→10(8，172)→3(16，200)→0
V_2	L	0→6(2.5，48)→11(6，104)→4(8.75，192)→13(15，300)→0
V_3	M	0→6(1，12)→15(4，48)→5(5.9，93)→7(7.9，176)→14(14，200)→0
V_4	S	0→6(1，26)→9(3.38，106)→2(5，138)→4(8，139)→8(10.5，149)→14(14，150)→0

10.3　带时间窗的车辆路径优化

10.3.1　问题描述

带时间窗的车辆路径问题(vehicle routing problem with time windows，VRPTW)是目前人们普遍研究的 VRP 的一种扩展类型，它在 VRP 基础上增加了客户要求访问的时间窗口，要求车辆对客户的服务时间必须在这个范围内开始。VRP 的研究大都是假设某个客户需求点存在单纯的配送业务或者单纯的集货业务(pure pickup)，即逆向物流。在一些研究中即使允许配送车辆集货，也是假定在所有的配送业务完成后再回程进行集货业务。

大型装备业配送过程中的需求点可能存在集货业务或送货业务需求，甚至同时存在集货与送货业务，因此允许有集货和送货业务的需求点同时进行集货作业和送货作业。配送车辆只需服务需求点一次就可以满足需求点的送货和集货需求的 VRP，我们称之为集配货一体化 VRP。同时，在装备制造业生产过程中，企业为提高物流效率、降低物流成本，采用虚拟库存的方式将零部件和原材料放在供应商或合作伙伴处，在需要的时候将零部件运输到需求点。由于装备制造业需要的零部件数量众多、分布在不同的位置，为了保证生产需要须将零部件在规定时间内运达需求地。显然，装备制造业中的协同配送问题实际上是同时考虑取货和送货要求 VRPTW。

10.3.2　带时间窗的车辆路径优化模型

为便于建模，引入如下参数记号：

V：可使用车辆的集合，$v \in V$。

R：任务集合，每项任务 r 都有一系列提货点和送货点，$r \in R$。

I：所有的任务节点集合，$i \in I$。

I_r：任务 r 的节点集合，$r \in R$。

问题中已知常量用如下符号表示：

a_i：节点 i 的时间窗下限。

b_i：节点 i 的时间窗上限。

st_i：节点 i 的作业时间。

l_i：节点 i 的装车作业量。

u_i：节点 i 的卸车作业量。

T_v：车辆 v 的正常最大工作时间。

q_v：车辆 v 的最大容量。

t_{vij}：车辆 v 从节点 i 到节点 j 的行走时间，其中 t_{vpi} 表示车辆 v 从出发点到节点 i 的行走时间，t_{vip} 表示车辆 v 从节点 i 返回到出发点的行走时间。

c_{vij}：车辆 v 从节点 i 到节点 j 的行走成本，其中 c_{vpi} 表示车辆 v 从出发点到节点 i 的行走成本，c_{vip} 表示车辆 v 从节点 i 返回到出发点的行走成本。

模型的决策变量以及辅助决策变量表示如下：

oc_v：配送过程中车辆 v 的总行走成本。

ot_v：配送过程中车辆 v 的总行走时间。

od_v：配送过程中车辆 v 超出其最大工作时间的时间。

ac_i：负责节点 i 的车辆到达节点 i 时的累积行走成本。

at_i：负责节点 i 的车辆到达节点 i 时的累积行走时间。

lv_i：车辆到达节点 i 后的累积货物装车量。

uv_i：车辆到达节点 i 后的累积货物卸车量。

x_v：车辆使用与否的逻辑变量，当车辆 v 使用时 $x_v=1$，否则 $x_v=0$。

y_{rv}：车辆与任务分派的逻辑变量，当车辆 v 负责任务 r 时，$y_{rv}=1$，否则 $y_{rv}=0$。

s_{ij}：节点 i 和节点 j 在被同一车辆服务时的先后关系的逻辑变量，如果节点 i 先于 j 接收服务，则 $s_{ij}=1$，否则 $s_{ij}=0$。

根据如上符号说明和定义，可建立如下车辆路径优化模型[1]：

(1)车辆可得性约束：如果车辆 v 被任务 r 使用，则 v 必处于使用状态。

$$y_{rv}\leqslant x_v,\quad \forall v\in V;\ r\in R \tag{10-25}$$

(2)满足运输需求约束：任何任务 r 都必须得到满足，即被且仅被一辆车完成。

$$\sum_v y_{rv}=1,\quad \forall r\in R \tag{10-26}$$

(3)车辆到达节点 i 的最小成本约束：如果车辆 v 负责任务 r，则车辆到达节点 i 的累计成本不小于车辆从配送中心到节点 i 的成本。

$$\mathrm{ac}_i\geqslant c_{vpi}\cdot(x_v+y_{rv}-1),\quad v\in V;\ r\in R;\ i\in I_r \tag{10-27}$$

(4)基于成本的车辆行走顺序约束：如果车辆 v 负责任务 r 和 k 的节点 i 和

j，且 i 早于 j，则

$$\mathrm{ac}_j \geqslant \mathrm{ac}_i + c_{vij} - M(1 - s_{ij} - y_{rv} - y_{kv}), \quad r, k \in R;\ i \in I_r;\ j \in I_k;\ v \in V \tag{10-28}$$

(5)车辆到达节点 i 的最早访问时间约束：

$$\mathrm{at}_i \geqslant t_{vpi}(x_v + y_{rv} - 1), \quad v \in V;\ r \in R;\ i \in I_r \tag{10-29}$$

(6)基于时间的车辆行走顺序约束：

$$\mathrm{at}_j \geqslant \mathrm{at}_i + \mathrm{st}_i + t_{vij} - M(1 - s_{ij} - y_{rv} - y_{kv}), \quad r, k \in R;\ i \in I_r;\ j \in I_k \tag{10-30}$$

(7)车辆 v 的总行走成本约束：

$$\mathrm{oc}_v \geqslant \mathrm{ac}_i + c_{vip} x_v - M(1 - y_{rv}), \quad v \in V;\ i \in I_r \tag{10-31}$$

(8)车辆 v 的总行走时间约束：

$$\mathrm{ot}_v \geqslant \mathrm{at}_i + t_{vip} x_v - M(1 - y_{rv}), \quad v \in V;\ i \in I_r \tag{10-32}$$

(9)车辆 v 的最大服务时间约束：

$$\mathrm{od}_v \geqslant \mathrm{ot}_v - T_v, \quad \forall v \in V \tag{10-33}$$

(10)车辆访问节点 i 后的容量限制约束：

$$\mathrm{lv}_i - \mathrm{uv}_i \leqslant \sum_v q_v y_{rv}, \quad i \in I_r; r \in R \tag{10-34}$$

$$\mathrm{lv}_i - \mathrm{uv}_i \geqslant 0, \quad i \in I \tag{10-35}$$

(11)基于累积装车量的行走顺序约束：

$$\mathrm{lv}_i \geqslant \mathrm{lv}_j + l_i - M(3 - s_{ij} - y_{rv} - y_{kv}), \quad r, k \in R;\ i \in I_r;\ j \in I_k;\ v \in V \tag{10-36}$$

(12)基于累积卸车量的行走顺序约束：

$$\mathrm{uv}_i \geqslant \mathrm{uv}_j + u_i - M(3 - s_{ij} - y_{rv} - y_{kv}), \quad r, k \in R;\ i \in I_r,\ j \in I_k;\ v \in V \tag{10-37}$$

(13)节点 i 处的总货物装车量约束：

$$\mathrm{lv}_i - \sum_{j \in I_r} l_j \leqslant M(1 - y_{rv}), \quad v \in V; r \in R; i \in I_r \tag{10-38}$$

(14)节点 i 处的总货物卸车量的约束：

$$\mathrm{uv}_i - \sum_{j \in I_r} u_j \leqslant M(1 - y_{rv}), \quad v \in V; r \in R; i \in I_r \tag{10-39}$$

(15)节点 i 处总货物装车量的下限约束：

$$\mathrm{lv}_i \geqslant l_i, \quad i \in I \tag{10-40}$$

节点 i 处总货物卸车量的下限约束：

$$\mathrm{uv}_i \geqslant u_i, \quad i \in I \tag{10-41}$$

(16)车辆到达节点 i 处的时间窗约束：

$$t_i \geqslant a_i, \quad i \in I \tag{10-42}$$

$$t_i \leqslant b_i, \quad i \in I \tag{10-43}$$

模型的目标函数为总成本最小，车辆配送过程中的成本分为三部分：一是车辆的行走成本；二是车辆超出正常最大工作时间的惩罚成本；三是车辆总工作时间的折算成本。模型的目标函数可表示为

$$\min f = \sum_{v} (\mathrm{oc}_v + \mu \cdot \mathrm{ot}_v + \tau \cdot \mathrm{od}_v) \tag{10-44}$$

对模型(10-44)进行求解就可以得到为完成配送任务应使用的车辆及车辆的最优行驶路径。

10.3.3 带时间窗的车辆路径优化算例

考虑如图 10-4 所示的路径优化问题，图中有两个车辆出发点 S_1 和 S_2，7 个提货点 P 和 7 个收货点 D，其中 P 和 D 的编号是相对应的，P_i 点处的货物需要运送到D_i 处，即对于任一任务来说，需要先提取货物，然后将货物运至需求点。

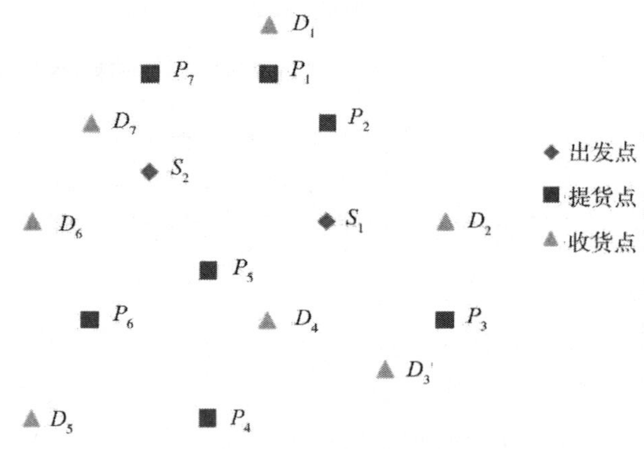

图 10-4 路径优化问题示意图

各点之间的路程如表 10-5 所示。

表 10-5 各点之间的路程表(单位：千米)

起\讫	S_1	S_2	P_1	P_2	P_3	P_4	P_5	P_6	P_7	D_1	D_2	D_3	D_4	D_5	D_6	D_7
S_1	0	316	316	200	283	447	224	447	424	412	200	316	224	640	500	447
S_2	316	0	283	316	583	510	224	316	200	361	510	566	361	539	224	141
P_1	316	283	0	141	583	707	412	583	200	100	424	632	500	806	500	316
P_2	200	316	141	0	447	632	361	566	316	224	283	510	412	781	539	400
P_3	283	583	583	447	0	447	412	600	707	671	200	141	300	728	728	721
P_4	447	510	707	632	447	0	300	283	707	806	566	316	224	300	500	632

续表

讫 起	S_1	S_2	P_1	P_2	P_3	P_4	P_5	P_6	P_7	D_1	D_2	D_3	D_4	D_5	D_6	D_7
P_5	224	224	412	361	412	300	0	224	412	510	412	361	141	424	316	361
P_6	447	316	583	566	600	283	224	0	510	671	632	510	300	224	224	400
P_7	424	200	200	316	707	707	412	510	0	224	583	721	539	728	361	141
D_1	412	361	100	224	671	806	510	671	224	0	500	728	600	894	566	361
D_2	200	510	424	283	200	566	412	632	583	500	0	316	361	806	700	632
D_3	316	566	632	510	141	316	361	510	721	728	316	0	224	608	671	707
D_4	224	361	500	412	300	224	141	300	539	600	361	224	0	447	447	500
D_5	640	539	806	781	728	300	424	224	728	894	806	608	447	0	400	608
D_6	500	224	500	539	728	500	316	224	361	566	700	671	447	400	0	224
D_7	447	141	316	400	721	632	361	400	141	361	632	707	500	608	224	0

出发点 S_1 处有 V_1、V_3、V_5 三辆车，出发点 S_2 处有 V_2、V_4、V_6、V_7 四辆车，各车的相应参数如表 10-6 所示。

表 10-6　各车辆参数数据

车辆	最大时间/小时	容量/立方米	车速/(千米/小时)
V_1	50	16	50
V_2	30	10	60
V_3	40	15	50
V_4	80	20	40
V_5	70	18	40
V_6	70	15	50
V_7	60	14	60

按照车速将车辆分为慢速、中速和快速三种类型。三种类型的车辆在行走过程中的单位距离成本不同，假定慢速车辆的单位距离成本系数为 1.1 元/千米，中速系数为 1，快速系数为 0.8。以 P_1 到 P_7 为例，其距离为 200 千米，则慢速车行走的成本为 220 千米，中速车行走的成本为 200 千米，快速车行走的成本为 160 千米。

三种类型的车辆在各点之间的行走时间如表 10-7～表 10-9 所示。

表 10-7　慢车在各点之间的行走时间(单位：小时)

讫 起	S_1	S_2	P_1	P_2	P_3	P_4	P_5	P_6	P_7	D_1	D_2	D_3	D_4	D_5	D_6	D_7
S_1	0	8	8	5	7	11	6	11	11	10	5	8	6	16	13	11
S_2	8	0	7	8	15	13	6	8	5	9	13	14	9	13	6	4

续表

讫 起	S_1	S_2	P_1	P_2	P_3	P_4	P_5	P_6	P_7	D_1	D_2	D_3	D_4	D_5	D_6	D_7
P_1	8	7	0	4	15	18	10	15	5	3	11	16	13	20	13	8
P_2	5	8	4	0	11	16	9	14	8	6	7	13	10	20	13	10
P_3	7	15	15	11	0	11	10	15	18	17	5	4	8	18	18	18
P_4	11	13	18	16	11	0	8	7	18	20	14	8	6	8	13	16
P_5	6	6	10	9	10	8	0	6	10	13	10	9	4	11	8	9
P_6	11	8	15	14	15	7	6	0	13	17	16	13	8	6	6	10
P_7	11	5	5	8	18	18	10	13	0	6	15	18	13	18	9	4
D_1	10	9	3	6	17	20	13	17	6	0	13	18	15	22	14	9
D_2	5	13	11	7	5	14	10	16	15	13	0	8	9	20	18	16
D_3	8	14	16	13	4	8	9	13	18	18	8	0	6	15	17	18
D_4	6	9	13	10	8	6	4	8	13	15	9	6	0	11	11	13
D_5	16	13	20	20	18	8	11	6	18	22	20	15	11	0	10	15
D_6	13	6	13	13	18	13	8	6	9	14	18	17	11	10	0	6
D_7	11	4	8	10	18	16	9	10	4	9	16	18	13	15	6	0

表 10-8 中速车在各点之间的行走时间(单位：小时)

讫 起	S_1	S_2	P_1	P_2	P_3	P_4	P_5	P_6	P_7	D_1	D_2	D_3	D_4	D_5	D_6	D_7
S_1	0	6	6	4	6	9	4	9	8	8	4	6	4	13	10	9
S_2	6	0	6	6	12	10	4	6	4	7	10	11	7	11	4	3
P_1	6	6	0	3	12	14	8	12	4	2	8	13	10	16	10	6
P_2	4	6	3	0	9	13	7	11	6	4	6	10	8	16	11	8
P_3	6	12	12	9	0	9	8	12	14	13	4	3	6	15	15	14
P_4	9	10	14	13	9	0	6	6	14	16	11	6	4	6	10	13
P_5	4	4	8	7	8	6	0	4	8	10	8	7	3	8	6	7
P_6	9	6	12	11	12	6	4	0	10	13	13	10	6	4	4	8
P_7	8	4	4	6	14	14	8	10	0	4	12	14	11	15	7	3
D_1	8	7	2	4	13	16	10	13	4	0	10	15	12	18	11	7
D_2	4	10	8	6	4	11	8	13	12	10	0	6	7	16	14	13
D_3	6	11	13	10	3	6	7	10	14	15	6	0	4	12	13	14
D_4	4	7	10	8	6	4	3	6	11	12	7	4	0	9	9	10
D_5	13	11	16	16	15	6	8	4	15	18	16	12	9	0	8	12
D_6	10	4	10	11	15	10	6	4	7	11	14	13	9	8	0	4
D_7	9	3	6	8	14	13	7	8	3	7	13	14	10	12	4	0

表 10-9　快速车在各点之间的行走时间(单位：小时)

起\讫	S_1	S_2	P_1	P_2	P_3	P_4	P_5	P_6	P_7	D_1	D_2	D_3	D_4	D_5	D_6	D_7
S_1	0	5	5	3	5	7	4	7	7	7	3	5	4	11	8	7
S_2	5	0	5	5	10	9	4	5	3	6	9	9	6	9	4	2
P_1	5	5	0	2	10	12	7	10	3	2	7	11	8	13	8	5
P_2	3	5	2	0	7	11	6	9	5	4	5	9	7	13	9	7
P_3	5	10	10	7	0	7	7	10	12	11	3	2	5	12	12	12
P_4	7	9	12	11	7	0	5	5	12	13	9	5	4	5	8	11
P_5	4	4	7	6	7	5	0	4	7	9	7	6	2	7	5	6
P_6	7	5	10	9	10	5	4	0	9	11	11	9	5	4	4	7
P_7	7	3	3	5	12	12	7	9	0	4	10	12	9	12	6	2
D_1	7	6	2	4	11	13	9	11	4	0	8	12	10	15	9	6
D_2	3	9	7	5	3	9	7	11	10	8	0	5	6	13	12	11
D_3	5	9	11	9	2	5	6	9	12	12	5	0	4	10	11	12
D_4	4	6	8	7	5	4	2	5	9	10	6	4	0	7	7	8
D_5	11	9	13	13	12	5	7	4	12	15	13	10	7	0	7	10
D_6	8	4	8	9	12	8	5	4	6	9	12	11	7	7	0	4
D_7	7	2	5	7	12	11	6	7	2	6	11	12	8	10	4	0

各任务点的作业信息如表 10-10 所示。

表 10-10　各任务点的参数

任务点	服务时间/小时	时间窗下限	时间窗上限	装卸量/立方米
P_1	5	12	16	5.76
P_2	3	5	10	9.5
P_3	10	6	9	14.21
P_4	7	35	40	5.95
P_5	14	9	15	7.39
P_6	13	45	51	12
P_7	6	3	5	4
D_1	4	20	25	−5.76
D_2	8	32	40	−9.5

续表

任务点	服务时间/小时	时间窗下限	时间窗上限	装卸量/立方米
D_3	6	21	25	−14.21
D_4	11	50	55	−5.95
D_5	5	35	40	−7.39
D_6	8	63	70	−12
D_7	6	11	13	−4

假定车辆超出最大工作时间的单位时间惩罚成本为 1.5，车辆总行走时间的换算当量成本系数为 0.5，即 obj＝车辆行走成本 ＋ 0.5 × 车辆总行走时间 ＋ 1.5 × 车辆超出最大工作时间的时间。

采用 Cplex 编程求解，经过求解后得到最优的路径如图 10-5 所示，目标函数值为 3 927.1，在此方案下车辆 V_1、V_3 和 V_7 分别超出其最大工作时间 15、6 和 15，由于惩罚系数 1.5 较小，所以仍然接受超时惩罚。

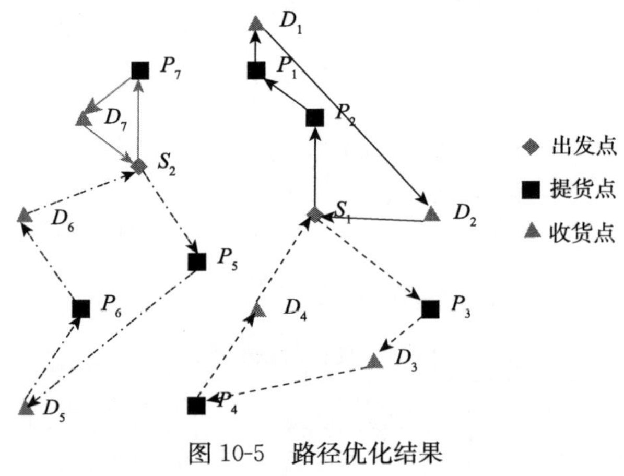

图 10-5 路径优化结果

10.4 车辆协同配送调度的 PSO 算法

10.4.1 PSO 算法简介

粒子群优化(particle swarm optimization，PSO)算法是美国心理学家 Kennedy James 和电气工程师 Eberhart Russell 于 1995 年提出的一种基于群体智能理论的新兴演化技术。此算法模仿鸟类的觅食行为，将问题的搜索空间类比于鸟类的飞行空间，将每只鸟抽象为一个无质量无体积的微粒，用以表征问题的一个候选解，优化所需要寻找的最优解则等同于要寻找的食物[2]。

10.4.2　标准 PSO 算法描述

在 PSO 系统中，每个备选解被称为一个“粒子”(particle)，多个粒子共存、合作寻优，每个粒子根据其本身的“经验”和粒子群的最佳“经验”在问题空间中向更好的位置“飞行”，搜索最优解。

PSO 算法数学描述如下：

设搜索空间为 D 维，粒子总数为 n。第 i 个粒子的位置表示为向量 $\boldsymbol{X}_i=(x_{i1}, x_{i2}, \cdots, x_{iD})$；第 i 个粒子飞行历史中的最优位置 pbest(即该位置对应的解最优)为 $\boldsymbol{P}_i=(p_{i1}, p_{i2}, \cdots, p_{iD})$，称为个体最优解；其中第 g 个粒子的历史最优位置 $\boldsymbol{P}_g$ 为所有 $\boldsymbol{P}_i(i=1, \cdots, n)$中的最优，则称为全局最优 gbest；第 i 个粒子的速度为向量 $\boldsymbol{V}_i=(v_{i1}, v_{i2}, \cdots, v_{iD})$。每个粒子的位置按如下公式进行变化(“飞行”)[3]：

$$v_{id}(t+1)=w\cdot v_{id}(t)+c_1\cdot u\cdot[p_{id}(t)-x_{id}(t)]+c_2\cdot u\cdot[p_{gd}(t)-x_{id}(t)] \tag{10-45}$$

$$x_{id}(t+1)=x_{id}(t)+v_{id}(t+1) \tag{10-46}$$

其中，c_1，c_2 为正常数，称为加速因子；u 为(0，1)内的随机数；w 称为惯性因子。粒子群初始位置和速度随机产生，然后按照公式进行迭代，直到满足终止迭代条件。PSO 算法可以用伪代码表示如下[4]：

```
初始化粒子群：
Do
  For 每个粒子
      计算对应解的适应值
      If 适应值优于粒子个体最佳值
         更新个体最佳位置
      EndIf
      If 适应值优于全局最佳值
         更新全局最优位置
      EndIf
  For 每个粒子
      更新速度
      更新位置
While 最大迭代次数未到或最小误差未到
```

10.4.3 构造粒子表达方式

如何找到一个合适的表达方法，使粒子与解对应，是实现算法的关键问题之一。借鉴文献[5]的思路，构造一个 $3L$ 维的空间对应 L 个任务(L 个提货点，L 个收货点)，K 辆车同时取货送货的问题。前面 L 维表示为各个任务服务的车辆编号，后面 $2L$ 维为(0，$2L$)上的均匀分布的随机数，表示为 L 个任务的任务节点服务时车辆访问节点次序。例如，设 VRP 中任务数为 5，车辆数为 3。5 项任务对应有 5 个提货点，编号分别为 1、3、5、7、9；5 个收货点，编号分别为 2、4、6、8、10。假设某粒子的位置向量为 $\boldsymbol{X}$=[1，2，3，1，2，4.72，8.37，3.59，4.64，2.75，5.52，4.92，8.27，0.93，8.96]，向量中第 1 个元素为 1，表示任务 1 所用车辆 1，第 2 个元素为 2，表示任务 2 由车辆 2 完成。因此有车辆 1 完成任务 1、任务 4，即节点 1、节点 2、节点 7 和节点 8；车辆 2 完成任务 2、任务 5，即节点 3、节点 4、节点 9 和节点 10；车辆 3 负责任务 3，即节点 5 和节点 6。车辆 1 负责节点 1、2、7、8 对应的随机数为 4.72、8.37、4.92、8.27，将其按升序排列后对应节点次数为 1、7、8、2，故车辆 1 的访问顺序为 0→1→7→8→2→0。因此该粒子对应的解为

车辆 1：0→1→7→8→2→0。

车辆 2：0→9→3→4→10→0。

车辆 3：0→5→6→0。

算法具体实现步骤如下：

步骤 1：初始化粒子群。第 i 个粒子的位置 $\boldsymbol{X}_i \in [\boldsymbol{X}^{\min}, \boldsymbol{X}^{\max}]$，速度 $\boldsymbol{V}_i=0$，记个体最优 pbest 为 $\boldsymbol{P}_i=\boldsymbol{X}_i$，$i=1, \cdots, I$；$t=1$。

步骤 2：解码 $\boldsymbol{X}_i(t)$得到线路 R_i，$i=1, \cdots, I$。

步骤 3：计算 R_i 的适应值，记为 $\varphi(\boldsymbol{X}_i)$，$i=1, \cdots, I$。

步骤 4：更新 pbest。如果 $\varphi(\boldsymbol{X}_i)<\varphi(\boldsymbol{P}_i)$，则 $\boldsymbol{P}_i=\boldsymbol{X}_i$，$i=1, \cdots, I$。

步骤 5：更新 gbest。如果 $\varphi(\boldsymbol{P}_i)<\varphi(\boldsymbol{P}_g)$，则 $\boldsymbol{P}_g=\boldsymbol{P}_i$，$i=1, \cdots, I$。

步骤 6：根据式(10-45)和式(10-46)更新粒子的速度与位置。

步骤 7：如果满足结束条件，则结束。否则，$t=t+1$，转步骤 2。

参考文献[6]，设置粒子数 $I=100$，循环次数为 $T=1\,000$，$c_1=c_2=2$，$w=0.8$，运算 5 次。5 次得到结果如表 10-11 所示。

表 10-11 PSO 计算结果

次数	1	2	3	4	5
适应值	3 927.1	4 588.8	4 224.6	4 281.2	3 933.10

其中，第 1 次计算过程中收敛情况如图 10-6 所示。

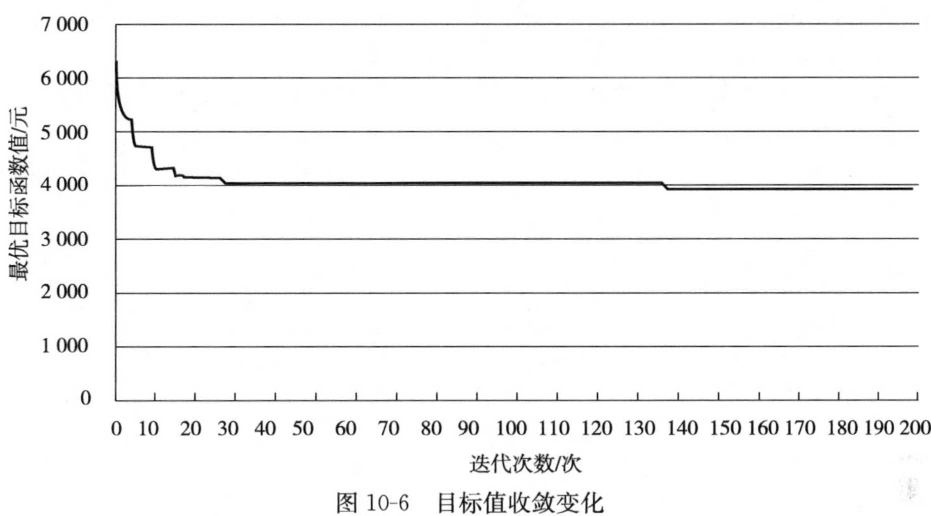

图 10-6　目标值收敛变化

根据表 10-11 和图 10-6 可以发现，PSO 算法对于大规模的协同配送问题具有较好的计算性能。

10.5　本章小结

装备制造业生产过程的协同配送问题主要包括车辆数量优化和车辆路径优化。本章首先建立了单一类型配送车辆的数量优化模型、多类型配送车辆的数量优化模型，然后建立了基于时间窗的车辆路径优化模型，给出了车辆协同调度的 PSO 算法，并通过算例验证了模型的有效性。本章内容可以作为装配制造企业在确定环境下实施协同配送的参考。

参考文献

[1] Carlos A，Dondo R，Méndez J C. Optimal management of logistic activities in multi-site environments. Computers&Chemical Engineering，2008，32(11)：2547～2569.

[2] Ai J，Kachitvichyanukul V. A particle swarm optimization for the vehicle routing problem with simultaneous pickup and delivery. Computers & Operations Research，2009，36：1693～1702.

[3] Pongchairerks P，Kachitvichyanukul V. A two-level particle swarm optimization algorithm on job-shop scheduling problems. International Journal of Operational Research，2009，4(4)：390～411.

[4] 李宁，邹彤，孙德宝．带时间窗车辆路径问题的粒子群算法．系统工程理论与实践，2004，(4)：130～135.

[5] Amini S. A novel PSO for solving the VRPTW with real case study. Proceedings of the

2011 International Conference on Industrial Engineering and Operations Management, Kuala Lumpur, Malaysia, January 22～24, 2011: 562～567.

[6] 张海刚，顾幸生，吴燕翔. 改进的粒子群算法及其在带软时间窗车辆调度问题中的应用. 华东理工大学学报(自然科学版)，2009，35(5)：774～778.

第 11 章

考虑随机因素的装备制造业协同配送仿真

11.1 考虑随机因素的装备制造业协同配送仿真研究背景

装备制造业协同配送优化问题是一个复杂的离散事件系统，其中物流配送系统的 VRP 是协同配送中的关键问题。VRP 可分为客户需求信息、数量和地理位置已知的确定性 VRP(determinate vehicle routing problem，DVRP)，客户需求、服务时间、运输时间不确定但符合一定的随机分布规律的随机 VRP 问题(stochastic vehicle routing problem，SVRP)，只有模糊信息的模糊 VRP 问题(fuzzy vehicle routing problem，FVRP)，考虑访问客户时间的带时间窗 VRP 问题(即 VRPTW)等。VRP 求解算法可以分为精确算法与启发式算法。求解该问题的精确算法有分支定界法、动态规划法等。由于 VRP 是 NP-hard 问题，难以用精确算法求解，因此主要采用启发式算法解决该类问题。求解 VRP 的启发式算法可以分为简单启发式和智能启发式。简单启发式算法有先按顾客需求分组的先聚类后线路法、先安排路线后分组的先线路后聚类法、考虑车辆返回和线路合并的节约插入法等[1]。智能启发式算法有神经网络算法、模拟退火算法、禁忌搜索算法、遗传算法、蚁群算法、免疫算法以及混合算法等，其中应用比较多的是遗传算法和禁忌搜索算法[2]。Cullen 等于 1981 年提出了以启发式算法为基础的集合划分用于解决交叉路径问题[3]。Alvarenga 和 Mateus 提出了求解 VRP 的两阶段算法[4]。启发式算法可以用来解决大规模的 DVRP，但目前很难确定这些方法的有效性，尤其是考虑信息的随机性和模糊性时很难用算法进行求解。

计算机仿真技术是研究复杂系统的有效方法，它是建立数学逻辑模型并在计算机上运行该模型进行试验的过程。目前，仿真已经成为管理科学与运筹学领域应用最广泛的技术手段之一。用仿真语言或者商用的仿真软件能够很容易地建立物流系统的仿真模型，而且能更加全面地反映实际物流系统的特征。仿真不仅可提供用于决策的定量信息，而且可以提高决策者对物流配送系统工作原理的理解水平，仿真技术为复杂物流系统设计提供了技术性和经济性的最佳结合点和直观有效的分析方法。

然而，仿真模型仅是对问题的直观描述，仿真运行只能提供一定条件下的可行方案，它并不能给出问题的最优解或满意解，所以需要将仿真与优化技术结合起来，以便在仿真环境下使输出响应不断地改进，从而形成各种仿真的优化结构，进而实现系统性能的优化。将仿真方法与优化算法结合起来，就产生了仿真优化方法。仿真优化方法是仿真与优化相结合的方法，已成为物流配送领域中新的研究方向。目前，国内外一些学者尝试用仿真优化方法来求解物流调度与优化问题，但是，在现有的仿真优化研究中，仿真与优化是两个独立的模块，仿真过程不能对优化算法的运行提供参数分析等指导优化搜索的功能，优化算法的效率没有得到实质性的提高，并且在仿真过程中的优化策略是固定不变的。如何使仿真与优化搜索彼此相互促进，根据仿真结果来选择优化搜索策略，是仿真优化研究的发展方向。为了提高仿真及求解的效率，改进解的质量，需要将仿真与优化两个关键环节有机融和与交互，对仿真优化方法作进一步改进[5,6]。

本章针对考虑随机因素的港口装备制造业协同配送问题，采用仿真优化方法进行研究；针对配送的 VRP，建立了多车动态配送仿真模型，采用节约算法求出车辆路径，再考虑车辆速度、运输时间等随机因素和装载量等的约束条件建立仿真模型。

11.2 eM-Plant 仿真软件及其特点

11.2.1 eM-Plant 仿真软件

离散事件的仿真依历史的演进可以分为四代①，各代均有典型的代表软件，如图 11-1 所示。

eM-Plant 软件是用 C＋＋实现的关于生产、物流和工程的仿真软件，它是面向对象的、图形化的、集成的建模仿真工具，系统结构和实施都满足面向对象的要求。它提供了建模语言 SimTalk，系统是用 C＋＋语言开发的，能够在 UNIX、Windows NT 和 Windows 9x 平台上运行。

SIMPLE＋＋提供了友好的图形用户界面，集成的环境和非流程式操作使用户不需要预先进行过程的定义。eM-Plant 在运行的时候，具有实时的数据交换

① Tecnomatix Group. eM-Plant Version 7.0 User Help.

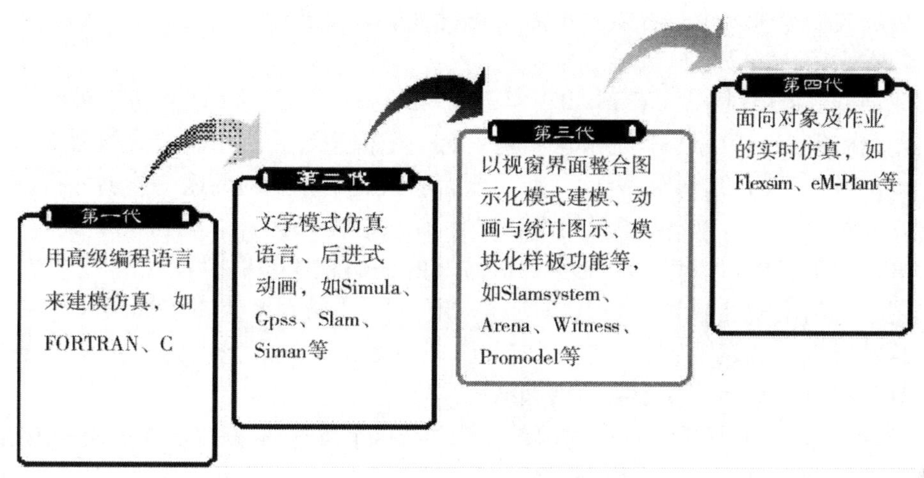

图 11-1　离散事件的仿真历史的演进

能力。

对象库(object library)包含基本对象(basic object)和各种应用对象。基本对象分为物理对象和信息流对象，应用对象是通过基本对象产生的，它可以任意放到对象库中，以备将来使用。一个应用对象可能是一个基本对象的框架，或者一个完整的模型，或者一个模型的一部分，或者是几个基本模型的组合。

编程语言 SimTalk 作为一个解释器，控制模型的行为，它提供了许多编程工具。在仿真完成后，eM-Plant 提供各种统计结果，仿真系统的动画和虚拟现实(virtual reality，VR)能够在线运行。eM-Plant 提供集成的图形编辑器，还提供在线的文本帮助。

11.2.2　eM-Plant 的重要特点

eM-Plant 的主要特点[7]包括：面向对象的技术；建模和仿真的图形化和原型化的集成用户环境；层次结构化；继承性；对象概念；程序驱动建模；模型的可变性和可维护性；接口与集成。

下面对这些特点进行简单解释。

(1)图形化和原型化的集成用户环境。使用传统的仿真软件，用户首先需要建立一个完整的模型，其次是运行仿真，最后用产生的仿真文件来描述过程。用户在仿真过程中不能改变仿真模型，即使在该阶段能够很容易地确定错误。在 eM-Plant 的图形化用户环境下，关于模型的所有功能和信息在任何时候都是图形化的表示。因此，即使没有启动仿真，在建模、测试阶段，也能够对模型的部分进行仿真和动画显示。同时，在仿真过程中，关于模型的所有接口都是有效的，用户可以随时修改模型的参数和属性。它对于模块化和结构化的程序非常有用，可以为用户带来下列好处：不需要花费大量时间进行预定义；可以对程序进行有效的跟踪；过程之间界限非常清楚。

(2)层次结构化。在 eM-Plant 中，用户可以自顶向下逐步建立仿真模型，在建模过程中能够随时添加其他层次结构。每一个模型都有一个模板，模板根据输入、输出进行不同的组合，因此，在一个大的系统中，不同的用户能够并行地工作。在 eM-Plant 中，模型层次的个数是没有限制的，因此，在系统的设计中，用户通过附加层次可以将设计细化到所需要的任何程序。同时，在仿真过程中，不同层次上的模型能够同时仿真，所以，用户可以观察系统在不同层次上的活动。这种层次化的表示方法，使 eM-Plant 具有渐进式建模能力，用户不需要预先规划就能够动态地建立系统的模型结构。

(3)继承性。继承性是面向对象的一个主要特性，它是有效建模的决定因素。一个对象继承了类的所有特性和结构，只要类的属性发生变化，它所有的对象也随之改变。

(4)对象概念。在 eM-Plant 中，利用基本对象，任何应用都能够通过图形化和交互式方法产生。应用模块包含了基本对象和构造的应用对象，根据需要，用户可以应用模块来更新基本模型。因此，它能够提高用户建模的效率。

(5)程序驱动建模。eM-Plant 具有图形化和交互式建模能力，同时，它通过编程语言 SimTalk 进行过程的定义和参数的输入，也能够建立完整的仿真模型。

(6)模型的可变性和可维护性。由于仿真系统在计划阶段是并行进行的，所以有一些初始的设置在后面的建模中需要改变，eM-Plant 具有的渐进式建模能力使用户能够改变仿真模型。

11.3 考虑随机因素的协同配送数学模型

本节针对单一配送中心在随机约束条件下的 VRP，考虑配送过程的车辆装载量、速度、运输时间和卸载时间等，建立以成本最小为目标函数的数学模型。该模型的假设条件如下：

(1)车辆从配送中心出发，经过一系列客户点后，最终再回到配送中心。

(2)客户点的数量以及客户的需求量是已知的。

(3)每个客户点的卸货时间和车辆行驶速度都不相同，但满足一定的概率。

(4)配送中心的货量总是能满足客户的需求量，不考虑缺货的情况。

我们定义以下参数及需要构建的决策变量：

(1)参数。

N：客户点总数。

V：车辆总数。

q：车辆的装载量。

g_i：客户点 i 的需求量。

c_{ij}：客户点 i 和 j 之间的平均运输费用。

d_{ij}：客户点 i 到 j 的距离。

(2)决策变量。

$$x_{kij}=\begin{cases}1, & 车辆 k 从客户点 i 行驶到客户点 j \\ 0, & 其他\end{cases}$$

$$\min Z_1=\sum_{k\in V}\sum_{i\in \mathbf{N}}\sum_{j\in \mathbf{N}}c_{ij}d_{ij}x_{kij} \tag{11-1}$$

$$\text{s. t.}\ \sum_{k\in V}\sum_{i\in \mathbf{N}}x_{kij}=1,\quad \forall j\in \mathbf{N} \tag{11-2}$$

$$\sum_{i\in \mathbf{N}}\sum_{j\in \mathbf{N}}g_i x_{kij}\leqslant q,\quad \forall k\in V \tag{11-3}$$

$$\sum_{j\in \mathbf{N}}x_{k0j}=1,\quad \forall k\in V \tag{11-4}$$

$$\sum_{i\in \mathbf{N}}x_{kih}\sum_{j\in \mathbf{N}}x_{khj}=0,\quad \forall k\in V;\forall h\in \mathbf{N} \tag{11-5}$$

$$\sum_{i\in \mathbf{N}}x_{ki0}=1,\quad \forall k\in V \tag{11-6}$$

在这个数学模型中，目标函数式(11-1)表示总的运输费用为最少；约束式(11-2)表示每个客户点仅需被服务一次；约束式(11-3)表示每辆车所装载的货物不能超过其装载量；约束式(11-4)～式(11-6)表示限制流动率，它表示每辆车仅离开配送中心一次，并且每辆车都必须完成对客户 h 的服务，否则不能离开客户 h 而回到配送中心。

11.4　面向对象的仿真模型

11.3 节的数学模型并未考虑实际配送问题的配送时间因素及配送随机因素，如车辆行驶速度、行驶时间、卸货时间等。如果考虑这些随机参数，则模型求解就会很困难。由于配送问题的灵活性和复杂性，本章采用面向对象的仿真方法来分析该模型。在仿真模型中，将问题分为三个对象——实体类对象、信息类对象和控制类对象。实体类对象包括配送中心、客户点、车辆、货物和装载量；信息类对象包括订单信息、车辆信息、地理信息和需求信息；控制类对象包括路径控制和车速控制。

本书建立了考虑随机因素的多车动态配送仿真模型，其模型流程如图 11-2 所示。在该仿真模型中有车辆路径生成模块、路径控制模块、客户点生成控制模块、速度随机控制模块。下面逐一介绍这些模块。

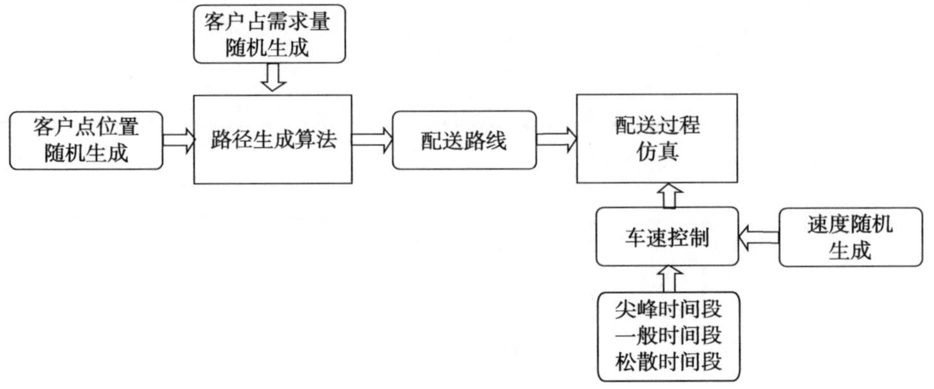

图 11-2　动态仿真模型流程

11.4.1　车辆路径生成模块

车辆路径生成模块是提供车辆运输时间和路径生成的模块，是仿真模型中必不可少的重要部分。在这一模块里我们采用节约里程法，从而实现路径的优化。该方法是目前常用的一种制定配送路线的方法，思路简单、清晰，便于执行且有效。

节约里程法的基本原则是：假如有一个配送中心 DC 和两个客户点 A 和 B，且从配送中心到两个客户点的最短距离分别是 L_a 和 L_b，而 A 和 B 之间的最短距离是 L_{ab}，如图 11-3 所示。

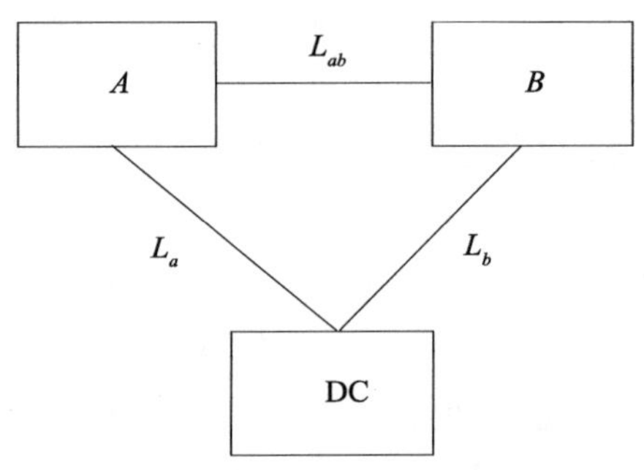

图 11-3　节约里程法

如果分别从配送中心出发到客户点 A 和客户点 B 配送，则需要两辆车的配送，总距离为

$$L_1=2(L_a+L_b)$$

如果是巡回配送，那就只需要一辆车，总距离为

$$L_2=L_a+L_b+L_{ab}$$

而我们根据三角形定律有 $L_{ab} < L_a + L_b$。

因此，第二种配送计划就比第一种要好，节省的运输距离(节约里程)为

$$\Delta L = L_1 - L_2 = (L_a + L_b) - L_{ab}$$

若有更多的客户，则可以在节约里程法的基础上将巡回路径一一相加，直到车辆的装载量已满为止。对于剩下的客户点，采用同样的方法，再分配一辆车确定巡回路径。

下面针对有 13 个客户点的问题进行分析。表 11-1 是配送中心及客户点之间的距离，表 11-2 是各客户点的需求量，车的最大装载量是 200 吨。

表 11-1　配送中心及各客户点之间的距离

距离	DC	1	2	3	4	5
DC	0	12	8	17	15	15
1	12	0	9	8	9	17
2	8	9	0	10	8	9
3	17	8	10	0	4	14
4	15	9	8	4	0	11
5	15	17	9	14	11	0
6	20	23	15	20	16	6
7	17	22	13	20	16	5
8	8	17	9	19	16	11

表 11-2　客户点的需求量

编号	1	2	3	4	5	6
1	48	36	43	92	57	16

根据表 11-1，我们采用节约里程法可计算出客户间的节约里程 ΔL 并降序排列，如表 11-3 所示。

表 11-3　客户节约里程 ΔL 顺序表

排序	客户点 A	客户点 B	节约里程 ΔL
1	6	11	34
2	6	7	33
3	8	11	32
4	10	11	32
5	5	6	29
6	7	10	29
7	3	4	28
8	6	10	28

根据节约里程顺序表和配送中心的约束条件，绘制配送路线。其具体步骤如

下：首先，选择最节约里程的路段(6—11)，然后是(6—7)。由于配送路线必须包含 DC，且每条循环路线上的客户需求量之和要小于 200 吨，在接下来的选择中满足条件的只有路段(11—8)，此时载重总量为 193 吨。因为在余下选择中没有满足条件的客户，所以第一回合的配送路线为(DC—7—6—11—8—DC)。按此方法类推，其余的配送路线分别是(DC—1—3—4—DC)，(DC—5—10—12—13—DC)，(DC—2—9—DC)。由此可得到基于节约里程法的配送路线，如表 11-4 所示。

表 11-4　配送路线

路径	客户点路径
路径一	7—6—11—8
路径二	1—3—4
路径三	5—10—12—13
路径四	2—9

11.4.2　路径控制模块

根据配送路线，我们能获得路径产生的模型，如图 11-4 所示(下文图 11-4～图 11-7 为 eM-Plant 软件生成，为方便读者参考，不做编辑修改)。

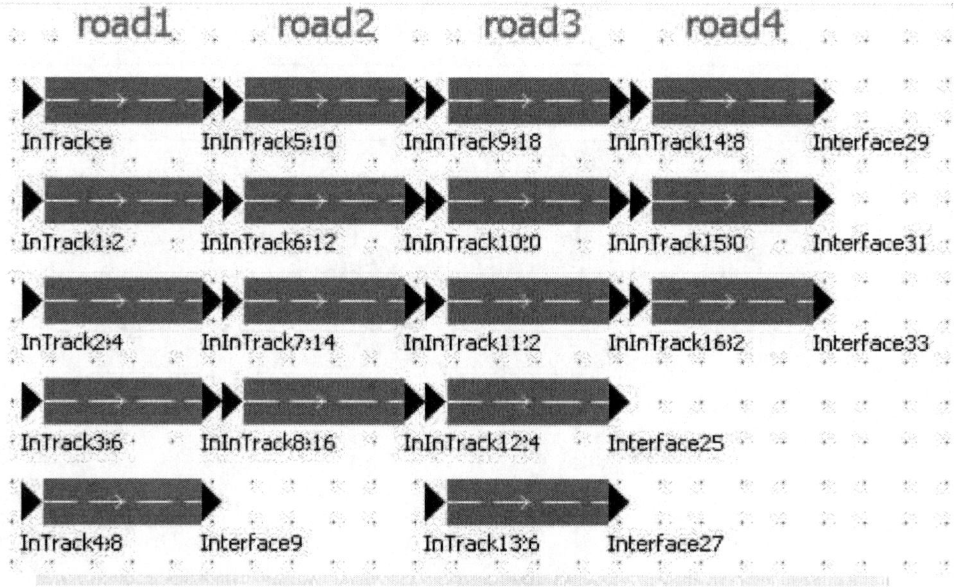

图 11-4　路径产生模型

11.4.3　客户点生成控制模块

图 11-5 为本节模型的客户点生成控制模块。

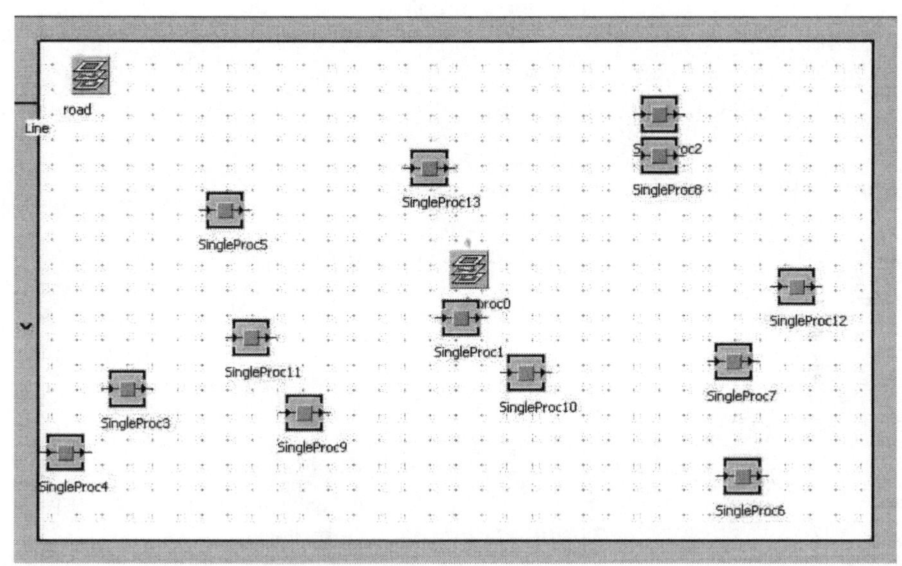

图 11-5　客户点生成控制模块

11.4.4　速度随机控制模块

为了反映真实的交通改变状态，在仿真模型中加入速度随机控制模块。根据道路的不同拥挤程度，一天分为以下几个时间段，如表 11-5 所示。仿真模型提供了对应每个时间段车辆速度的数学期望。

表 11-5　不同时间段的速度控制

编号	时间段	拥挤度
1	0.0000	loosehour
2	7：00：00，0000	rushhour
3	9：00：00，0000	commonhour
4	11：00：00，0000	rushhour
5	13：00：00，0000	commonhour
6	17：00：00，0000	rushhour
7	19：00：00，0000	commonhour
8	22：00：00，0000	loosehour

相对应的数学期望为

loosespeed：＝z _ uniform(j，70，80)

commonspeed：＝z _ uniform(j，30，60)

rushspeed：＝z _ uniform(j，20，30)

其中，j 为随机数。

11.4.5 仿真模型与控制界面

仿真模型与控制界面如图 11-6 和图 11-7 所示。

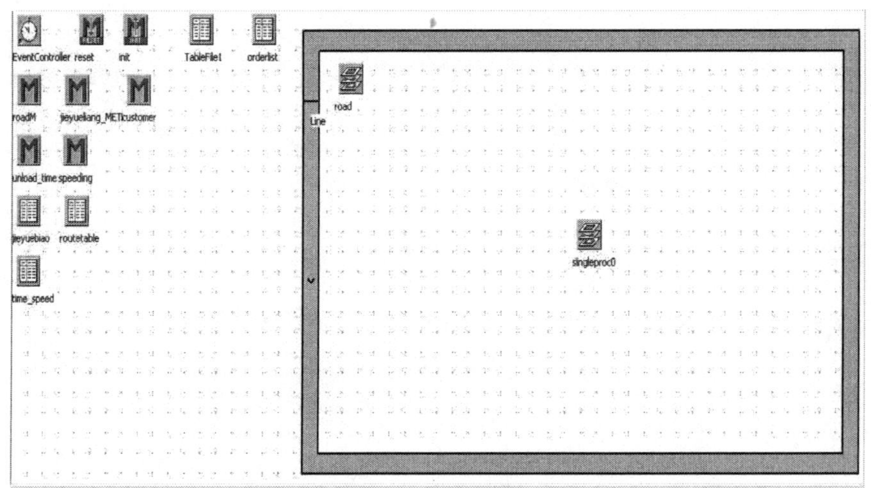

图 11-6 仿真模型界面

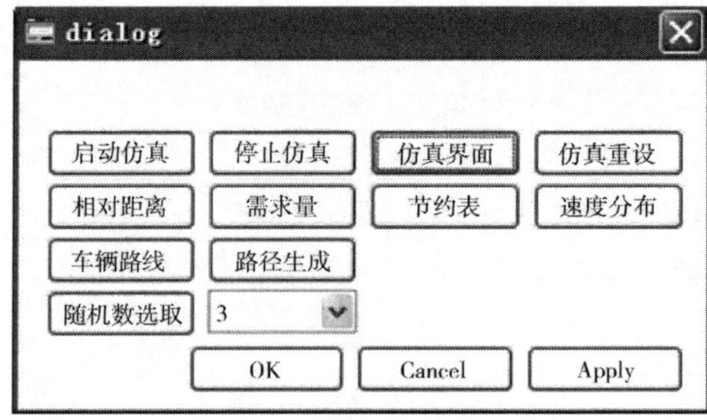

图 11-7 仿真控制界面

11.5　本章小结

VRP 是物流领域的一个热点话题，正确的路径会为服务商降低运输成本、提高客户服务质量。本章提出了一种采用仿真方法求解随机约束条件下的 VRP 新思路，在建立考虑卸货时间和速度随机变化情况下的 VRP 数学模型的基础上，运用面向对象的离散事件的仿真模型方法，基于物流系统仿真平台 eM-Plant，设计了随机约束条件下的 VRP 仿真模型。实验结果表明，该仿真模型是有效可行的。

参考文献

[1] 刘兴．基于协作的车辆路径问题研究．天津大学博士学位论文，2006.

[2] 刘云忠，宣慧玉．车辆路径问题的模型及算法研究综述．管理工程学报，2005，19(1)：124～128.

[3] Cullen F H，Jarvis J J，Ratliff H D. Set partitioning based heuristics for interactive routing. Networks，1981，11(2)：125～143.

[4] Alvarenga G B，Mateus G R. A genetic and set partitioning two-phase approach for the vehicle routing problem with time windows. Computers and Operations Research，2007，34(6)：1561～1584.

[5]李永先．车辆路径问题的仿真模型及优化方法研究．大连理工大学博士学位论文，2008.

[6]熊英．有时间窗的车辆路径问题仿真模型研究．大连理工大学硕士学位论文，2006.

[7]顾启泰．离散事件系统建模与仿真．北京：清华大学出版社，1999.

第四篇

信息系统

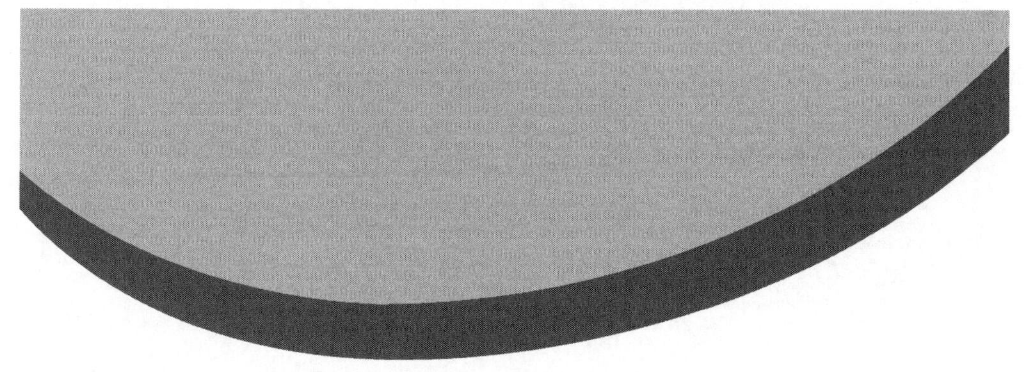

第 12 章

装备制造业虚拟库存管理及协同物流配送原型系统关键技术

21 世纪初，我国逐渐成为“世界工厂”，装备制造企业为了自身的发展，迫切需要对物流资源进行整合。其中，物流流程再造和物流信息化是企业物流资源整合的关键环节。优秀的业务流程和组织结构是企业得以高效运转的基础；先进实用的物流信息系统是企业物流作业得以高效运作的保证；现代物流信息系统是现代物流管理的神经中枢，是企业的核心竞争能力之一。本章就在实施装备制造业虚拟库存管理及协同物流配送原型系统的过程中用到的关键技术进行介绍。

12.1 支撑装备制造业虚拟库存及协同物流配送的无线定位与通信技术

12.1.1 基于 RTLS 的无线定位技术

实时定位系统（real-time location system，RTLS ）是指通过无线通信技术，在一个指定的空间（办公楼、场地、城区、全球）内，实时或者接近于实时地对目标进行定位的系统。其中，目标的位置信息是通过测量无线电波的物理特性得到的。RTLS 技术具有广阔的应用领域，不仅可用于对物体的定位（如港口集装箱定位、医院医疗设备管理、生产过程管理），还可用于人员的定位（如煤矿井下人员定位、儿童保护、医院医生或病人定位等）。

在人员定位应用方面，Emergency Health Centre（美国紧急医疗中心，位于美国得克萨斯州休斯敦）运用基于超音波（20～40 千赫兹）频段的 RTLS（Soniter 公司的室内定位系统）提升急诊病患的医疗照护，整合病人护理技术系统（Patient Care Technology Systems，PCTS）所开发的 Amelior EDTracker 软件。因超音波不会穿透房间，所以可以更准确地知道哪位医护人员正在哪个病房处理哪位病患。目前 Emergency Health Centre 已使用 100 个标签在人员身上，并在院内 24 个位置布放读取器。将来可能会扩大应用在 X 光仪器及可携式平板电脑的资产管理方面。

在资产管理应用方面，美国 Mercy Hospital(关爱医院)运用无线网络解决方案供应商 Ekahau 公司的无线追踪 RTLS 解决方案，使医院的工作人员能够立即寻找到关键设备和其他移动资产。RTLS 使 Mercy Hospital 简化工作人员的工作流程、缩减成本，不断改善患者医疗照护的体验。Ekahau 系统可与现有的 Wi-Fi(无线网络通信技术)网络实现无缝整合，而且不需要增建一个费用较高且非开放性的追踪基础架构，如主动式 RFID 读取设备。

在设备管理应用方面，位于美国华盛顿州郊区的 Providence Centralia Hospital(普罗维登斯医院)，隶属普罗维登斯医疗服务(Providence Health & Services，PH&S)系统 27 家医院之一，利用 AeroScout 基于 Wi-Fi 原理的 RTLS 来控管 140 台平板电脑。结合 Motion Computing 公司设计的无线网络架构，搭配 Cisco 网络 AP，系统整合则由 World Wide Technology 公司执行。院内的平板电脑都具备 Wi-Fi 网卡，AeroScout 的 RTLS 根据信号强度计算求得位置，通过 AeroScout 的 MobileView 软件展现信息。

在理论研究方面，Thiesse 和 Fleisch[1]考虑了 RTLS 在复杂制造程序过程中的应用，分析了基于 RFID 的半导体制造过程中 RTLS 的实现，构建了一个简化的仿真模型来收集实时制造过程中的主要特征，并提出了一套可行的 RTLS 调度规则。Narzullaev 等[2]指出无线局域网络(wireless local area networks，WLAN)技术比传统的定位技术更为有效，而基于利用 WLAN 技术的接受信号强度显示(received signal strength indication，RSSI)指纹识别系统具有快速在线追踪、精确定位的优点。他们将定位校准程序和指纹预测模型结合起来提出了一种新的定位算法，使得定位时间和精度有了较大改进。

在 RTLS 的精度研究方面，余芳文等[3]为测试与评估 RTLS 的动态定位精度，以高精度的 nanoLOC RTLS 作为测试平台，采用交叉法和轨迹法，对直线、折线、圆形和圆边矩形运动模型下动态定位精度进行了测试与评估。王沁等[4]将测距误差分级模型(RSSI based indoor TOA ranging error model，RITEM)应用到定位算法中，提出了一种基于误差分级的室内电波到达时间(time of arrival，TOA)测量定位算法(ranging error classification based indoor TOA localization algorithm)。算法根据 TOA 测距过程中的 RSSI 值和 RITEM 实时估计测距误差级别和误差范围，利用极大似然法求得定位区域中标签最大概率位置作为定位结果，下面分别介绍三种基于不同核心技术的 RTLS。

1. 基于 RFID 的 RTLS

RFID 是一种非接触式的自动识别技术，它通过射频信号自动识别目标对象并获取相关数据，识别工作无须人工干预，是条形码的无线版本。RFID 技术不仅具有条形码具备的防水、防磁、耐高温、使用寿命长、读取距离大、标签上数据可以加密和存储数据容量大等优点，还具有信息快速流通和故障追溯识别功能。目前，RFID 技术已经得到了广泛的应用，主要集中在身份识别、防伪、商业供应链、公共交通管理及物流管理领域。

RFID 技术在物流领域中的应用主要集中在铁路和公路的货运调度，集装箱识别和跟踪，物品、包裹的自动识别和处理等方面[5]。RFID 为货物的跟踪、管理及监控提供了快捷、准确、自动化的技术手段，目前在生产流水线跟踪、商品存储管理、仓储、配送等物流环节也有许多成功的应用。

Lee 等[6]讨论了市场需求与供应链管理，并检验了人工智能和 RFID 技术如何提高物流的响应能力。他们提出，物流工作流响应系统(responsive logistics workflow system，RLWS)能够应对市场供需的不确定性，从而影响物流工作的绩效。各种先进技术组合的协同，使得组成的 RLWS 能够有利于实现精益与敏捷的物流流程。Poon 等[7]把 RFID 技术应用到车间库存管理中，提出了基于 RFID 数据的自适应库存管理方案。Wen[8]把 RFID 技术用于供应链上的产品追溯，取得了很好的效果。吴文忠[9]主要研究了基于 3G 和 RFID 的实时物流信息监控系统，应用 RFID 和 3G 技术，实时采集货物在运输过程中的温度、耗能、位置等数据信息，通过 3G 移动通信网络和 Wi-Fi 网络回传到后台管理平台，由后台管理平台对回传数据进行实时分析，自定义监控和告警功能，分发给相关管理和操作人员，自动生成监控数据，从而实现实时货主查询和维护货物在途状态。杨殿才和宁维巍[10]针对轮胎生产企业中个别复杂工序的数据采集和产品质量的追溯，提出了一种 RFID 在生产物流中应用的解决方案，他们通过对轮胎生产企业现有生产物流数据采集方案和 RFID 技术优势进行分析，阐明了轮胎生产企业 RFID 的应用需求，之后又设计了 RFID 在轮胎生产企业中应用的硬件安装方案和应用流程。

RFID 在港口集装箱中的应用发挥了关键作用。香港已经在港口配置了 RFID 追踪设备并正式投入商业运行，为承运商提供有关其海上货运集装箱及物品的位置和状况方面的信息。加利福尼亚州集装箱制造商 Container Technology 与客户联手测试无源 RFID 标签，首先在可再用的液体装载箱和圆桶上应用，并期望逐渐推广到生产线上，以实现在包装流程中与供应链上对集装箱进行追踪管理。奥地利第三方物流提供商 Jobstl 应用 RFID 技术追踪集装箱，对集装箱的追踪技术有了很大的改进，有望解决集装箱丢失的问题[11]。

2. 基于 Wi-Fi 的 RTLS

Wi-Fi 是一类符合美国电气和电子工程师协会(Institute of Electrical and Electronics Engineers，IEEE)标准的无线接入技术。Wi-Fi 使用的是 2.4 吉赫兹附近的频段，这个公用频段在全球范围内没有所谓使用许可权的限制。目前可用的标准分为两个，它们是 IEEE802.11a 和 IEEE802.11b，同时也与各种 802.11DSSS 设备兼容。

目前，Wi-Fi 的应用十分广泛。例如，在高校的图书馆、阅览室、教学楼等地设置无线接入热点，学生只需接入 Wi-Fi 就可以在热点范围内任何地点随时连入互联网、收发 Email 及检索文献资料。在医院中，通过固定在护士手推车上的笔记本电脑不需外接电源与网线，仅利用 Wi-Fi 传输技术即可实现跟整个医院信息系统的实时相连，医生仅需在床边将采集到的病人身体健康状况各项参数信息直接录入该系统，彻底解决了记录信息与工作地点不对称的问题[12]。

在应用 Wi-Fi 技术进行定位和信息传送方面，曾磊等[13]研究 Wi-Fi 技术应用于工业测控网络，开发出了 Wi-Fi 无线终端和 Wi-Fi 无线接入点设备。Wi-Fi 无线终端实现了工业现场设备的数据采集与无线传送，Wi-Fi 无线接入点设备实现了与有线网络的无缝连接。蒋磊等[14]提出了一种基于 Wi-Fi 和 ZigBee① 技术的井下人员无线跟踪与定位系统的设计方案和一种符合矿山实际要求的基于一维线性空间的实时定位方法。孙彬等[15]提出了一种基于 Wi-Fi 的公交车载数据传输调度策略，建立了公交车载无线传输问题的数学模型，应用遗传算法对其进行求解，得到了优化的车辆传输序列，并且该策略能够有效节省能耗、减少信息传送时间。

3. 基于 GPS 的 RTLS

GPS 是由美国政府率先推出的卫星定位系统，已广泛地在世界各地应用于各类交通工具的导航与定位追踪等服务中。其主要原理是通过环绕地球上空的 24 颗卫星，不断地广播射频卫星信号，而地面上的 GPS 接收器则需要同时接收 3 个以上的卫星信号，再分别以这些卫星为圆心，以利用内部时间戳(time-stamp)的卫星信号求得卫星与地面 GPS 接收器之间的距离为半径，划出三个以上的圆，因此其共同的交点即 GPS 接收器所在的位置。

GPS 在物流领域的应用相当广泛，尤其是在物流运输过程中发挥着关键作用。网络 GPS 的物流动态调度系统可以实现对内部车辆的车辆定位、车辆监控、车辆报警、车辆调度、动态线路跟踪、运输路径选择、远程监控、数据管理、状态记录等功能。例如，世界上最大的商业零售企业沃尔玛采用 GPS 对车辆进行定位，调度中心可以方便地掌握车辆的具体位置，从而有利于有效地调度与提高

① ZigBee 技术是一种便宜的、低功耗的近距离无线组网通信技术。

效率。美国联合包裹服务公司 UPS 通过全面利用 GPS 和 GIS 技术，能够对每日运送的 1 300 万个邮件进行电子跟踪[16]。

Liu 等[17]提出了一个集装箱港口的分布式监控系统来监控港口物流活动及机械运作情况，并讨论了虚拟的集装箱港口的可视化模型(virtual terminal of container，VTC)，VTC 由 GPS、GIS、VR 技术构成。Qiu 等[18]基于 GPS 在货物配送中的应用和 VRP 的研究现状分析了现有模型的不足，提出了一种改进的动态 VRP 模型，根据 GPS 收集的实时信息数据进行成本与路径优化。Matthias 等[19]提出了一种利用 GPS 技术的船舶连续追踪方法。李晓峰等[20]提出了一种采用 GPS 和 WLAN 技术采集车辆信息的车载设备系统方案。焦亚冰[21]对影响物流配送可视化的 WLAN、GPS 等技术进行了改进，以 RFID 读取技术的全系统运用为核心，辅以 ERP 实现数据管理，根据物流配送现实需要，通过物流配送 MIS 可视化关联技术的系统集成，构建物流配送 MIS 可视化解决方案模型，以实现物流供应链的全资产、全过程动态、实时可视。夏绪宏[22]研究了基于 GPS 和 GIS 的物流车辆跟踪系统，给出了一种改进的地图匹配算法。

12.1.2　基于 TETRA 的无线传输技术

目前，根据国际电信联盟发布的“用于调度业务的频谱高效数字陆上移动通信系统”报告，国际上主流数字集群移动通信系统有：ETSI 制定的 TETRA 标准，美国的 Project 25，日本无线电工商业协会(Association of Radio Industries and Business，ARIB)制定的综合调度无线系统(integrated dispatch radio system，IDRA)标准，数字综合移动无线电系统(digital integrated mobile radio system，DIMRS)，法国 TETRAPOL 论坛和 TETRAPOL 用户俱乐部共同制定的 TETRAPOL，由瑞典 Ericsson 公司提出、TIA 制定的增强型数字接入通信系统(enhanced digital access communication system，EDACS)标准，以色列系统评估部门制定的跳频多址接入系统(frequency hopping multiple access system，FHMA)标准。在这几种数字集群移动通信系统标准中，Project25、TETRAPOL 和 EDACS 采用频分多址(frequency division multiple access，FDMA)技术，频谱效率较其他几种低，应用范围较小，只在少数几个国家中建网；IDRA 与 DIMRS 基本类似；而 FHMA 也只在以色列等国家获得小范围应用。目前，应用最广的是 TETRA 和 iDEN① 两种数字集群移动通信系统标准，由于 TETRA 标准空中接口完全公开，所以获得了更多厂商的支持，目前已经有超过 35 个国家中的

① iDEN(集成数字增强型网络)是美国摩托罗拉公司研制和生产的一种数字集群移动通信系统。最初设计是做集群共网应用，现在除了以指挥高度业务为主外，还兼有双工电话互联、数据和短消息等功能。

150 多个组织加入到了 TETRA 协会中[22,23]。

TETRA 标准是由 ETSI 制定的，采用时分多址(time division multiple access，TDMA)技术，在 25 千赫兹信道中划分 4 个时隙，采用 π/4-DQPSK 调制，调制速率为 36 千比特每秒，每个时隙可提供 7.2 千比特每秒的未保护数据传输。目的是满足各种专业用户需求，从应急处理到工、商业组织等的调度通信[24]。

我国《数字集群移动通信系统体制》电子行业标准中确立了两种数字集群移动通信系统体制，即体制(A)和体制(B)。其中体制(A)标准参考欧洲的 TETRA 标准制定，体制(B)标准参考北美的 iDEN 标准制定。除此以外，我国还有自主研发的 GoTa 和 GT800 体制。我国已经在城市轨道交通、民航、港口等交通运输部门以及公安、水利等政府部门建立了多个数字集群网络。截至 2009 年 10 月底的统计数据显示，全国已建设的数字集群通信专网近 110 个，其中 iDEN 系统 6 个、TETRA 系统 94 个、GoTa 和 GT800 系统 10 个，TETRA 体制在我国占有一定优势[25]。

TETRA 系统在国内外都得到了广泛应用。例如，英国 Tetralink 电信公司作为获得运营 TETRA 业务许可的公司之一，在 1998 年 3 月为超过 87%的英国公民提供全业务的 TETRA 服务；挪威于 1998 年开始 TETRA 的运营工作；芬兰建立的 TETRA 管理网络于 1998 年开始运营；荷兰已经实施了 C2000 计划，这是 TETRA 业务在荷兰的运营计划。在我国，诺基亚在 2001 年 8 月与天津水利厅签约，建立我国第一个 TETRA 专网；而在 2004 年开通并由北京正通公司运营的北京政务网是 TETRA 系统共网的国内第一例，为 2008 年北京奥运会提供服务；几乎国内所有的地铁、轨道交通都引入了 TETRA 系统。

Zhang 和 Yang[26]利用帧偷窃技术提出了一种 TETRA 端到端的加密系统。Salkintzis[27]提出了一种新的将 WLAN 和 TETRA 网络进行集成的方案来改进公共安全通信系统，这个系统允许 TETRA 终端件通过宽带 WLAN 无线电与 TETRA 开关和管理基础设施接入网络，取代了传统的窄宽带无线电接入。

由于 TETRA 技术引入我国时间比较短，因此我国对于这方面的研究相对较少。于磊[28]和冯涛[29]研究了 TETRA 技术在我国地铁无线通信调度系统中的应用。赵军[30]和王棋[31]分别对 TETRA 数字集群通信系统数字终端软、硬件进行了设计。梁海涛[32]和辛敏[33]分别对 TETRA 数字集群系统子网相关汇聚协议层和管理协议层进行了研究与开发。徐玉滨等[34]提出了一种基于网络互联(internet protocal，IP)技术的 TETRA 系统调度台的构建方案，该方案的调度台是一台多媒体 PC(personal computer，个人电脑)机，调度员通过运行其上的软件完成对人员的调度。秦文进等[35]基于摩托罗拉 TETRA 数字集群的 MTM700 信道机，采用高档 8 位单片机，内嵌实时操作系统 RTOS(NutOS)，成功实现了车载无线电台的二次开发。张睿等[36]使用 TETRA 集群数据通信系统开放的外部设备接口(peripheral equipment interface，PEI)数据端口，与 ZigBee 无线传感器网络中的主节点相衔接，可以构成一种基于 TETRA 和 ZigBee 的二级无线传感器网络。

在 TETRA 在港口码头的应用方面，韩刚等[37]对建立上海国际航运中心集装箱物流系统的无线通信问题进行了深入研究，提出了基于 TETRA 技术的"海陆对接、天地一体"的无线通信平台构架。董良才和黄有方[38]进行了集装箱码头中 TETRA 网的流量分析，研制出了基于时间窗技术的应用层数据传输协议。该协议采用半双工通信模式，应用非独立冗余发送数据再传技术，发现其传输数据速率高、丢包率低且系统开销小，表明 TETRA 技术可以有效地应用于集装箱码头。

12.2　支撑装备制造业虚拟库存及协同物流配送优化的系统实现技术

12.2.1　选址优化实现技术

企业的物流配送中心选址系统是在给定的某一地区所有备选点的地址集合中选出一定数目的地址建立配送中心，建立一系列的配送区域，实现各个需求点的配送，以实现选出点建立的配送中心与各需求点和供货点形成的配送系统总收益最大为目标。较佳的配送中心选址方案是使商品通过配送中心进行汇集、中转、分发直至输送到需求点的全过程的效益最好的方案。因此，配送中心如何选址是一个重要问题，且需要一个系统性、全局性的安排。关于物流配送中心选址，国内外也有很多学者进行了研究。

1. 通用的配送中心选址优化系统

国内很多学者在通用的物流配送中心选址优化中做了研究，其中宾厚和单圣涤[39]根据配送中心选址问题的特点和应满足的条件，以运输成本最低为约束条件构造了该问题的数学模型，通过启发式算法得出模型最优解，求得了工厂对各物流配送中心的配送能力和物流配送中心对需求点的配送能力的最佳配送方案。并通过实例证明了该模型具有有效解决物流系统中的配送中心选址问题、优化物流系统、促使物流系统有效运作、提高企业经济效益、真正实现物流"第三利润源泉"的功能。刘广明和李高扬[40]针对第三方物流企业选址的一般要求，以配送中心收益最大化为目标，构造了一种新的物流配送中心选址模型，该模型较接近现实情况。任永昌等[41]为了解决物流配送中心选址方案选择问题，采用模糊决策分析法进行研究，建立影响因素指标体系，并采用判断矩阵分析法确定影响因素的权重系数，通过多个选址方案实例说明了决策分析方法的全过程。结果表明，模糊决策分析方法很好地解决了物流配送中心选址中的模糊性、不确定性问题。Sun 等[42]从客户和物流规划部门的利益考虑，建立双层规划模型，提出寻求物流配送中心的最佳位置，并用一个简单的启发式算法求解模型，最后通过算例证明了该方法的可行性和有效性。Yang 等[43]研究了模糊环境下的配送中心选址问题，以总相关成本最小为目标，运用遗传算法和模糊模拟算法寻求最好的近似模型的解决方案，数值例子也显示了该算法的可行性。Zhang 等[44]为应急物流系统的多目标位置优化模型提出了一个新的节点加权树，然后引入基于智能算法的蜂窝随机扩散搜索算法，以解决所提出的模型，根据不同的紧急情况下的几个例子来验证该模型的应用情况，结果表明该方法能有效和高效地解决应急物流系统的选址问题。Bao 等[45]基于不确定环境下的逆向物流网络，并集成了其分销网络，构建了一个封闭的网络，建立成本最小的优化模型来决定售后中心、工厂和配送中心的位置，最后给出了一个例子来验证模型的有效性和可行性。

2. 绿色选址系统

绿色物流要求考虑物流活动对环境产生的影响。胡长英和刘国山[46]研究了基于环境角度的双层选址优化模型，通过建立以政府为上层、物流企业为下层的双层优化模型，对政府如何制定环境政策、企业在政府的政策指导下如何确定既保护环境又能降低物流配送成本的选址方案进行了讨论，最后通过一个实例说明了所建模型的适用性。何波[47]研究了基于绿色评价的配送中心选址决策方法，通过绿色度来描述配送中心对环境产生的影响，利用粗糙集方法获得备选配送中心的绿色度，以最小化成本和最大化绿色度为目标，建立了一个双目标规划模型来确定配送中心位置和数量以及每个配送中心的配送策略。廖理等[48]认为配送中心的选址对城市物流配送的时效性具有决定性影响，在进行配送中心选址时必须综合考虑经济性和时效性要求。他们根据物流配送的时间需求，结合城市配送特点，构造具有时效性约束的配送中心选址模型，以总成本最低为目标，对物流配送中心进行选址优化。

3. 特殊物品的配送中心选址系统

由于特殊物品有显著的时效性，并且部分物品在不同的生命周期阶段有不同用途，根据配送时间和销售商对多用途物品的需求种类以及品质的要求，张敏等[49]以路网的危险度瓶颈限制为切入点研究了一类危险品集成物流管理系统选址-选线问题。他们首先分析了成本、风险和风险公平性等优化目标，建立了基于路网危险度瓶颈限制的危险品集成物流系统选址-选线的多目标模型，其次根据模型给出了一种启发式算法，最后用一个算例对模型进行了数值演算。杨珺等[50]研究了多用途易腐物品配送中心选址问题，根据 Osvald 和 Stirn 的假设，建立了一个有容量限制和货物中转的多用途易腐物品配送中心选址模型；并采用拉格朗日算法求解模型，将其结果与精确解比较，取得了较好的效果；最后，将是否考虑易腐物品时效性和多用途性的两种情况进行比较，得出结论：考虑此两种因素将大大降低易腐物品因时效性带来的损失。林雅惠等[51]通过分析木材的物流模式，建立物流中心选址的数学模型，研究遗传算法求解选址模型的方法，以一个公司木材物流数据为基础，提出了研究区域内木材物流中心选址的实际模型，采用可重复自然数编码的遗传算法求解模型，运用 VB 编写相应的程序，提高了选址决策的效率和精度。李永新等[52]针对农产品物流配送的实际情况，选取交通情况、经济因素、环境因素和其他因素构建了农产品配送中心选址的评价指标体系；然后在评价信息为区间数的情况下，用不确定性多属性决策方法建立了农产品配送中心选址模型。

4. 联运物流中心选址系统

Kayikci[53]研究了联运货物物流中心选址决策的一个概念模型，基于组合的模糊层次分析法和人工神经网络方法选择联运物流中心。Sender 和 Clausen[54]提出了一个特定物流中心位置的问题，目标是确定物流中心的位置、大小和功能以及它们之间的连接，他们做了一些预处理，减少了复杂度，并测试了几个动态数据集。

5. 仓库选址系统

仓库的位置是一个长期的决定，受许多定量和定性因素的影响。Gebennini 等[55]提出了一系列关于仓库的动态问题，包括仓库安排控制、客户服务水平及安全库存优化，用实验分析确定影响物流成本的最关键因素，最后用一个工业应用程序演示了该优化方法的有效性。Demirel 等[56]认为，用传统的方法来解决仓库选址问题往往缺乏有效的处理，他主要考虑的是成本、劳动力特征、基础设施和市场，还包括一些子标准的层次结构问题，并展示了一个土耳其物流公司将上述方法成功地应用到实际仓库选址问题的案例。

12.2.2　配送优化实现技术

通常意义上的配送包括运输、储存、流通加工、配送、装卸搬运、包装和信息处理等所有的物流要素，是物流的一个缩影，它通过一系列的物流活动将货物送达目的地。因此，解决如何减少物料的运输时间、如何优化物料的配送路径、如何合理安排工艺流程以减少物流量等物流优化问题具有巨大的市场空间。国外学者 Mathai[57]用一些评估技术对物流配送进行了可靠性分析，还有很多学者在物流配送的各方面做了很细致的研究。

1. 主动式的物流配送

当前的拉式物料配送流程已经制约了车间小批量、多批次 JIT 配送，需要一种新的配送模式来提高车间配送效率。国内研究学者蒋丽等[58]为了解决 JIT 配送模式下拣货效率低、配送成本高的问题，提出了以工位为中心的生产物流配送思想，从而优化了制造业总装车间的生产物流配送。他们以总配送时间最小为目标函数建立车间配送优化调度模型，采用遗传算法求解模型，结果表明该模型有效可行，为制造企业生产物流配送提供了可参考的模型和算法。李琳等[59]在《电子商务中订单配送优化模型及两阶段算法》中针对电子商务环境下订单配送问题的特点，建立了以最小化车辆行驶费用为目标的数学模型，设计了两阶段启发式求解算法，结果验证模型具有合理性及有效性，提高了车辆的使用率及企业的配送效率。

2. 多目标物流配送

在实际配送过程中容量限制、时间因素等都会对配送策略产生影响，因此需要采用多目标的优化。周泓等[60]在《多目标物流配送优化问题建模及其遗传算法设计》中建立了带有公共交货期的多目标物流配送优化模型，考虑了三层配送网络中物品分配和运输模式选择，并对迟到完成的任务给予惩罚，所优化的目标为总费用最小和分拣中心负载平衡，最后通过数值仿真试验表明了多目标问题求解的有效性。吴小虎和徐琪[61]对配送方案中的选址进行多目标优化，在满足客户需求的前提下，力求成本最低和各配送中心负荷均衡，建立了多目标规划模型。他们运用自适应网格算法进行求解得到均匀分布于解空间的 Pareto 集，结果表明两目标具有一定的悖反关系。林雪云[62]对目前常见的物流配送过程中优化调度算法进行了研究总结，分析了物流配送的抽象流程，以优化配送效率、降低算法的时间和空间复杂度为目标，设计了基于自适应的多类型物流配送改进遗传算法，并通过实例的应用验证了算法的可行性和高效性。

3. 基于规划方法的物流配送

目前，有较多物流配送的动态规划算法。国内学者杨茂盛和李琦[63]针对物流配送费用最小化问题，统筹运输费和转存费，依据动态规划和贝尔曼最优化原理，提出了基于矩阵运算的最小费用配送求解方法，为决策者提供了一种新的优化方案。Wang 等[64]着重分析了物流配送系统中广泛使用的 4/R/I/T 物流网络结构，提出了 0-1 规划模型，在 4/R/I/T 网络结构基础上尽量减少物流成本，并用 LINGO 求解这个优化模型，最后将该模型应用于医药分销物流网络规划中。

4. 特殊物资与应急物流配送

在面对特殊物资和突发事件时，人们需要在短时间内高效地做出反应。叶勇等[65]研究了改进遗传算法下畜禽冷链配送优化问题，在介绍传统遗传算法的基础上，提出了一种改进的遗传算法，通过设定前置交叉算子、互换变异算子、逆转变异算子来对模型进行求解。他们主要采用有时间窗的改进遗传算法来优化畜禽类产品配送，并且在数据验证的基础上找出了最优路线。李娜和王首彬[66]为解决不确定需求下易腐产品的生产配送联合决策问题，考虑易腐产品一旦送达多余产品就会变质，而供小于需则产生缺货成本，基于此构建了数学模型来考虑易腐产品的生产配送。结果表明，采用集成决策时，供应链中生产和配送成本、产品腐坏成本等有较大幅度下降。计国君和朱彩虹[67]认为，为响应突发事件快速配送的要求，解决抗灾物资供不应求的问题，应综合考虑可重复利用和不可重复利用的抗灾物资，在针对突发事件的应急物流配送系统中实施转运策略，以实现受灾点物资一体化协调。针对突发事件的动态性和不确定性，他们综合考虑了后续一定时间内系统中灾情发展状况及抗灾物资的需求情况，利用机会成本的关系，建立了整数规划模型，为提出应急物流配送系统资源调度的最优方案提供了依据。Sheu[68]提出了一种混合型聚类优化方法，以响应在关键救援期间的紧急救援需求下应急物流共同配送的运作，根据拟议的三层应急物流共同配送的概念框架，对一个真正发生在台湾的大规模地震灾害进行数值研究，结果表明，该方法具有适用性和潜在优势。国外学者 Liberatore 等[69]针对可能被破坏的设施使道路网络不可能通车，或者车辆行驶不安全问题，提出了恢复受损元素的分销网络规划，建立 RecHADS 模型，使布局规划收益最大，并通过 2010 年海地地震实例证实了协调恢复和分销业务优化的重要性。

5. 第三方物流服务提供商的配送

随着电子商务的越来越盛行，第三方物流服务显得尤为重要。因此，对第三方物流服务提供商的配送优化进行研究是必不可少的。龚辉锋和赵玉意[70]研究了到户配送优化模型及计算机求解，基于到户配送运作模式构建了配送作业的优化模型，并且实例介绍了 Excel 规划求解工具对模型的求解，提高了物流企业的资源配置效率和客户满意度。Harrison 和 White[71]根据社会经济的发展趋势和智能科学技术(intelligence sicence technology，IST)分组，提出了两个方案以适应未来供应链的发展。Basligil 等[72]认为第三方物流需要有一个高效率的分销网络以满足客户的需要，因此提出了分两个阶段解决问题，第一阶段使用 GAMS 21.6/Cplex 解决混合整数规划问题，其中包括车辆的分配问题；以第一阶段的输出作为第二阶段的输入，在这个阶段确定车辆的路线，并用 C# 开发了一个遗传算法。

6. 其他

徐琪[73]在探讨物流仓储配送 RFID 系统配置及其过程描述的基础上，建立了仓储配送优化搬运距离模型，并给出了一个由 RFID 物理服务层、数据通信服务层、业务逻辑集成服务层和应用服务层组成的 RFID 物流仓储配送可视化运作管理系统的结构。Zhang 和 Kong[74]对混合协同配送进行了研究，考虑到新的市场需求和旧的生产特点的差异造成的不同的生产模式，建立了以利润最大化为目标函数的 0-1 混合整数非线性优化模型，提出了在不同模式下新老产品生产和混合配送的优化方案。

12.3 支撑装备制造业虚拟库存及协同物流配送的物流空间信息技术

空间信息技术(spatial information technology)是 20 世纪 60 年代兴起的一门技术，70 年代中期以后在我国得到迅速发展。空间信息技术主要包括卫星定位系统、GIS 和遥感等理论与技术，结合计算机技术和通信技术进行空间数据的采集、量测、分析、存储、管理、显示、传播和应用等。

物流空间信息技术是典型的学科交叉技术，对其的研究和应用大体上可以分为物流和地理科学两个角度。从物流的角度看，物流管理领域倾向于将空间信息系统作为一种可选的物流信息技术集成到物流信息系统中；从地理科学的角度看，地理科学领域侧重于研究空间物流信息系统的总体框架和物流空间模型的分析[75]。

12.3.1 物流空间信息框架技术

在物流空间信息系统的研究过程中，霍亮和毋河海[76]提出将空间信息技术引入现代管理技术中，并进行有效的集成。以空间数据库为数据基础，可以为地理分析和空间分析奠定基础，提高物流管理的可视化程度。同时，他采用分布式 GIS 设计的实现方法，实现大区域的物流作业管理，利用 GPS 和通信技术的有效集成，实现移动目标的实时动态监测，探讨了空间物流信息系统的集成策略，从数据集成和功能集成两个方面，提出了利用空间数据库和面向对象的公共对象请求代理体系结构(common object request broker architecture，CORBA)方法的系统集成方案。在此基础上，霍亮[77]提出采用多智能体系统(multiagent system，MAS)结构模拟物流运作与管理，利用多智能体协调物流作业各个节点的计划调度，提出了基于智能体的多层对象总线结构进行空间物流信息系统建设的方法，认为该方法能够较好地适应物流运作与管理过程中的自治性、分布性、并行性、弱耦合性等特点。

刘明柱和胡丽琴[78]结合当前分布计算技术中的 CORBA 技术，设计了基于 Applet-CORBA 的空间物流信息平台，并对系统的体系结构进行了分析。张丹羽和王千[79]针对整个物流过程是一个多环节、多子系统的复杂系统，对如何应用多层浏览器/服务器模式(browser/server，B/S)构架及 J2EE 原则和技术方法构建高质量、高可用的分布式企业物流应用系统进行了研究与实施开发。

上述研究侧重于描述和处理二维空间信息，没有考虑对时间信息的处理，对多维物流信息的管理、表达、分析和处理能力稍差。有鉴于此，张桂英等[80]根据物流的时空特征，采用了面向对象的时空数据模型，根据物流时空对象的几何特征、时态特征、属性特征和行为特征，把物流实体对象抽象为空间类、时态类和属性类，依此构建了时空数据库，并建立了基于 B/S 的物流时空信息系统的框架及平台。

12.3.2　基于优化模型的物流空间信息技术

在物流过程中，许多物流概念与地理位置有关，许多物流业务流程中有空间位置的转换。通过物流空间信息技术可以有效地实现物流可视化，使时刻都在产生的海量数据得到有效利用；可以在人与数据、人与人之间实现图像通信，从而使人们能够观察到数据中隐含的现象，为发现和理解科学规律提供有力工具。下面我们来具体介绍几个常见的物流空间信息技术的应用。

(1)车辆路径模型：用于解决如何降低一个起始点、多个终点的货物运输物流作业费用并保证服务质量的问题，包括决定使用多少辆车、每辆车的路线等(图 12-1)。

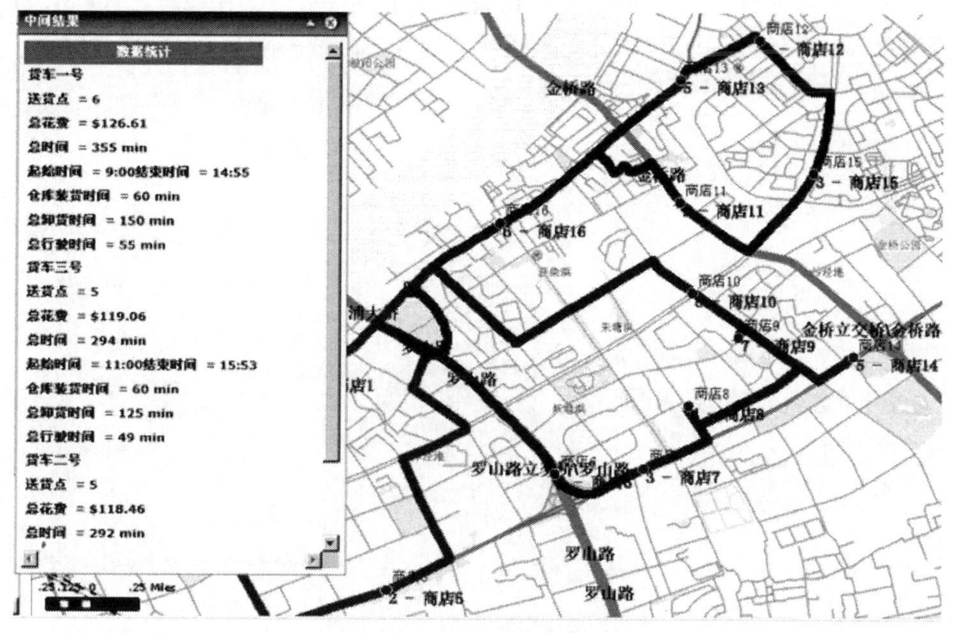

图 12-1　车辆路径模型

(2)物流网络模型：用于解决寻求最有效的分配货物路径问题，也就是物流网点布局问题(图 12-2)。例如，将货物从 N 个仓库运往到 M 个商店，每个商店都有固定的需求量，因此需要确定由哪个仓库提货送给哪个商店所耗的运输代价最小。

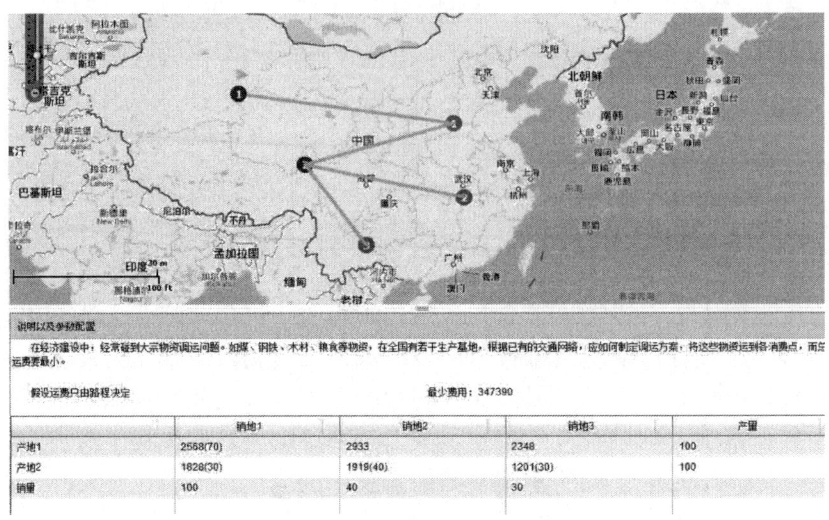

图 12-2 物流网络模型

(3)分配集合模型：根据各个要素的相似点把同一层上的所有或部分要素分为几个组，用以解决确定服务范围和销售市场范围等问题(图 12-3)。例如，某一公司要设立 X 个分销点，要求这些分销点要覆盖某一地区，而且要使每个分销点的顾客数目大致相等。

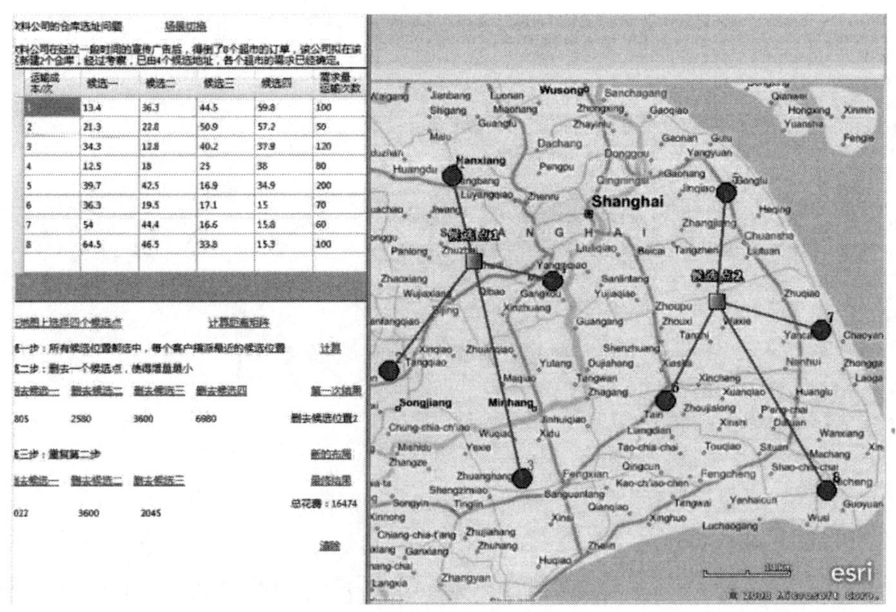

图 12-3 分配集合模型

(4)设施定位模型：用于确定一个或多个设施的位置(图 12-4)。在物流系统中，仓库和运输路线共同组成了物流网络，仓库处于网络的节点上，节点决定着线路，设施定位模型就是根据供求的实际需要、结合经济效益等原则，确定在既定区域内设立多少个仓库、每个仓库的位置等。

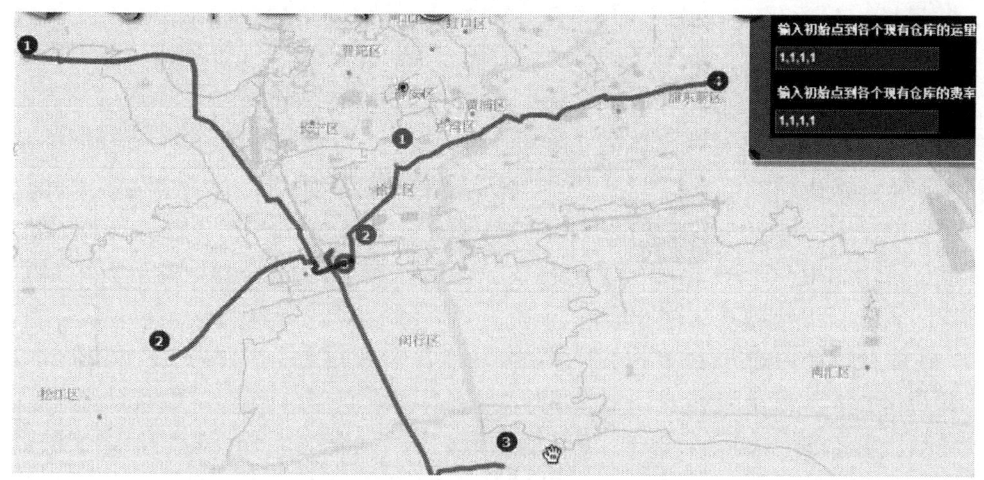

图 12-4　设施定位模型

12.3.3　基于 GIS 的物流空间信息技术

根据不同的物流业务或者物流的各个环节，可以将物流信息系统分为运输系统、仓储系统、配送系统、车辆监控调度系统、综合物流信息平台等，GIS 作为空间技术的核心技术，目前已经渗透到了大部分的物流信息系统中。

随着物流业的蓬勃发展，基于 GIS、GPS 的物流车辆监控调度系统已经逐渐成为物流企业的必备信息系统之一，在这方面的学术论文也比较多。其中，史亚蓉和万迪昉[81]针对传统车辆路线问题研究上存在的不足，提出了基于 GIS 的物流配送路线规划的研究思路，首先分析了基于 GIS 的 VRP 与传统 VRP 的异同，阐述了在 GIS 基础上构建运输网络的必要性并给出了具体的构建步骤；其次在网络距离概念的基础上，对客户之间的最短距离进行了重新定义，构建了求解 VRP 的基础数据库；最后通过模糊聚类算法对物流配送线路进行划分，并给出了具体的实施步骤。Tarantilis 和 Kiranoudis[82]利用空间数据的位置、形状等地理特征及集卡司机任务调度单等属性表，介绍了一个面向车辆作业任务的启发式方法，利用回溯法开发了一个集成软件。Tütüncü[83]在一个视觉交互方法的基础上设计了一个新的贪婪随机自适应存储器编程搜索算法来解决异构固定车队车辆路线问题(heterogeneous fixed fleet vehicle routing problem，HFFVR)，设计了一个可视化决策支持系统，允许用户根据他们的知识和经验来影响计算结果，程序能够实时调整。结果表明，该方法可以找到高质量的解决方案以满足用户的期望。

在物流配送系统方面，计会凤等[84]应用 GIS 网络分析方法和改进 P 中心选址算法建立了配送中心选址优化模型，该模型由几何网络确定配送中心与需求点间距离，并引入租金、坡度、库存量等因素参与模型计算，通过总费用最小化确定仓库的最佳位置。因采用多因素参与决策和对算法进行了改进，提高了配送中心选址精度，降低了用户选择的盲目性。Devlin 等[85]针对木材运输领域，分析了一个铰链式运输网络，根据爱尔兰全国的道路等级、距离、速度和旅行时间建立网络集，用 GIS 的网络分析处理每个来源-需求(origin-destination，O-D)集的最短路径，并用 GPS 对运输集卡进行监控，追踪集卡是否按照 GIS 运算结果行驶，从而进一步完善其运输网络。

在综合物流信息平台方面，王靖等[86]结合物流信息系统的实际开发需求，给出了一个基于工作流和 GIS 技术的物流信息系统体系结构，让物流运输过程中的人、车、物等信息通过图形方式形象生动地展示出来，使得对物流运输的管理过程变得简单直观。同时，GIS 的空间分析功能能够帮助企业合理规划配送线路，节约了配送时间，大大降低了物流的配送成本。他们结合企业积累的客户历史数据，对客户空间分布区域的变化趋势进行预测，根据客户分布区域的变化调整公司业务员的分布以及网点的位置，让企业集中优势资源应对市场需求。另外，他们还根据客户的历史信息设定往来业务量阈值，结合业务量增长曲线以及贡献值发现大客户和具有潜在发展的优质客户，以方便公司决策层做出决策。

12.4 本章小结

本章对在实施装备制造业虚拟库存管理及建立协同物流配送原型系统的过程中使用到的关键技术做了文献综述，内容包括基于 RTLS 的无线定位技术、基于 TETRA 的无线传输技术、选址优化实现技术、配送优化实现技术、物流空间信息框架技术、基于优化模型的物流空间信息技术和基于 GIS 的物流空间信息技术。

参考文献

[1] Thiesse F，Fleisch E. On the value of location information to lot scheduling in complex manufacturing processes. International Journal of Production Economics，2008，112：532～547.

[2] Narzullaev A，Park Y，Yoo K，et al. A fast and accurate calibration algorithm for real-time

locating systems based on the received signal strength indication. AEU-International Journal of Electronics and communications，2011，65：305～311.

[3] 余芳文，尚建嘎，古富强，等．动态定位精度测试方法及实验研究．测控技术，2012，(1)：16～20.

[4] 王沁，何杰，张前雄，等．测距误差分级的室内 TOA 定位算法．仪器仪表学报，2011，(12)：2851～2856.

[5] 丁志国．RFID 关键技术研究与实现．中国科学技术大学博士学位论文，2009.

[6] Lee C K M，William H，Ho G T S，et al. Design and development of logistics workflow systems for demand management with RFID. Expert Systems with Applications，2011，38：5428～5437.

[7] Poon T C，Choy K L，Chow H K H，et al. A RFID case-based logistics resource management system for managing order-picking operations in warehouses. Expert Systems with Applications，2009，36(4)：8277～8301.

[8] Wen W. An intelligent traffic management expert system with RFID technology. Expert Systems with Applications，2010，37(4)：3024～3035.

[9] 吴文忠．基于 3G 和 RFID 的实时物流信息监控系统研究．物流工程与管理，2012，(3)：74～77.

[10] 杨殿才，宁维巍．射频识别在轮胎生产物流中的应用．现代制造工程，2011，(11)：54～57.

[11] 吴铁锋．RFID 技术在集装箱港口中的应用研究．北京交通大学硕士学位论文，2010.

[12] 周洁. 基于 WiFi 传输与接入技术的发展．信息通信，2012，(2)：115～116.

[13] 曾磊，张海峰，侯维岩. 基于 WIFI 的无线测控系统设计与实现．电测与仪表，2011，(7)：81～84.

[14] 蒋磊，于雷，王振翀，等．基于 Wi-Fi 和 ZigBee 的井下人员无线跟踪与定位系统的设计. 工矿自动化，2011，(7)：1～6.

[15] 孙彬，陈朋，冯驾骎，等．基于 WIFI 的公交车载数据传输调度策略．计算机工程，2011，(14)：274～276.

[16] 胡俊龙．某物流公司运输车辆 GPS 监控管理系统的分析、设计与实施．北京邮电大学硕士学位论文，2009.

[17] Liu H，Liu C，Li Y，et al. Visual modeling of virtual container terminal based on GPS/GIS. Journal of Shanghai Jiaotong University，2009，43(6)：866～870.

[18] Qiu Y，Shi Q，Lu H. New vehicle routing problem model based on the real time GPS information. Journal of Wuhan University of Technology (Transportation Science and Engineering)，2008，32(1)：187～190.

[19] Matthias K，Christof K，Sascha B，et al. Potentials of a GPS based track and trace system. ZWF Zeitschrift fuer Wirtschaftlichen Fabrikbetrieb，2011，106(5)：342～345.

[20] 李晓峰，刘佳，宋铁成．基于 GPS/WLAN 的车辆信息采集系统．东南大学学报(自然科学版)，2007，(6)：954～958.

[21] 焦亚冰．基于 WLAN、GPS 及 RFID 技术集成的物流配送 MIS 可视化方案研究．测控技术，2009，(11)：52～55.
[22] 夏绪宏．基于 GPS/GIS 的物流车辆跟踪系统研究．北京邮电大学硕士学位，2010.
[23] 黄建尧．数字集群移动通信系统终端关键技术研究．天津大学博士学位论文，2010.
[24] European Telecommunications Standards Institute. Terrestrial Trunked Radio (TETRA), Voice plus Data (V+D), Part 1: General network design. France: ETSI, ETSI EN 300 392-1V1.4.1, 2009.
[25] 郑祖辉．我国数字集群通信的现状和问题．世界电信，2010，(Z1)：107～110.
[26] Zhang Z, Yang Y. Research on end-to-end encryption of TETRA. The Journal of China Universities of Posts and Telecommunications, 2006, 13(2): 70～73.
[27] Salkintzis A K. Evolving public safety communication systems by integrating WLAN and TETRA networks. Communications Magazine, IEEE, 2006, 44(1): 38～46.
[28] 于磊．基于 TETRA 泊勺沈阳地铁无线通信调度系统的研究与实现．东北大学硕士学位论文，2008.
[29] 冯涛．地铁二号线中 TETRA 系统的设计与实施．北京邮电大学硕士学位论文，2010.
[30] 赵军． TETRA 数字集群通信系统数字终端软件设计．电子科技大学硕士学位论文，2007.
[31] 王棋．TETRA 数字集群终端硬件设计．电子科技大学硕士学位论文，2007.
[32] 梁海涛． TETRA 数字集群系统子网相关汇聚协议层的研究与开发．北京交通大学硕士学位论文，2007.
[33] 辛敏． TETRA 数字集群系统移动性管理协议层的研究与开发．北京交通大学硕士学位论文，2007.
[34] 徐玉滨，刘易成，沙学军． TETRA 数字集群系统调度台的设计与实现．通信技术，2006，(S1)：114～116.
[35] 秦文进，冯百明，王鹏．基于 TETRA 数字集群的无线车载电台开发．仪器仪表装置，2011，(11)：16～18.
[36] 张睿，刘志刚，赵艳华．基于 TETRA 与 ZigBee 的无线传感器网络研究．合肥工业大学学报(自然科学版)，2010，(3)：372～374.
[37] 韩刚，陈国华，陆建洛，等．基于 Tetra 网的集装箱物流无线通信平台．上海海事大学学报，2006，(27)：14～20.
[38] 董良才，黄有方．集装箱码头中 TETRA 网的流量分析．上海海事大学学报，2007，(3)：48～53.
[39] 宾厚，单圣涤．物流配送中心选址模型及其算法分析．中国流通经济，2008，7：16～19.
[40] 刘广明，李高扬．物流配送中心选址问题研究．现代管理科学，2008，2：76～77.
[41] 任永昌，邢涛，赵国强．物流配送中心选址方案模糊决策分析．辽宁工程技术大学学报，2010，29(3)：517～520.
[42] Sun H J, Gao Z Y, Wu J J. A bi-level programming model and solution algorithm for the

location of logistics distribution centers. Applied Mathematical Modelling，2008，32(4)：610～616.

[43] Yang L X，Ji X Y，Gao Z Y，et al. Logistics distribution centers location problem and algorithm under fuzzy environment. Journal of Computational and Applied Mathematics，2007，208(2)：303～315.

[44] Zhang J，Dong M，Chen F F. A bottleneck steiner tree based multi-objective location model and intelligent optimization of emergency logistics systems. Robotics and Computer-Integrated Manufacturing，2013，29(3)：48～55.

[45] Bao Z Q，Zhu C W，Zhao Y Q，et al. Research on reverse logistics location under uncertainty environment based on grey prediction. Physics Procedia，2012，24：1996～2003.

[46] 胡长英，刘国山．基于环境角度的双层选址优化模型．中国管理科学，2007，15(4)：59～62.

[47] 何波．基于绿色度评价的配送中心选址决策方法．现代管理科学，2011，6：110～112.

[48] 廖理，徐菱，仇戈．基于经济性和时效性的城市配送中心选址模型研究．铁道运输与经济，2009，31(2)：56～59.

[49] 张敏，杨超，杨珺，等．危险品集成物流管理系统选址——选线模型研究．管理科学学报，2008，11(1)：59～67.

[50] 杨珺，王玲，郑娜，等．多用途易腐物品配送中心选址问题研究．中国管理科学，2011，19(1)：91～99.

[51] 林雅惠，钟晓燕，钟聪儿，等．基于遗传算法的木材物流中心选址研究．运筹与管理，2007，16(6)：51～56.

[52] 李永新，殷春武，惠小健．农产品配送中心选址模型研究．安徽农业科学，2011，39(20)：12515～12516.

[53] Kayikci Y. A conceptual model for intermodal freight logistics centre location decisions. Procedia Social and Behavioral Sciences，2010，2(3)：6297～6311.

[54] Sender J，Clausen U. A new hub location model for network design of wagonload traffic. Procedia Social and Behavioral Sciences，2011，20：90～99.

[55] Gebennini E，Gamberini R，Manzini R. An integrated production-distribution model for the dynamic location and allocation problem with safety stock optimization. International Journal of Production Economics，2009，122(1)：286～304.

[56] Demirel T，Demirel N C，Kahraman C. Multi-criteria warehouse location selection using choquet integral. Expert Systems with Applications，2010，37(5)：3943～3952.

[57] Mathai A M. Order statistics from a logistic distribution and applications to survival and reliability analysis. IEEE Transactions on Reliability，2003，52(2)：200～206.

[58] 蒋丽，丁斌，臧小宁．以工位为中心的生产物流配送优化．计算机集成制造系统，2009，15(11)：2153～2159.

[59] 李琳，刘士新，唐加福．电子商务中订单配送优化模型及两阶段算法．系统工程学报，2011，26(2)：237～243.

[60] 周泓，孙江苏，谭小卫．多目标物流配送优化问题建模及其遗传算法设计．公路交通科技，2007，24(19)：140～144.

[61] 吴小虎，徐琪．基于自适应网格粒子群算法的多目标配送优化模型．公路交通科技，2010，27(5)：132～136.

[62] 林雪云．基于自适应的多类型物流配送改进遗传算法研究．计算机应用研究，2012，29(5)：1670～1672.

[63] 杨茂盛，李琦．基于动态规划的物流配送优化研究．物流平台，2007，11：128.

[64] Wang Z，Zhang Q H，Yang B，et al. 4/R/I/T distribution logistics network 0-1 programming model and application. Computers & Industrial Engineering，2008，55（2）：365～378.

[65] 叶勇，罗红恩，张立伟．改进遗传算法下的畜禽冷链配送优化研究．安徽农业科学，2011，39(17)：10483～10484.

[66] 李娜，王首彬．不确定需求下易腐产品的生产配送优化模型．计算机应用研究，2011，28(3)：927～929.

[67] 计国君，朱彩虹．突发事件应急物流中资源配送优化问题研究．中国流通经济，2007，3(1)：18～21.

[68] Sheu J B. A hybrid fuzzy-optimization approach to customer grouping-based logistics distribution operations. Applied Mathematical Modelling，2007，31(6)：1048～1066.

[69] Liberatore F，Ortuño M T，Tirado G，et al. A hierarchical compromise model for the joint optimization of recovery operations and distribution of emergency goods in humanitarian logistics. http：//dx. doi. org/10. 1016/j. cor. 2012. 03. 019，2012-03-19.

[70] 龚辉锋，赵玉意．到户配送优化模型及计算机求解．桂林工学院学报，2008，28(4)：576～578.

[71] Harrison A，Whitc A，Intelligent distribution and logistics. IEE Proceeding-Intelligent Transport Systems，2006，153(2)：167～180.

[72] Basligil H，Kara S S，Alcan P，et al，A distribution network optimization problem for third party logistics service providers. Expert Systems with Applications，2011，38(10)：12730～12738.

[73] 徐琪．物流仓储配送优化及其射频识别的可视化运作管理．中国流通经济，2011，1：26～30.

[74] Zhang L，Kong Y Y. Optimization of mixed collaborative distribution with different production modes. Journal of Transportation，Systems Engineering and Information Technology，2012，12(1)：17～23.

[75] 戚铭尧．面向物流的空间信息服务及其关键技术研究．中国科学院博士后研究工作报告，2006.

[76] 霍亮，毋河海．空间物流信息系统体系结构研究．测绘科学，2002，27(4)：27～30.

[77] 霍亮．基于 Agent 技术的空间物流信息系统框架结构研究．测绘通报，2006，9：26～30.

[78] 刘明柱，胡丽琴．基于 Applet-CORBA 的空间物流信息平台体系．地球信息科学，2004，6(3)：29～33.

[79] 张丹羽，王千．基于 J2EE 技术的现代物流协同信息平台研究．计算机工程与应用，2005，41(21)：202～205.

[80] 张桂英，盛业华，潘雨青．物流时空信息系统框架与关键技术．计算机工程与应用，2008，44(34)：15～19.

[81] 史亚蓉，万迪昉．基于 GIS 的物流配送路线规划研究．系统工程理论与实践，2009，29(10)：76～84.

[82] Tarantilis C D, Kiranoudis C T. Using a spatial decision support system for solving the vehicle routing problem. Information & Management，2002，39(5)：359～375.

[83] Tütüncü G Y. An interactive GRAMPS algorithm for the heterogeneous fixed fleet vehicle routing problem with and without backhauls. European Journal of Operational Research，2010，201(2)：593～600.

[84] 计会凤，徐爱功，陈旭．基于 GIS 的物流配送中心选址模型研究．测绘科学，2009，34(4)：95～96.

[85] Devlin G J，McDonnell K，Ward S. Timber haulage routing in Ireland：an analysis using GIS and GPS. Journal of Transport Geography，2008，16：63～72.

[86] 王靖，闫国年，郑飞飞，等．基于工作流和 GIS 的物流信息系统研究．中国物流与采购，2011，2：68～69.

第 13 章

装备制造业虚拟库存管理及协同物流配送原型系统开发

13.1 装备制造业虚拟库存管理及协同物流配送原型系统信息传输、组织与分析

13.1.1 空间数据组织分析

虚拟库存管理及协同物流配送原型系统的空间数据主要包括客户位置、供应商位置、仓库位置、工厂位置、配送网络、仓库布局、厂房布局等。对空间数据的操作主要包括空间数据采集与编辑、数据处理、数据存储与管理、数据组织与显示等。

(1)空间数据采集与编辑：空间数据的采集与编辑是系统的基本功能之一，主要用于获取数据，保证空间信息与属性信息在内容和空间上的完整性、数值逻辑一致性与正确性，其具体内容如图 13-1 所示。

数据采集是用数字化工作站、扫描仪等数据输入设备将各类地图、野外观测记录、遥感影像、统计资料等转换为数字形式输入计算机，目的是为原型系统的建立和应用提供数据源。

数据编辑是将输入计算机的数据编辑处理为规定的数据格式，以便于计算机存储。它分为三步：第一步是图形编辑，即修改在数据输入过程中产生的各类错误；第二步是图形变换，将获取的不同类型的地理数据进行标准化处理，包括不同比例尺、不同坐标系和不同地图摄影类型数据的转换与统一；第三步是属性编辑，即检验空间和属性数据的对应关系。

(2)数据处理：通过数据采集获取的数据称为原始数据，原始数据不可避免

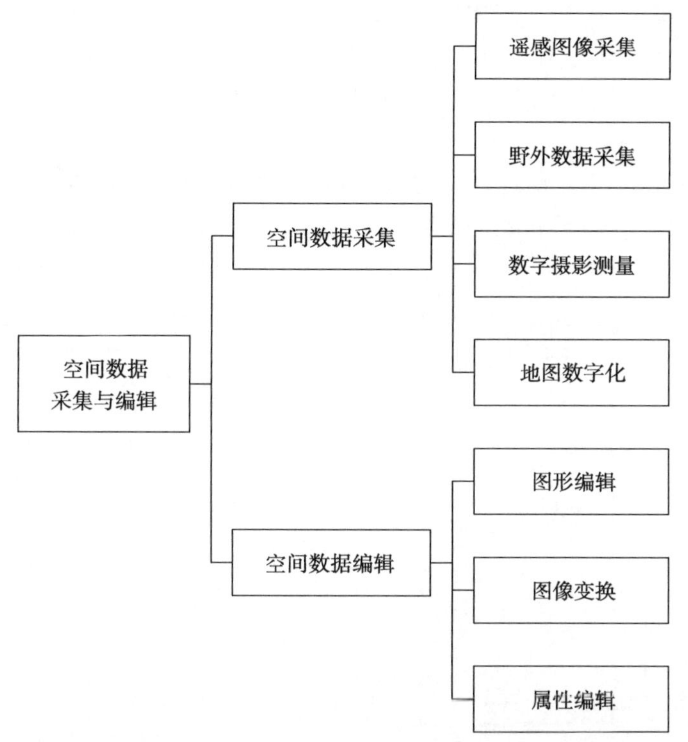

图 13-1　虚拟库存管理及协同物流配送原型系统空间数据采集与编辑

地会含有误差。为保证数据在内容、逻辑、数值上的一致性和完整性，需要对数据进行编辑、格式转换、拼接等一系列的处理工作。

(3)数据存储与管理：数据存储与管理是建立 GIS 数据库的关键步骤，包括空间数据和属性数据的组织。栅格模型、矢量模型或栅格/矢量混合模型是常用的空间数据组织方法。

(4)数据组织与显示：空间数据入库后，以图层的形式组织和展现，并发布成不同的地图服务供应用层调用。由于装备制造企业的业务服务对象和供应商遍布全球，生产基地和仓库分散在全国各地，所以原型系统采用的地图数据比较丰富。原型系统将地图数据用三个地图服务发布，即基础地图数据、交通地图数据和业务网点地图数据，如图 13-2 所示。

图 13-2　虚拟库存管理及协同物流配送原型系统地图服务

每个地图服务由若干地图图层组成，每个地图图层由若干点、线、面或者栅格图像组成。由于在不同比例尺下，用户关注的地理要素不一样，所以需要原型系统提供不同比例尺下的图层显示和地理要素控制。各地图服务的图层设计如下：

(1)基础图层，主要由地表、行政区划、社会经济等图层组成，这些图层在原型系统中主要用来进行宏观状况分析、区域空间分析等，图层内容如图 13-3 所示。

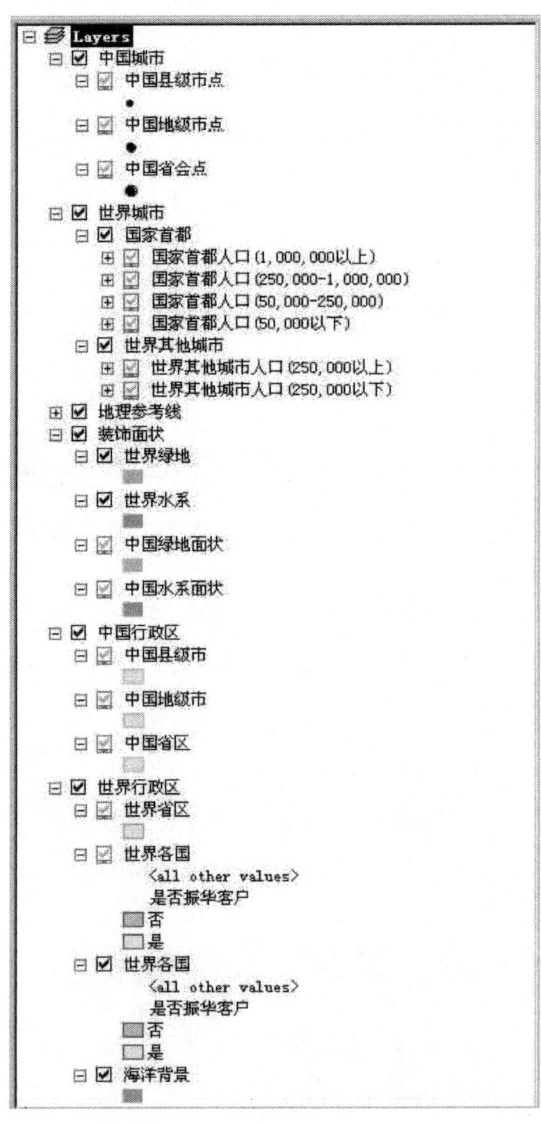

图 13-3　虚拟库存管理及协同物流配送原型系统基础图层

(2)交通图层，主要包括公路交通网络和水运交通网络，这些图层为配送优化和虚拟库存控制提供基础空间数据，如图 13-4 所示。

(3)业务网点图层，主要包括装备制造企业各生产部门和子公司的空间布局，以及供应链上、下游企业的空间布局。这些业务网点的空间拓扑关系为虚拟库存管理决策提供业务数据来源，如图 13-5 所示。

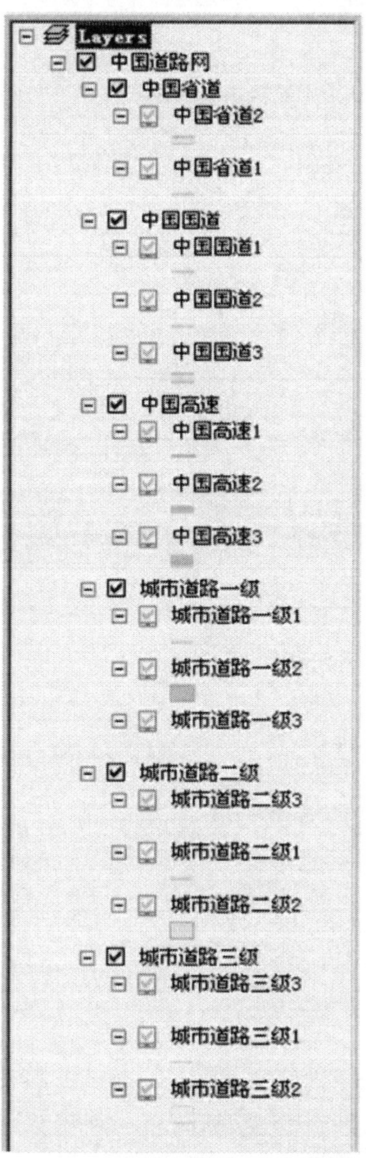

图 13-4　虚拟库存管理及协同物流配送原型系统交通图层

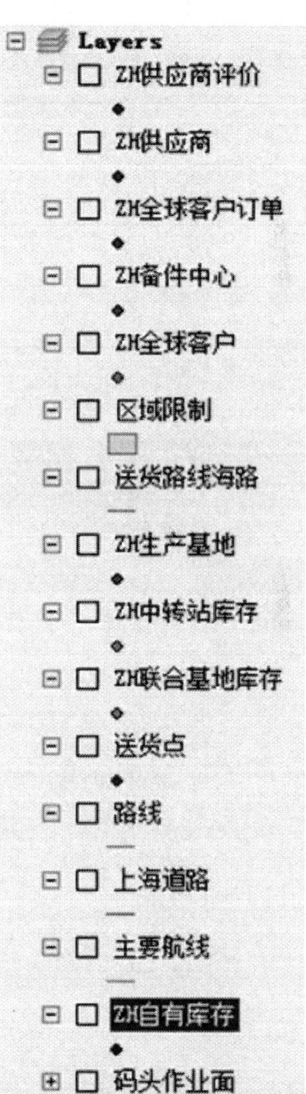

图 13-5　虚拟库存管理及协同物流配送原型系统业务网点图层

13.1.2 属性数据组织分析

原型系统属性数据模型由两部分组成，即业务统计数据模型和决策数据模型。其中，业务统计数据模型针对装备制造企业的业务流程进行建模；决策数据模型为典型的关系数据模型，主要针对已完成的历史业务数据。业务对象分为六类，如表 13-1 所示。

表 13-1 虚拟库存管理及协同物流配送原型系统六大业务对象

分类	英文字段	中文字段
物流节点	BusinessNode	物流节点
	SupplyRelation	供应关系
	ProductService	产品服务(提供产品的能力)
	Warehouse	物流节点中的仓库
	Location	位置
	Factory	工厂，生产基地
	Port	港口
	Yard	堆场
	Company	公司
	Market	市场
物流货物	PhysicalResourceTpye	货物类型
	MRPItem	物料需求计划子项
	Product	成品
	Material	原材料
	CommonPart	标准件，能在市场上买到
	SpecialPart	非标准件
	Physicalresource	具体货物
	PhysicalResourcePlan	货物计划
订单	BusinessOrder	商业订单
	OrderItem	订单子项
	ProcurementPlan	采购计划
仓储过程	DeliveryRecord	发货记录
	InboundRecord	进库记录
	ReceiveRecord	收货记录
	LossInStock	货物丢失记录
	OutboundRecord	出库记录
	WarehouseService	仓储服务

续表

分类	英文字段	中文字段
生产过程	ProductionLossRecord	生产丢失记录
	ProductionRecord	生产记录
	productionUseRecord	生产用料记录
	productivity	生产能力
	ProductOrder	生产订单
	productPlan	生产计划
运输过程	TransportPlanItem	运输计划子项
	TransportRecord	运输记录
	TransportRecordDetails	详细运输记录
	TransportRoute	运输线路
	TransportService	运输服务

业务对象之间的关系模型如图 13-6 所示。

决策数据模型提供决策主题数据视图，决策数据模型以业务统计数据模型为基础，决策数据模型包括产品销售视图、备件供应视图、物理库存视图、一级虚拟库存视图、二级虚拟库存视图、三级虚拟库存视图、生产能力视图、物料需求视图、物料采购视图、物料消耗视图等。

13.1.3　监控数据实时分析

对监控数据的实时分析主要服务装备制造业虚拟库存管理及协同物流配送系统。地图管理、销售管理、生产管理、采购管理、物流管理都离不开系统的实时状态，如要了解系统的实时状态，必定需要对监控数据进行分析。数据分析涉及的技术主要是空间查询分析技术及数据挖掘技术。

(1)空间查询分析：空间查询是通过查找 GIS 数据库来回答 GIS 用户提出的地理问题；空间分析则是通过对地理数据的计算来获取新的地理信息，具体内容如图 13-7 所示。

(2)数据挖掘：主要采用空间数据挖掘，从空间数据仓库中挖掘出潜在的、有价值的信息、规律和知识。对于数据的分析主要由空间数据立方体和联机分析处理(on-line analytical processing，OLAP)来执行，如图 13-8 空间数据挖掘体系结构所示。

对于管理者来说，需要实时地了解监控数据分析结果。形象化的状态视图的展示，对于管理决策者了解系统运行状态具有很大的必要性。利用 GIS 可视化功能可以对实时状态视图、历史状态视图、历史过程回放进行展示。

(1)实时状态视图。通过与实时数据获取设备(如 GPS、RTLS、TETRA)连

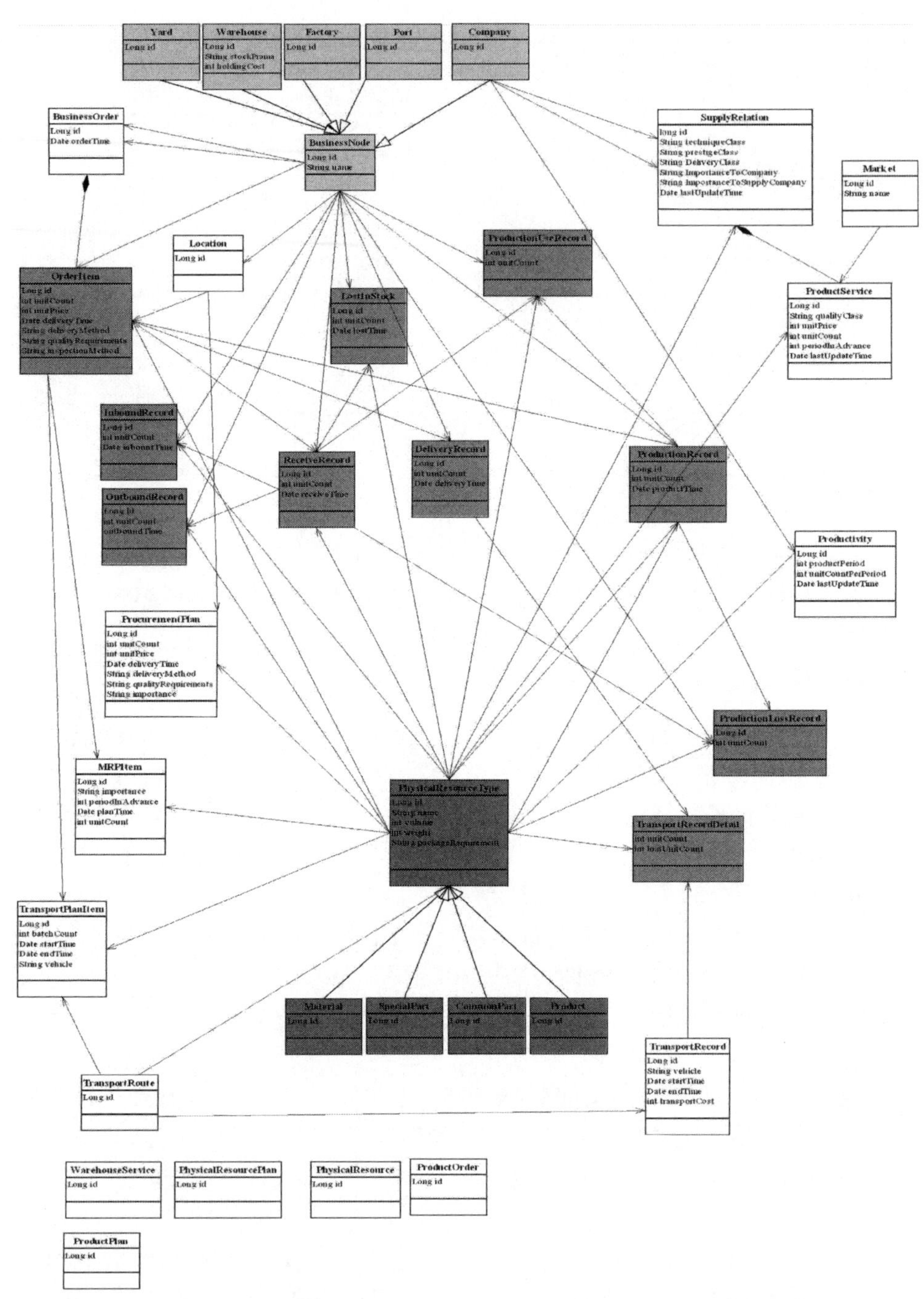

图 13-6　虚拟库存管理及协同物流配送原型系统业务对象关系图

注：图 13-6 为数据库系统生成，对应中英文翻译已经在表 13-1 中给出

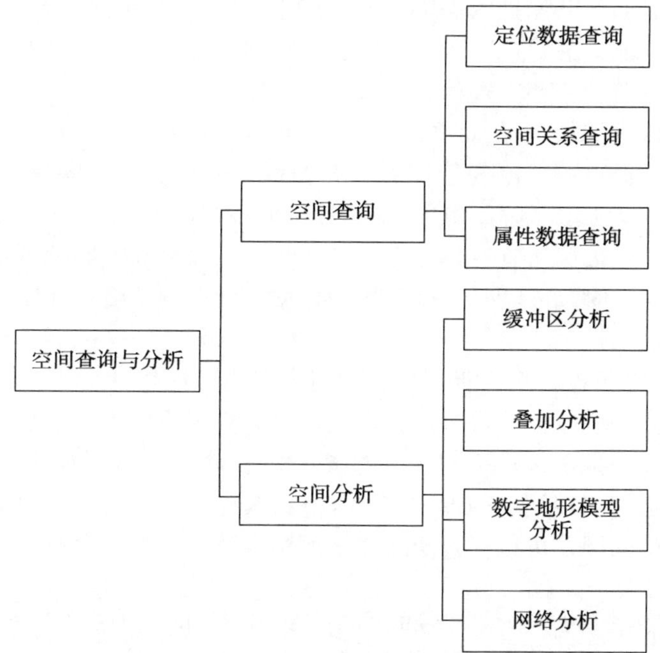

图 13-7　虚拟库存管理及协同物流配送原型系统空间查询分析

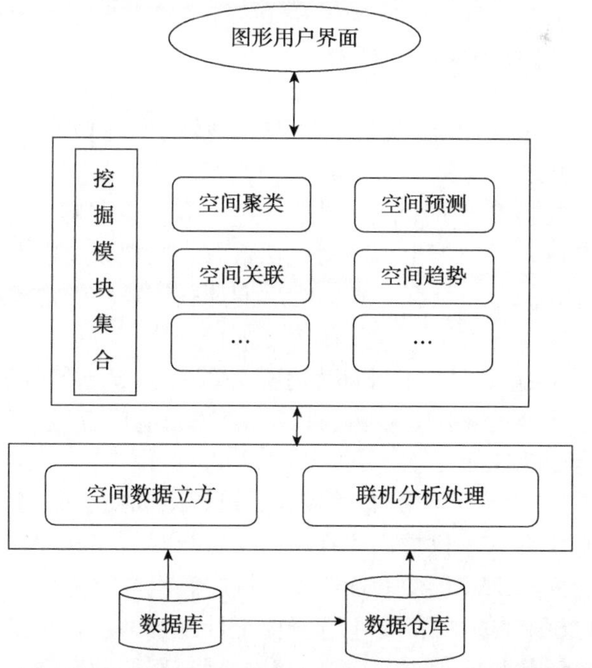

图 13-8　虚拟库存管理及协同物流配送原型系统空间数据挖掘体系结构

接，获取实时数据，以保证时态 GIS 数据库的时效性，随时更新地理数据的空间特征和属性特征。最后，以图表、报表、图形、动画等表现出来，如原型系统中展示直观的原料动态补货过程和结果。

(2)历史状态视图。在信息系统中，实时数据的更新非常重要，但是对于历史数据的记录也很重要，因为管理者需要查询过去的历史记录来对未来做出决策。通过 GIS 中的归档功能，能够实现对历史数据的归档。历史数据的归档实际上就是将空间数据库所有变化保存下来，记录其变化的时间和变化后的状态，并且提供访问某一时刻或者某一时间段的数据库状态的功能，如原型系统中对历史销售数据的展示。

(3)历史过程回放。该功能是基于时间序列的可视化分析工具，可以对带有时间属性的事物和现象变化进行历史回放，可以实现历史追踪分析。管理者可以使用时间动画、动画图表或者是历史数据回放功能，实现对历史状态的动态显示，可对系统运行出现问题的地方查看并分析其原因。例如，通过对生产进程的监控，一旦产生问题，可以通过历史过程的回放进行分析，以查明原因。

13.2 装备制造业虚拟库存管理及协同物流配送原型系统优化模型空间可视化

13.2.1 虚拟库存空间可视化

物流空间信息技术利用了 GIS 强大的地理数据处理功能来完善和丰富传统的物流优化技术。

虚拟库存：按物料 ID、时间(按周数：第一周、第二周、第三周……)来统计和展示物料库存量，并计算出该物料虚拟系数，展现该物料在企业内部、供应商、外部市场等各处的分布情况，从而为后期调整该物料的虚拟库存量及其分布做参考。

某物料虚拟系数=外部库存/(外部库存+自有库存)

站在生产制造企业的角度，依据“外部库存+自有库存”定义的不同范围，可将原材料虚拟库存分为三个层次。

层次一：自有库存 X(自有分布式库存，可以降低安全库存总量)。

层次二：自有库存 X+供应商库存 Y。

层次三：自有库存 X+供应商库存 Y+供应商生产能力 Z。

在“时间”下拉框和“物料”品名中选择要统计的要素后，点击“确定”，即可在地图上显示出拥有该物料的地点，表格中会显示它们的库存量，并对虚拟系数进行统计计算。

一层虚拟库存，如图 13-9 所示，虚拟系数为 0，库存量完全来自其自身库存。

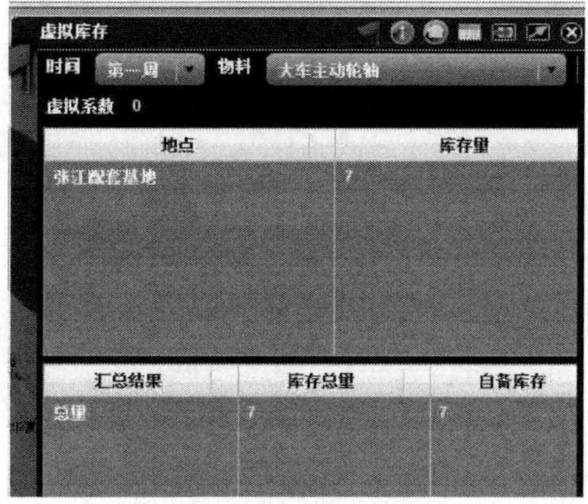

图 13-9　一层虚拟库存

二层虚拟库存，如图 13-10 所示，虚拟系数上升到了 0.75，库存包括自身库存和供应商库存，其中供应商库存为其虚拟库存，占总库存的 75%，地图上显示出了库存位置。

图 13-10　二层虚拟库存

三层虚拟库存，如图 13-11 所示，库存包括了自有库存、供应商库存和供应商生产能力，后两项共同构成了虚拟库存，占总库存的 85.4%。

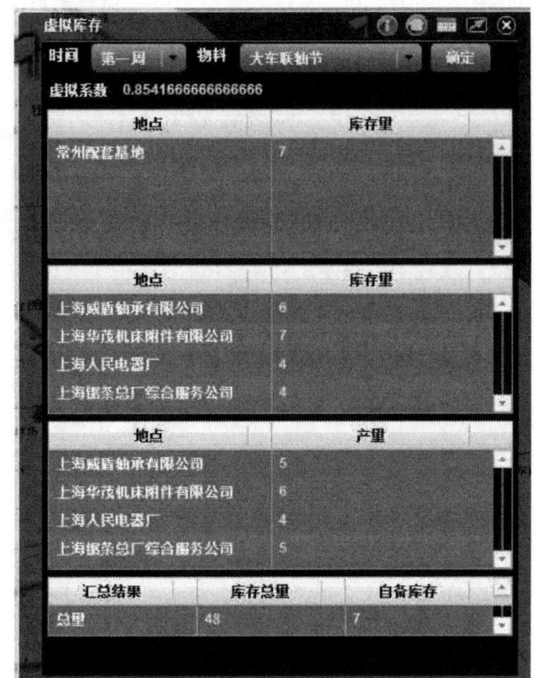

图 13-11　三层虚拟库存

13.2.2　物流配送空间可视化

用户可通过查看配送的任务和资源情况（自有配送资源、供应商配送资源、供应商配送计划等），来制订协同配送计划，优化配送路径，监控配送过程。

制造企业内部的协同配送：从多个自有仓库向多个生产基地的配送，一个车子可以配送多种物料，沿途既有取也有送，对多个客户的产品进行合并运输。

外部供应商的协同配送：多供应商之间协同给制造企业配送，一个供应商给多个客户送货。

内部与外部的协调配送：从供应商仓库和制造企业的仓库向多个生产基地配送。

在装备制造业中，企业为提高企业物流效率、降低物流成本，采用虚拟库存的方式将零部件和半成品放在供应商或合作伙伴处，在需要的时候将零部件从虚拟仓库运输到需求点。由于装备制造业需要的零部件数量众多、分布在不同的位置，为了保证及时生产需要，要求将零部件在规定时间内运达需求地，这实际上是同时考虑取货和送货要求的 VRPTW。如图 13-12 所示，地图上用三种不同线表示了三辆车的运输路径，并用标号显示配送顺序。

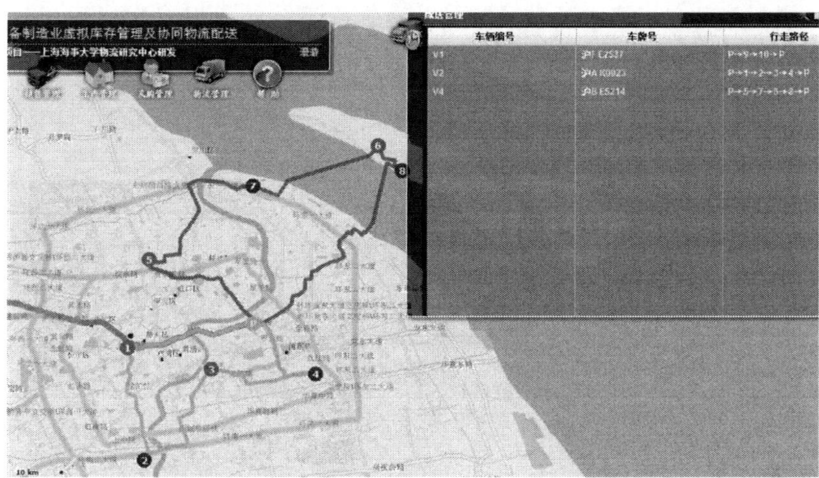

图 13-12　带时间窗的车辆路径优化

13.2.3　原料动态补货空间可视化

结合“虚拟库存的原材料动态补货批量模型”，原型系统可展示直观的原料动态补货过程和结果，如图 13-13 所示。

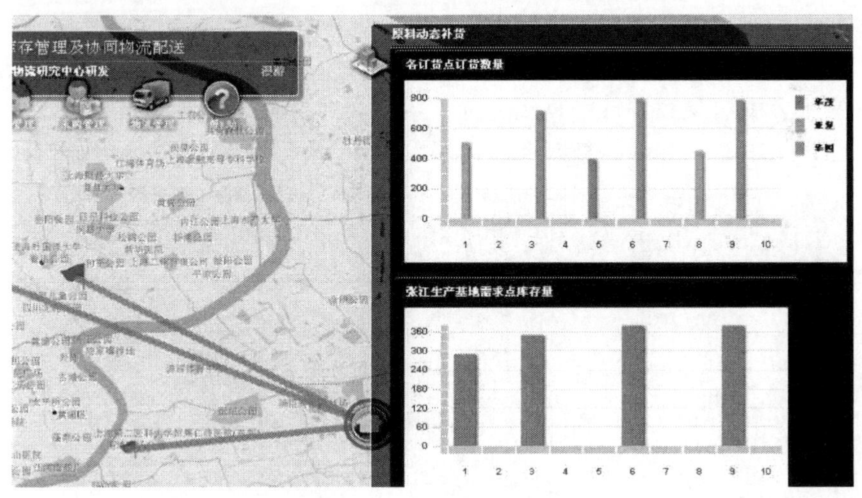

图 13-13　原料动态补货

13.2.4　供应商空间聚类

根据供应商的企业名称、技术能力、重视程度以及客户位置，原型系统对客户进行了分类，有利于企业对进货选择。地图上用不同颜色和不同大小的点显示了分类结果，并且在表格中显示了分类的具体信息，如图 13-14 所示。

图 13-14　供应商聚类结果

13.2.5　配送网络空间优化

研究带有半成品加工节点的制造企业物流配送网络设计问题，即对其物流配送网络的分配中心、半成品加工基地(合并点)、生产基地等节点进行选择，并制订这些节点的年运作计划与运输计划。

用户在海、陆运到中转站的运价，中转站到生产基地的运价以及各个仓库的容量这三张表中对参数进行修改或配置，系统会在地图上显示如何运输，并显示运量，在表格中显示详细信息以及总运费，如图 13-15 所示。

图 13-15　配送网络优化结果

13.3　装备制造业虚拟库存管理及协同物流配送原型系统框架设计

13.3.1　原型系统分布式框架设计

虽然装备制造企业旗下部门众多，且各部门都已建有自己的业务系统，并在实际工作中发挥了重要作用，但是随着业务需求的不断增加及人们对于空间信息资源和业务应用的集成整合需求越来越强烈，部分部门的 GIS 在数据内容、数据量、数据现势性等方面已无法满足目前业务工作的需要。所以迫切需要建立一个空间信息共享平台，利用平台的空间基础信息数据与技术，建立与各自业务特点相结合的应用系统，为业务应用提供可视化的、便捷的空间查询、空间分析等服务。

大多数普通用户对空间基础信息的应用主要是浏览地图和业务信息查询等，更多地表现为“看”，基于空间处理的工作并不多。部门用户需要在空间基础信息数据基础之上生成自己的业务专题数据，进行一些空间分析工作，生成专题统计图表等。而对于决策部门，不仅需要掌握所有部门用户的业务专题数据，还需要许多决策辅助模型的支持。本章原型系统为了有效地利用计算机系统资源，除了提供浏览查询功能外，还考虑将以往传统只能在桌面 GIS 软件中提供的空间处理功能共享给部门用户和集团用户使用，使这些用户可以通过平台对空间数据进行浏览查询、管理维护、发布和分析决策等，从而节省空间地理信息应用建设成本，增强平台的可用性和信息的共享能力，提高信息化水平。

原型系统的空间信息服务必须满足当前信息技术的流行趋势，以便能够将空间信息方便地嵌入到其他企业级应用，如 ERP、CRM 中。

本章原型系统采用云分布式架构，将应用程序的不同功能单元通过在这些服务之间定义良好的接口和契约联系起来。接口是采用中立的方式进行定义的，它独立于实现服务的硬件平台、操作系统和编程语言。这使得构建在各种这样的系统中的服务可以用统一和通用的方式进行交互，如图 13-16 所示。

原型系统以 SOA 为核心，凭借其松耦合的特性，使得企业集团可以按照模块化的方式来添加新服务或更新现有服务，以解决新的业务需要；原型系统可以从不同的渠道获取服务，并可以把企业现有的或已有的应用作为服务，最大化地复用以往的信息化软件。

原型系统采用的数据格式、服务调用接口都采用行业应用标准，以保证原型系统具有较好的可扩展性。原型系统的总体框架如图 13-17 所示。

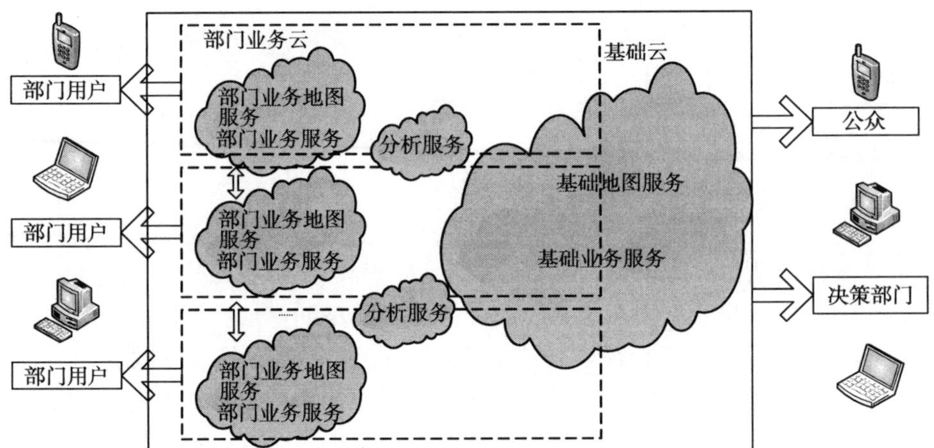

图 13-16　虚拟库存管理及协同物流配送原型系统分布式体系结构

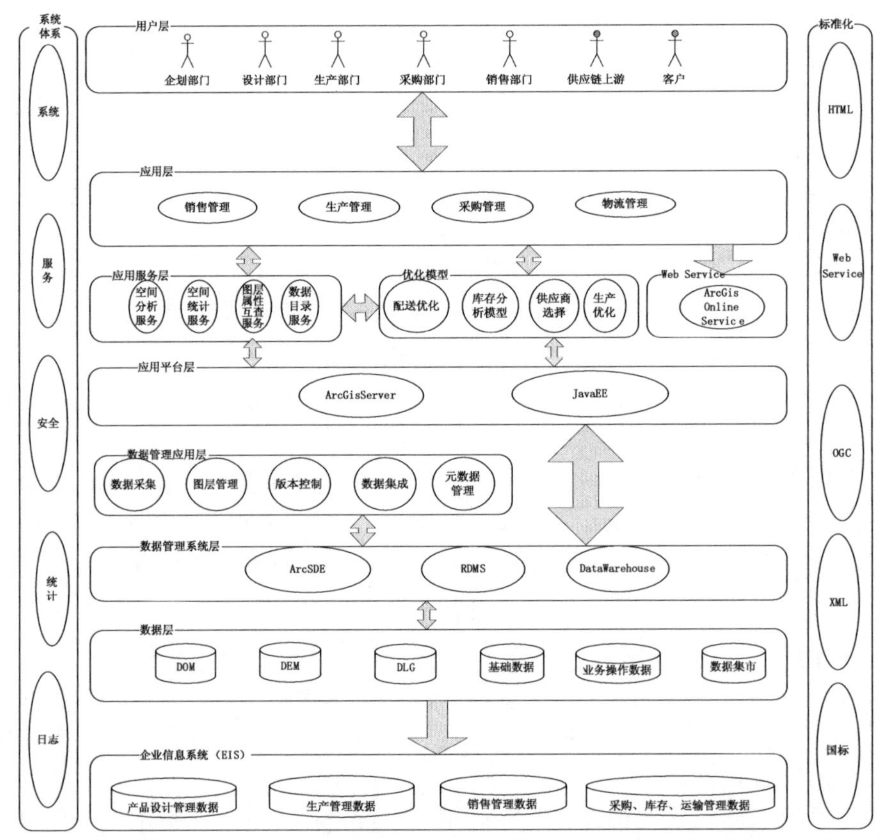

图 13-17　虚拟库存管理及协同物流配送原型系统总体框架

13.3.2　原型系统开发框架设计

原型系统采用 WebGIS 技术，WebGIS 是一种在 Internet 或者 Intranet 环境下基于超文本传输协议(hypertext transfer protocol，HTTP)，用来存储、管理、分析、发布和共享地理信息的 B/S 模式分布式计算机应用系统，是一种大众化的地理查询服务和分析系统，如图 13-18 所示。

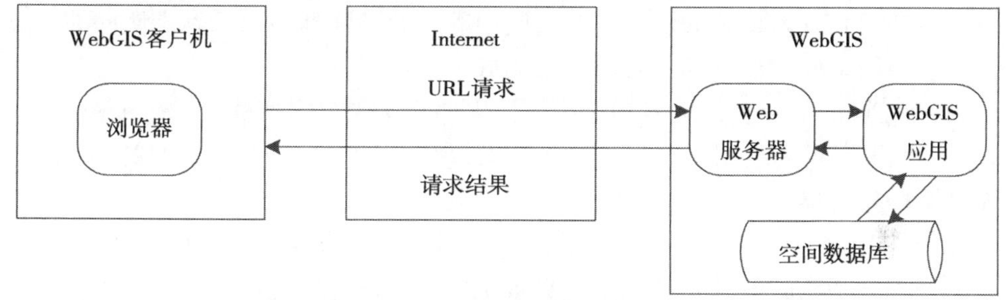

图 13-18　WebGIS 系统交互过程

WebGIS 的基本思想就是在互联网上提供地理信息服务，让用户通过浏览器从 WebGIS 服务上获得地理数据和地理处理服务。WebGIS 使全球范围内的用户拥有使用分布式地理信息的能力，用户可以从互联网上的任意节点，通过 Web 浏览器访问或共享由一个或多个 WebGIS 服务器上发布的数据和功能，而不必购买专业的 GIS 软件。

同传统的 GIS 相比，WebGIS 提供的主要功能可以概括为以下几个方面：

(1)数据查询服务：用户可以通过浏览器在与地图的交互过程中向服务器提交预定义的查询或创建新查询来获取特定的信息，服务器将查询结果以地图或其他形式返回给客户端。

(2)地图服务：用户可以通过浏览器实现地图的漫游和缩放，以及控制地图分层显示等。

(3)地理编码服务：用户可以在浏览器客户端提交文字形式的地址信息，WebGIS 服务器获取与地址匹配的位置信息后以地图或坐标的形式返回一个匹配的位置或一组候选匹配的位置列表。

(4)要素服务：用户可以通过浏览器向 WebGIS 服务器请求特定的地理数据，服务器以要素集的形成返回指定格式[通常是可扩展标记语言(extensible markup language，XML)格式]的地理数据。

(5)个性化地图服务：个性化地图服务主要体现在用户可以自己在客户端地图上进行标注，并将标注后的地图进行共享、保存或发送。

(6)导航或位置服务：用户可以通过 WebGIS 客户端规划自己的行车线路，并通过 GPS 等定位设备获取基于位置的服务。由于 WebGIS 客户端配置简单，还可以为相关行业提供基于 WebGIS 的车辆调度和动态监控服务。

(7)远程数据维护功能：许多 WebGIS 门户网站可以让用户在客户端帮助维护地图数据。

原型系统采用容器式开发框架，框架的构建有助于开发和部署针对 GeoWeb 的应用程序，使得服务器端的空间服务能力得到充分的发挥。服务器端的服务通过 ArcGIS 服务器提供。

一个容器式开发框架的实例从开始应用程序的设计到用户看到带微件的界面经历了一个简单的生命周期。其间主要的五个事件如下：

(1)用 Flash 播放器从加载和运行容器文件开始一个容器框架的应用程序。

(2)这个容器再从网络服务器加载 XML 格式的配置文件和皮肤文件，并应用于整个应用程序。

(3)在配置文件的基础上，容器从 ArcGIS 服务器下载相关的地图信息，然后从配置文件中加载，并在控制条上显示菜单和来自配置文件的标记信息。

(4)系统容器的微件管理器从 XML 配置文件指定的 URLs(uniform resource locator，统一资源定位符)下载并加载相关的微件文件(一般是 swf 文件)。

(5)用户利用微件来实现各种业务逻辑。

容器式框架使设计人员能够摆脱地图管理、地图导航、应用配置、组件间的通信、数据管理等繁重复杂的编程工作，专注于核心业务功能开发，而且只需要在应用程序的配置文件中增加配置项，就可以将功能以微件的形式快速部署到已有的应用中。

容器式框架由一系列高内聚、低耦合组件组成，如图 13-19 所示，容器会把关注的任务交给相应的组件去完成。这种设计方法不但简化了代码维护和定制工作，而且缩小了模块编写过程中产生的阻力。

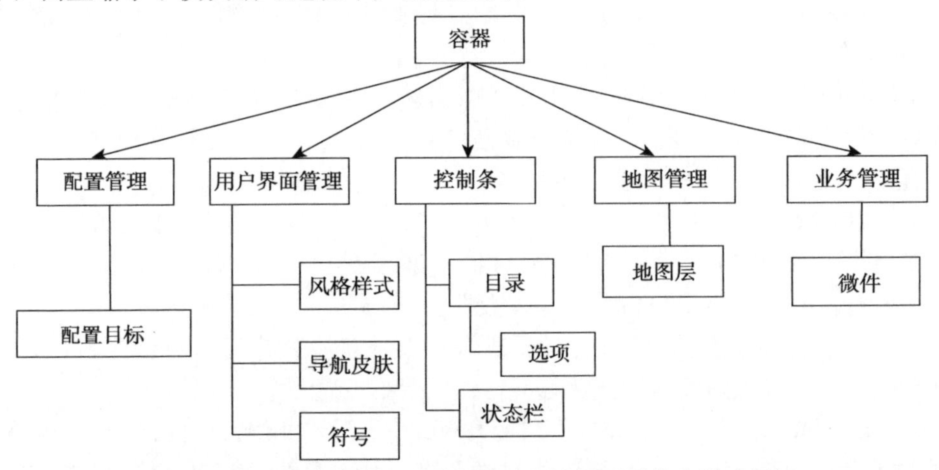

图 13-19 虚拟库存管理及协同物流配送原型系统容器式框架

13.4　装备制造业虚拟库存管理及协同物流配送原型系统集成

13.4.1　原型系统平台集成

抽象归纳平台建设的内容，可将其划分为三层的建设结构，即服务层、数据层、运行支持层，如图 13-20 所示。

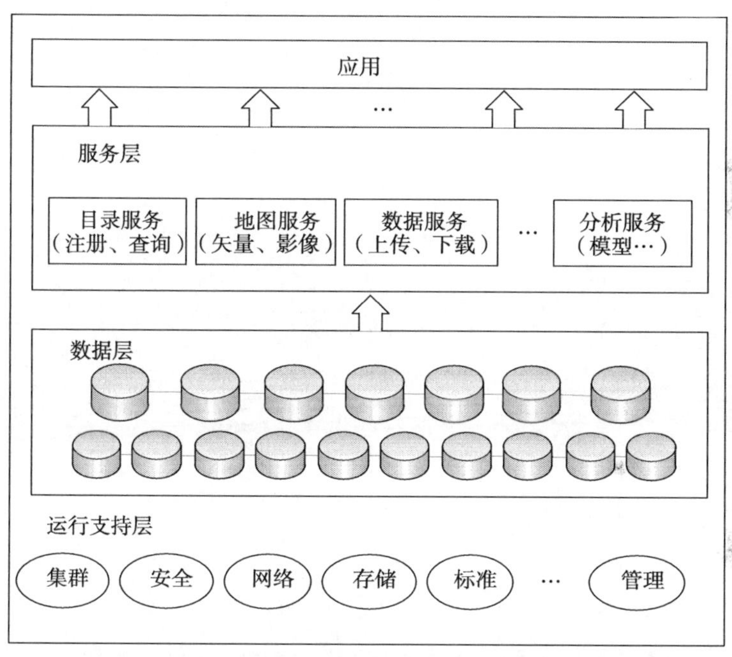

图 13-20　虚拟库存管理及协同物流配送原型系统建设内容

(1)服务层。服务层根据集团用户的共性和个性需求设计并实现的一系列标准服务。部门用户可以通过接口实现平台地理信息与其自身业务信息的分布式集成，并快速构建业务应用系统。公众用户可以访问门户网站获得各类在线信息服务。

(2)数据层。数据层的主体内容是地理框架数据。它是面向地理信息网络化服务需求，依据统一规范而构建的一体化地理信息资源体系。就地理数据而言，要同时表达地理信息的空间特征、属性特征及时间特征，种类繁多且数据量大。因此，公共地理框架数据采用分布式存储与管理模式，所有数据资源在逻辑上规范一致，物理分布上彼此互联互通，并以“共建共享”方式实现协同服务。

(3)运行支持层。运行支持层主要包括网络、服务器集群、服务器、存储备份、安全保密系统、计算机机房改造等硬环境和技术规范标准与管理办法等软环境。

13.4.2 原型系统组件集成

原型系统由三部分功能组件构成，分别是空间数据查询分析、业务数据查询分析、优化模型运算。这三部分既相互独立又可以相互组合完成复杂功能，这三部分系统组件之间的协作步骤较多，协作示例如图 13-21 所示。

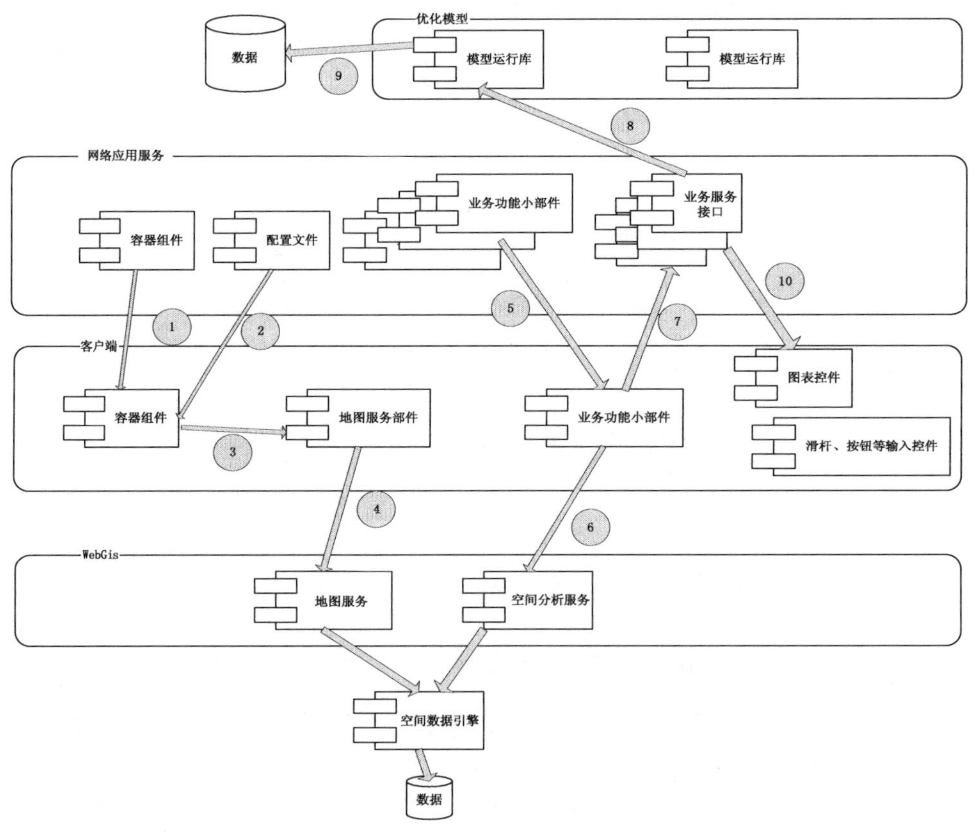

图 13-21 系统组件协作

具体步骤如下：

(1)用户启动浏览器，浏览器启动 Flash 插件，装载容器组件 swf。

(2)容器组件装载配置文件。

(3)容器组件加载地图服务部件。

(4)地图服务部件调用地图服务。

(5)用户选择业务功能，容器组件加载相应业务功能小部件。

(6)用户输入业务功能参数，调用空间分析服务获取空间数据参数。

(7)业务功能小部件调用应用服务器上业务服务接口。

(8)业务服务功能模块调用优化模型运行库。

(9)优化模型运行库获取模型输入参数，访问业务数据，运行优化算法，返回运算结果。

(10)业务服务功能采用图表控件结合地图定位呈现运算结果。

值得注意的是：在原型系统中各功能组件通过 HTTP 协议，以 Restful Web Service 或者 Soap Web Service 访问接口进行交互，系统各组件之间是松耦合的协作关系。

13.4.3　原型系统模块集成

虚拟库存管理及协同物流配送原型系统主要包含以下几个模块：

(1)电子地图模块。作为空间物流管理系统的重要部分，电子地图将各种数据信息存储为一系列不同层次的数据，按照地理特征联系起来以模拟现实世界。在电子地图中，空间数据是以记录坐标的形式通过点、线、面等数据模型表示的，并且用一定的分类标准将空间数据按层进行叠加显示；属性数据则与空间数据一一对应，记录了空间数据的特征性信息。电子地图将空间数据和属性数据统一起来，并在此基础上进行地图显示、任意缩放和漫游，进行多源数据的查询、计算、统计、分析等应用，并能用先进的计算机图形技术和计算机动画技术反映地图信息。

(2)路径节点生成模块。路径节点的生成主要用于物流业务的分解与联合，实现物流业务的系统化和高效率。由于计算最优路径的需要，电子地图必须含有不可见的路径层，而且需要事先生成有一定拓扑结构的节点，这就使得系统不能轻易改变关联。由于业务范围的差异，不同的物流管理系统有特定的要求。以企业内部物流管理与外部物流管理为例，内部的物流管理系统相对简单，在生产车间、仓库内，道路以直线相交为主，因此计算各工位、货柜之间的距离时采用内插法实现。由于工位与货柜的变动较大，在设计时，企业内部的电子地图的属性数据应尽量简单，通过外部的索引数据库来实现空间数据库与完整的属性数据库的关联，以便实现系统变换、升级。而对于外部大范围的电子地图，可以采用地理编码(geocode)的方法加以变换。

(3)车辆路线模块。车辆路线模块用于解决如何降低在一个起点多个终点或者是多个起点多个终点的货物运输问题的作业成本，以保证服务质量的最终目标，包括决定使用多少车辆、每个车辆经过什么路线的问题。物流分析中，在一对多收发货点之间存在着多种可供选择的运输路线的情况下，应该以物资运输的安全性、及时性和低费用为目标，综合考虑，权衡利弊，选择合理的运输方式并确定费用最低的运输路线。

(4)设施定位模型。设施定位模型用来确定仓储中心、配送中心、销售中心等物流设施的最佳位置的，其目的同样是提高服务质量，降低物流运营费用，从而使利润最大化。设施定位模型可以用于确定一个或多个设施的位置，此外，设施定位模型也可以加入经济或者其他限定条件。例如，物流中心选址首先要考虑所选地区的地价、交通状况、原有物流流量等。运用模型的目的也可以是使各服务设施之间的距离最大或使其服务的人数总和最大。同时，也可以是在考虑其他已经存在的设施影响的情况下确定设施的最佳位置等。

(5)网络分析模型。GIS 包括许多解决网络物流问题的功能，这些功能可以用于解决诸如在特定的物流网点和某一路线的物流流量确定前提下寻求最有效的分配货物路径或提供服务路径的问题，即物流分析中的具有战略意义的网点布局问题。实际上，物流的需求与各网点及路径条件很可能是动态的，分析中得到的最佳解决方案不一定是最可行的方案，还需要依据其他条件加以解决。同时，GIS 也提供了解决网络物流问题中数据整理的相关功能。

13.5 本章小结

本章介绍了装备制造业虚拟库存管理及协同物流配送原型系统开发的关键步骤：①信息传输、组织与分析，包括空间数据、属性数据和监控数据；②优化模型空间可视化，包括虚拟库存空间可视化、物流配送空间可视化、原料动态补货空间可视化、供应商空间聚类、配送网络空间优化；③原型系统分布式框架、开发框架设计；④原型系统在平台、组件和模块三个层面的集成。

第 14 章

装备制造业虚拟库存管理及协同物流配送原型系统研发成果

GIS、GPS、GPRS、RFID、TETRA 技术的应用为现代物流服务提供了必要的技术支持。通过在企业中的应用和测试，装备制造业虚拟库存管理及协同物流配送原型系统为原材料供应、采购管理、生产制造、销售管理、物流管理提供了基于实际地理信息的准确、全面、直观的图表化管理视图，并根据决策理念和模型将决策和优化的结果以直观的形式呈现出来，更好地辅助决策，对提高企业的管理效率起到了明显的作用。主要表现在以下几点：

(1)在广泛调研与理论论证的基础上，笔者针对上海振华重工(集团)股份有限公司进行现实模拟，开发了装备制造业虚拟库存管理及协同物流配送原型系统。此系统与企业需求紧密联系，同时，为我国大型装备制造业的生产服务提供了理论基础，对我国装备制造业占据世界领先水平、推进我国大型装备制造行业的发展具有重要的理论价值和实际意义。

(2)原型系统广泛适用于订单型生产的大型装备行业，同时也适用于项目型生产企业。基于实时信息的优化方法和建立在 GIS、GPS、GPRS、RFID、TETRA 技术上的物流过程监控技术也适用于各种类型的生产企业和面向快速消费品的城市物流配送领域，能够有效地降低物流成本。主要用户为港口机械制造厂、造船厂、海洋工程制造厂以及其他装备制造企业。主要功能为客户管理、销售报表统计、产品售后服务、生产计划、物料清单、供应商评价和选择、虚拟库存管理、车辆协调配送可视化、客户聚类、原料动态补货等，能较好地支持装备制造业虚拟库存管理以及协同物流配送优化。

(3)原型系统建立在 GIS、GPS、GPRS、RFID、TETRA 技术之上，在信息的采集、传输、存储、处理、分析等方面都非常先进。并且，采用 Flex 技术开发，在系统安全性、交互性、稳定性、容错性和负载平衡性方面表现良好，可以支持 50 个用户并发访问，具有良好的并发性。

(4)原型系统指导思想正确，功能定位合理，符合对装备制造企业物流管理支持的要求，能够弥补目前企业信息系统功能缺失的缺陷，具有优秀的图形处理能力，可提供用户交互友好、图文并茂的用户界面，交互性好。

原型系统的主要流程为接收订单、制订生产计划、制订物料需求计划、制订采购计划、采购、采购运输、库存管理、物料配送、生产监控、产品交付、客户管理、供应商管理等，如图 14-1 所示。

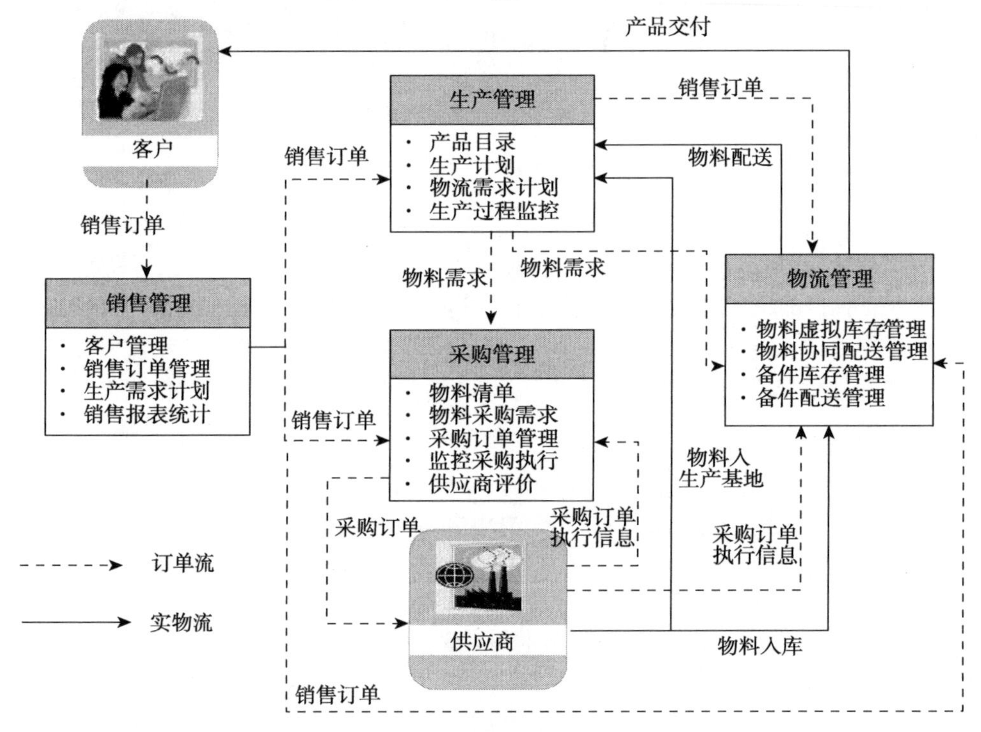

图 14-1 系统流程

装备制造企业是订单拉动型企业，仓储和配送等物流活动贯穿装备制造业供应链的全过程。虚拟库存和协同配送要求制造企业不能局限于企业内部的优化，必须和供应链上的其他企业进行信息共享和协同运作，以达到更大程度和更广范围的优化。

原型系统着眼于管理层次，因此系统功能集中在管理层面每个阶段的计划制订、执行监控、事后评估。在计划制订阶段，系统对已有管理数据进行汇总分析，利用模型进行各种管理策略的选择；在执行监控阶段，对已有计划执行情况进行监控，如果发生新的情况或者异常情况，利用系统提供的实时数据和优化模型对计划进行实时调整；在事后评估阶段，更新数据，对结果进行评估，进而改进后续管理策略。

计划制订、执行监控、事后评估中每个阶段都涉及时间、空间等决策参考数据以及各种优化管理模型，因此该系统要能提供相关物流活动的时空数据，包括全面的历史数据和实时更新的动态数据，以供管理者在进行决策时查看和调用，如客户分布和客户状态、仓库和生产基地分布、原材料实时库存状态、供应商空间分布和分时段库存、配送状态监控和配送路径、产品状态等。同时，系统需要体现虚拟库存和协同配送的思想，这需要包含很多虚拟库存和协同配送的优化模型，或者提供优化算法调用的接口，以及在系统中直观地展示虚拟库存和协同配送这种管理理念和方法带来的结果，进而为决策者提供有益的启发。

根据装备制造业供应链流程的主要环节，原型系统将以装备制造业为核心的供应链管理分为销售管理、采购管理、生产管理、物流管理四大主要功能。其中，物流管理贯穿在其他三大功能之中，如销售产品的交付、采购物料的运输、供应商库存的管理、生产物料的配送等。

根据业务分析的功能视图，原型系统的功能模块可分为如图 14-2 所示模块。

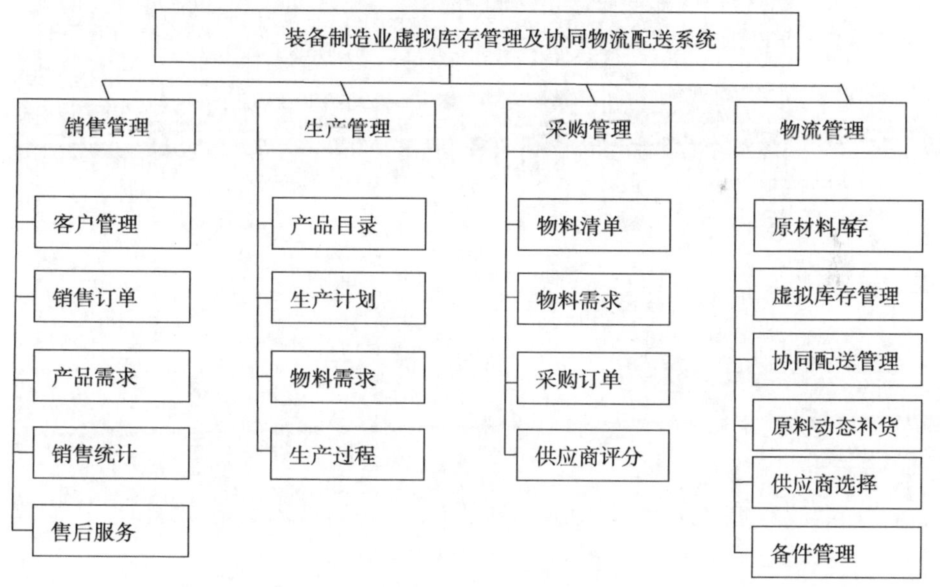

图 14-2　虚拟库存管理及协同物流配送原型系统功能模块

14.1　销售管理模块

销售经理需要查看客户数据、销售订单信息(包括刚接收的客户订单、确认成立的订单、正在执行的订单、已经完成的历史订单)、各种销售报表等决策数据；根据客户信息(如客户的重要性)、订单信息(如订单数量、希望交付时间等)、目前生产状态等信息制订生产需求计划，即确定某一客户的某种产品什么时候交付；对订单进行管理，监控每一份订单的执行情况，直至产品交付，以及售后服务、备件更换等；事后评估，查看各类销售报表，根据更新的客户数据来制定不同的客户关系战略和销售战略。

14.1.1 客户管理

客户管理主要是指对客户的档案进行管理，包括的信息有客户名称、产品编号、产品名称、销售时间、产品数量、客户类型，如图 14-3 所示。

图 14-3 客户详细信息

14.1.2 销售订单管理

销售订单管理列表显示所有的销售订单，包括订单号、客户名称、产品名称、订货时间、单价、数量、合同日期、交货日期、订单状态(包括接受、处理、成立、完成)，并支持对部分字段进行筛选，如图 14-4 所示。

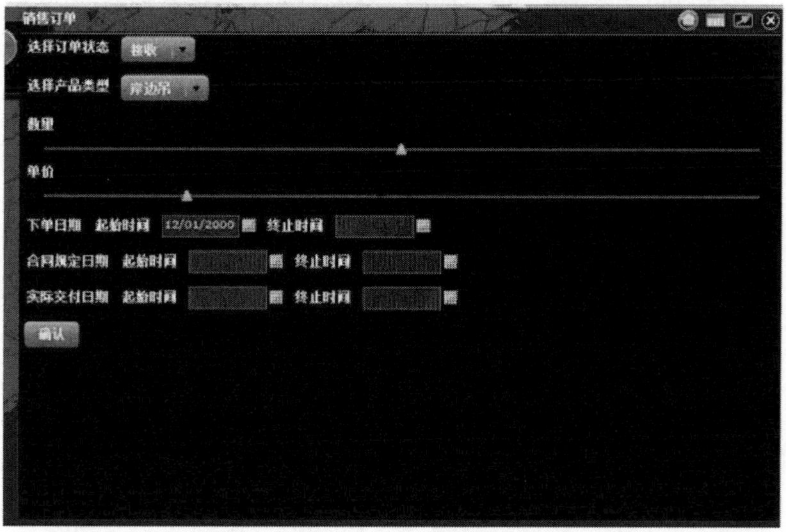
销售订单
选择订单状态
接收
选择产品类型
岸边吊
数量
单价
下单日期　起始时间　12/01/2000　终止时间
合同规定日期　起始时间　终止时间
实际交付日期　起始时间　终止时间
确认

图 14-4　订单筛选

14.1.3　生产需求计划

根据订单产生的生产需求计划，用户可对每个生产基地进行任务布置，包括计划编号、产品编号、计划产量、交货时间等，即什么时候需要生产出多少数量的某种产品(图 14-5)。

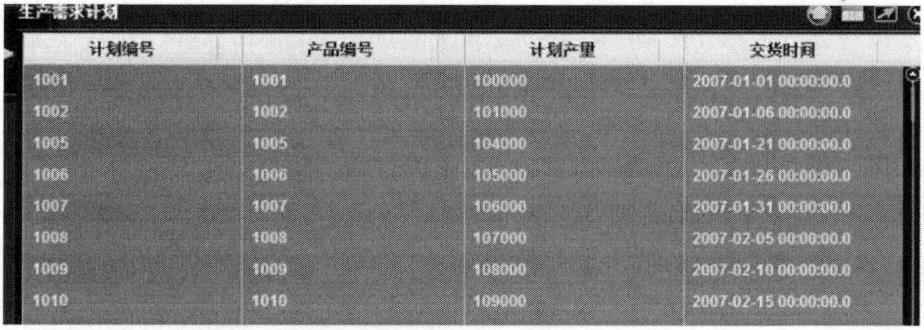
生产需求计划
计划编号　产品编号　计划产量　交货时间
1001　1001　100000　2007-01-01 00:00:00.0
1002　1002　101000　2007-01-06 00:00:00.0
1005　1005　104000　2007-01-21 00:00:00.0
1006　1006　105000　2007-01-26 00:00:00.0
1007　1007　106000　2007-01-31 00:00:00.0
1008　1008　107000　2007-02-05 00:00:00.0
1009　1009　108000　2007-02-10 00:00:00.0
1010　1010　109000　2007-02-15 00:00:00.0

图 14-5　生产计划

14.1.4　销售报表统计

该系统用柱状图和曲线图形式来对销售进行统计，产生相应的报表。统计角度包括订单状态、产品类别，统计内容包括订单数量、产品数量、订单金额。统计角度和内容都由用户选择，可以对统计角度和统计内容进行组合统计显示(图 14-6)。

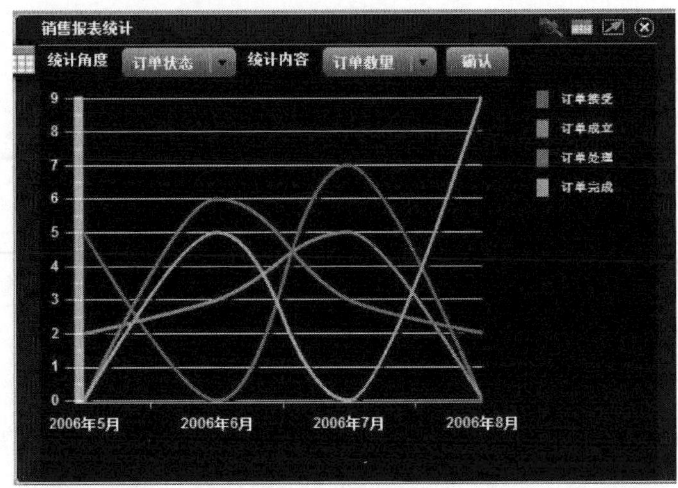

图 14-6　销售曲线报表

14.1.5　售后服务

对于大型装备，售后服务逐渐成为企业新的利润增长点。原型系统用红色、黄色和绿色的小圆点在地图上标明该客户所采购的产品情况，红色表示有部件需要维修，黄色表示有部件需要保养，绿色表示一切正常，信息包含了产品名称、销售时间、部件名称、部件保质期、数量、保养时间、更换时间。

原型系统可以按照时间过滤筛选(用拉杆来筛选未来 1 年后需要维修的客户、未来 2 年后需要维修的客户，3 年后需要维修的客户……)，可以按照区域属性筛选统计、部件名称筛选统计、客户名称筛选统计，也可以按照这些属性进行交叉筛选统计(图 14-7)。例如，筛选某个地区某种部件未来 1 年后需要维修的客户及其在这个地区的分布情况，从而为后续的备件管理做好准备。

图 14-7　售后服务预测

14.2　生产管理模块

生产经理需要查看产品目录(包括每种产品的物料清单表)、生产需求计划等数据，制订生产计划和物料需求计划；监控每个生产基地的生产进程，并适时进行调整(如加派或者抽调人手、物料调拨等)，监控物料领取消耗状况，监控物料配送到货情况；事后对每个生产基地的生产情况进行评估，对生产计划完成情况进行统计分析。

14.2.1　产品目录管理

原型系统产品目录列表显示了各类产品，并显示了该产品的物料清单表树状结构(图 14-8)。

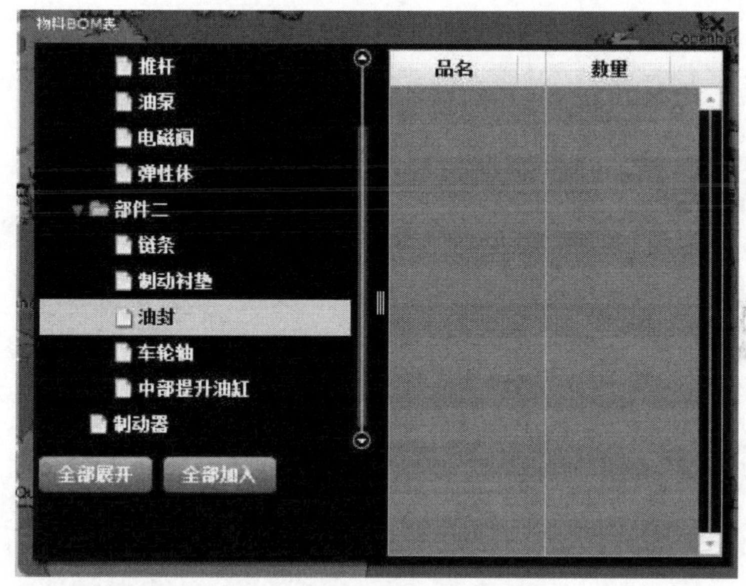

图 14-8　产品目录管理

14.2.2　生产计划

原型系统按照各个生产基地显示各自的生产计划，信息包括计划编号、计划产量、产品类型、产品编号、规定时间(图 14-9)。

生产计划

生产基地
江阴生产基地
常州生产基地
南通生产基地
张江生产基地
长兴生产基地

计划编号	计划产量	产品类型	产品编号	规定时间
1102	201000	201000	1102	2008-05-20 00:
1103	202000	202000	1103	2008-05-25 00:
1104	203000	203000	1104	2008-05-30 00:
1105	204000	204000	1105	2008-06-04 00:
1106	205000	205000	1106	2008-06-09 00:
1109	208000	208000	1109	2008-06-24 00:
1110	209000	209000	1110	2008-06-29 00:
1111	210000	210000	1111	2008-07-04 00:
1113	212000	212000	1113	2008-07-14 00:
1114	213000	213000	1114	2008-07-19 00:
1116	215000	215000	1116	2008-07-29 00:

图 14-9　生产计划信息

14.2.3　物料需求计划

物料需求计划显示了所有的物料需求，包括需求地、计划编号、物料名称、重要性、质量要求、数量、计划时间(图 14-10)。可以按照各个生产基地来显示各自的物料需求，根据物料种类来进行周统计和月统计。

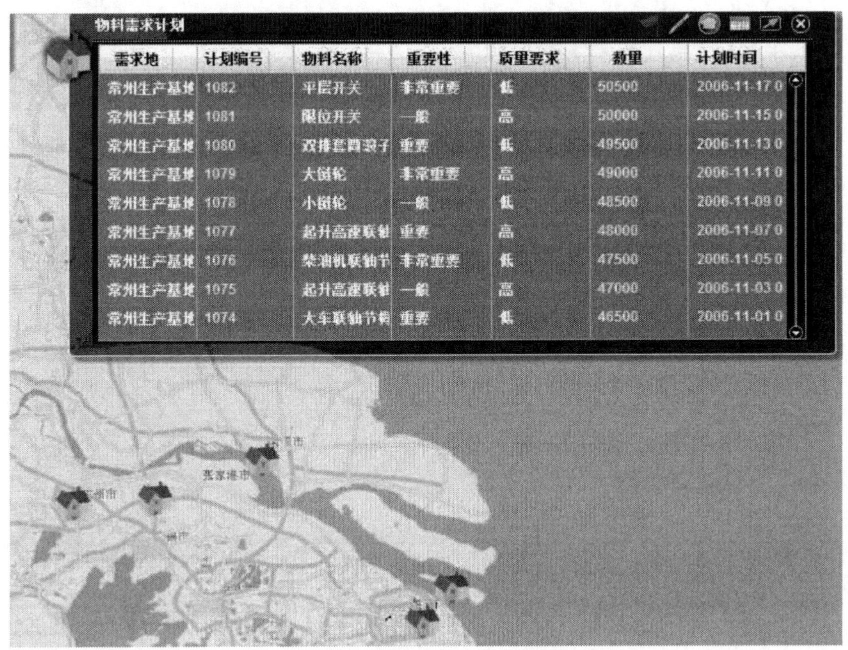

物料需求计划

需求地	计划编号	物料名称	重要性	质量要求	数量	计划时间
常州生产基地	1082	平层开关	非常重要	低	50500	2006-11-17 0
常州生产基地	1081	限位开关	一般	高	50000	2006-11-15 0
常州生产基地	1080	双排套筒滚子	重要	低	49500	2006-11-13 0
常州生产基地	1079	大链轮	非常重要	高	49000	2006-11-11 0
常州生产基地	1078	小链轮	一般	低	48500	2006-11-09 0
常州生产基地	1077	起升高速联轴	重要	高	48000	2006-11-07 0
常州生产基地	1076	柴油机联轴节	非常重要	低	47500	2006-11-05 0
常州生产基地	1075	起升高速联轴	一般	高	47000	2006-11-03 0
常州生产基地	1074	大车联轴节	重要	低	46500	2006-11-01 0

图 14-10　物料需求计划信息

14.2.4　生产过程监控

原型系统对生产过程按照产品编号来进行监控，包括产品编号、计划产量、实际产量、更新时间、生产进程状态(包括准时、超前、滞后)(图 14-11)。用户可以实时查看各个生产基地的生产进程。

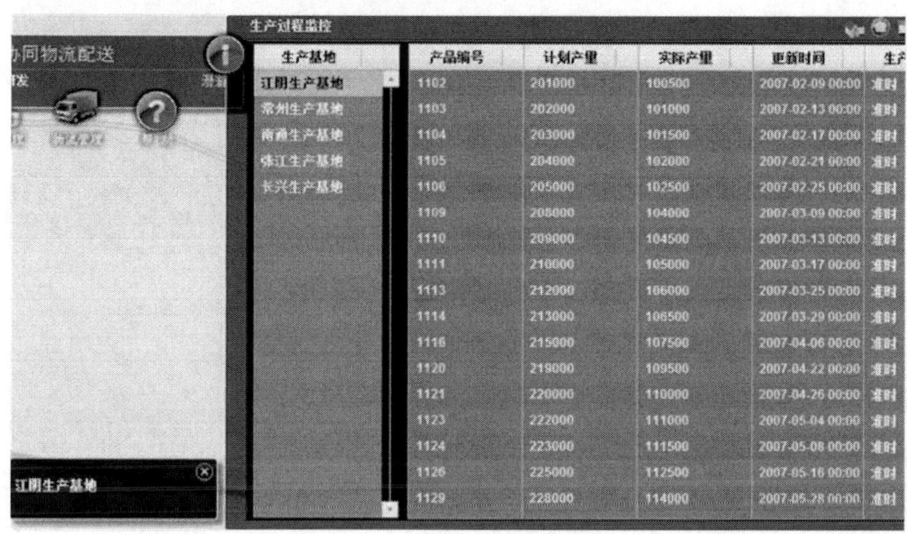

图 14-11　生产过程分基地信息

14.3　采购管理模块

采购经理需要查看物料清单(包括各种物料的默认供应商、备选供应商、价格、参考提前期、供应能力等信息)、供应商信息、库存状况、物料消耗状况等决策数据，制订采购计划，对每份采购订单的执行进行监控，应对采购计划执行中的各种问题，监督供应商到货情况，事后对采购计划完成情况进行统计分析，对供应商进行评价和聚类。

14.3.1　物料清单

根据企业生产所需的全部物料清单，系统可显示这些物料的供应商的地理位置，并显示物料的默认供应商、价格、参考提前期、供应能力等详细信息(图 14-12)。

图 14-12　生产所需物料清单

14.3.2　物料采购需求

根据物料采购申请单，用户可以查看各个生产基地的物料需求情况，信息包括重要性、质量要求、需求量、需求日期等(图 14-13)。

图 14-13　物料采购需求

14.3.3　采购订单管理

企业根据市场的计划、企业的用料计划、实际能力以及相关的因素，可制订切实可行的采购订单计划，并下达至订单部门执行，在执行的过程中对订单进行跟踪，以使企业能从采购环境中购买到企业所需的商品，为生产部门和需求部门输送合格的原材料和配件。

采购订单信息包括供应商名称、订购物料类型、物料名称、订货时间、订购数量、订购单价(图 14-14)。

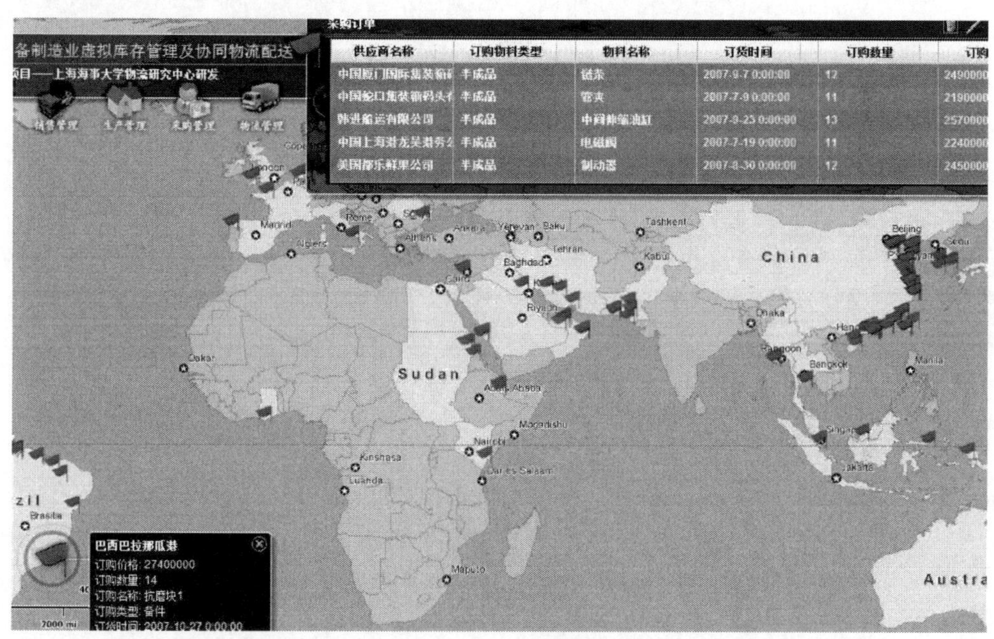

图 14-14　采购订单管理

14.3.4　供应商评价

供应商评价包括对默认供应商和备选供应商的评价，包含信息有供应商名称、企业信誉、技术能力、重视程度、成本优势、产品质量、生产能力等级，见图 14-15。

图 14-15　供应商评价

供应商聚类选择是指根据供应商的企业名称、企业名声、技术能力、重视程度对客户进行分类，以利于企业对进货进行选择，聚类结果如图 14-16 所示。图 14-16 中，每个圆点表示供应商位置，不同大小的圆点表示不同类别的供应商，不同类别的供应商之间在表格中用空行隔开。

图 14-16　供应商聚类选择

14.4　物流管理模块

14.4.1　库存管理

仓库经理需要查看原材料的库存情况，包括自有库存、供应商库存、外部库存、备件库存等，制定库存控制策略，监控库存持有状况，查看每种物料的虚拟库存系数[某物料虚拟库存系数＝可获得的外部库存/(可获得的外部库存＋自有库存)]，以进行适当调整。其中，自有库存包括联合基地库存、中转库库存、在途库存、生产基地仓库。外部库存包括供应商库存、供应商产能。虚拟库存按物料 ID、时间(按周数：第一周、第二周、第三周……)来统计和展示物料库存量，并计算出该物料虚拟库存系数，展现该物料在企业内部、供应商、外部库存等各处的分布情况，从而为后期调整该物料的虚拟库存量及其分布做参考，如图 14-17所示。

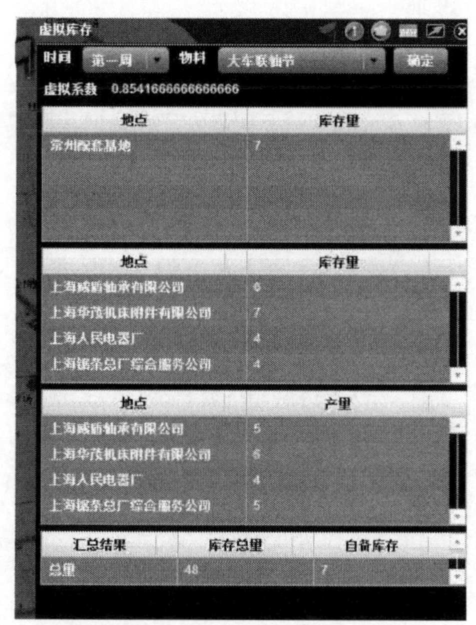

图 14-17　虚拟库存

结合虚拟库存的原材料动态补货批量模型，原型系统还可展示直观的原料动态补货过程和结果，如图 14-18 所示。

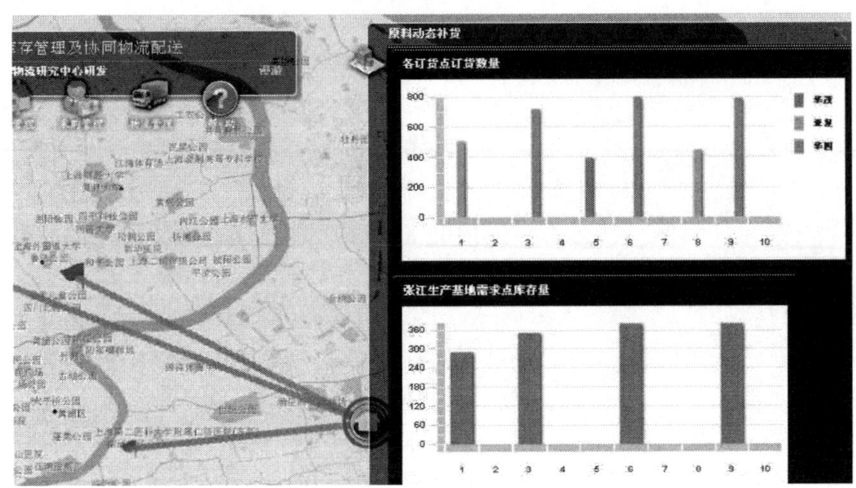

图 14-18 原料动态补货

14.4.2 配送管理

车辆配送优化是指查看配送的任务和资源情况（自有配送资源、供应商配送资源、供应商配送计划等），来制订协同配送计划，优化配送路径，监控配送过程，其参数配置如图 14-19 所示。

图 14-19 车辆路径参数配置

配送网络优化是指研究带有半成品加工节点的制造企业物流配送网络设计问题，即对其物流配送网络的分配中心、半成品加工基地(合并点)、生产基地等节点进行选择，并制订这些节点的年运作计划与运输计划。优化结果如图 14-20 所示。

图 14-20　配送网络优化结果

14.5　本章小结

本章介绍了装备制造业虚拟库存管理及协同物流配送原型系统的主要功能，根据装备制造业供应链流程的主要环节，对销售管理、采购管理、生产管理、物流管理四大模块逐一进行了描述。

第五篇

发展前景

第 15 章

虚拟库存管理与协同配送技术的发展前景

15.1 虚拟库存管理和协同配送技术研究成果

本书介绍了虚拟库存管理和协同配送技术在装备制造业中的理论研究和实践应用情况，说明了虚拟库存管理和协同配送技术在装备制造业的实施可以取得提高物流效率和促进产业发展的效果。

虚拟库存管理是近几年新兴的一个理论概念，本书介绍了虚拟库存管理的三种管理形式——不完全虚拟库存管理、完全虚拟库存管理、混合虚拟库存管理，并将虚拟库存管理应用到装备制造业的原材料、标准件和非标准件库存控制中；提出了基于实时信息的虚拟库存管理及协同物流配送作业模式，以降低库存水平，实现不拥有库存而能够控制库存，并借助于 GIS、GPS、GPRS、RFID、TETRA 等物流信息技术实现协同配送，最终实现装备制造业的 JIT 生产。本书总结了虚拟持有库存、建立虚拟仓库和虚拟供应链这三种主要的虚拟库存控制策略，来对库存进行管理。

在协同配送技术方面，本书介绍了带有半成品加工节点的制造企业物流配送网络设计问题，即对其物流配送网络的分配中心、半成品加工基地(合并点)、生产基地等节点进行选择，并制订这些节点的运作计划与运输计划。建立了装备制造业物流协同配送网络的模型体系，在规划层面主要研究物流协同配送网络的优化；在运作层面主要研究车辆配送作业的优化；在操作层，进行基于模拟的协同配送作业方案的检验与协调，通过对随机因素的模拟检验第二层次得到的配送方案的可行性与稳定性，并进行协调。

为了将虚拟库存管理与协同配送技术用于装备制造业，本书介绍了基于 GIS 的装备制造业虚拟库存管理及协同物流配送平台，以库存与配送管理相关信息集成与共享为基础，以装备制造业虚拟库存管理及协同物流配送优化模型为核心，将基于时间和空间的物流优化模型、空间分析技术、GIS、GPS 等用于辅助决策。该平台集成了相关物流信息技术，以 GIS 等可视化技术为前端显示，为装备制造业的决策者提供直观、全面、实时、动态的决策依据。

“十二五”时期是我国经济转型发展的关键时期，经济发展将进入“结构优化调整”和“产业升级创新”时期，内外需求结构将面临巨大变化，产业将向低成本、高附加值转型，制造业物流发展也将进入关键时期，制造业物流的提升无疑将推动制造业发展。

装备制造业虚拟库存管理及协同物流配送的研究成果，完善和发展了库存管理与配送技术的研究理论，在推进制造业物流转型升级方面将取得明显效果。虚拟库存管理及协同物流配送技术在装备制造业的实施促进了装备制造业物流的提升、与信息技术应用的融合、推进了制造业物流转型升级。主要表现在如下几个方面：

(1)建立了装备制造业虚拟库存管理系统。以装备制造业库存信息共享为基础，打破装备制造业供应链节点企业之间各自为政的禁锢，彼此合作，信息共享。通过将节点企业实体库存虚拟化，建立一种新型库存管理模式，在有效地降低装备制造业库存水平的同时提高客户服务水平。

(2)建立了装备制造协同配送网络。通过建立装备制造协同配送网络，支撑了装备制造业虚拟库存的实现，突破了传统实体仓库地理上分散的局面；实现了装备制造业供应链各个节点企业、各环节之间的协同；达到了资源的优化配置，降低了成本，缩短了订单响应时间，提高了客户服务水平。

(3)建立了智能化决策系统。提供基于实际地理信息的准确、全面、直观的图表化管理视图，并根据决策理念和模型，将决策和优化的预期结果以直观的形式呈现出来，更好地辅助决策，对提高企业的管理效率起到了明显的作用。

(4)建立了装备制造业虚拟库存管理及协同物流配送平台，将多种物流信息技术应用于装备制造业，提升了装备行业的信息化水平。同时，以信息技术为支撑，将库存与配送管理相关信息进行集成，直观展示决策和优化的预期结果，实现了对物流系统进行监控和辅助决策的功能要求。使管理者的决策更加具有科学依据，真正践行了以信息技术推进制造业物流转型升级的行动。

目前，装备制造业虚拟库存管理及协同物流配送原型系统的主要用户为港口机械制造厂、造船厂、海洋工程制造厂以及其他装备制造企业。主要功能为客户管理、销售报表统计、产品售后服务、生产计划、物料清单、供应商评价和选择、虚拟库存管理、车辆协调配送可视化、客户聚类、原料动态补货等，能较好地支持装备制造业虚拟库存管理以及协同物流配送优化。原型系统在安全性、交互性、稳定性、容错性和负载平衡性方面表现良好，可支持 50 个用户并发访问，具有良好的并发性。原型系统符合对装备制造企业物流管理支持的要求，能够弥补目前企业信息系统功能的缺失；采用的 Flex 开发技术具有图形处理能力，可提供用户交互友好、图文并茂的用户界面，交互性好。原型系统得到了企业管理人员与操作人员的好评，更好地辅助了决策，对提高企业的管理效率起到了明显的作用。企业用户和专家建议对原型系统进行系统接口，对功能进行进一步完善，并实施应用到真正的企业环境中，在装备制造业发挥决策支持作用。

15.2　虚拟库存管理和协同配送技术研究展望

虚拟库存管理与协同配送在装备制造业中的应用研究已初步展现了其潜在经济效益和社会效益。随着市场一体化、经济全球化、物流基本支撑条件的日臻完善、虚拟物流理论的不断成熟，虚拟库存管理与协同配送将成为未来物流运作的主要模式之一。虚拟库存管理和协同物流配送将成为现代物流理论和应用的重要研究内容。

(1)虚拟库存管理的研究难点之一是虚拟库存的组织方法和利益分配机制问题。虚拟库存的组织是以供应商、第三方物流企业或是客户为核心来管理？还是在同一行业内多个企业间或某个地理区域间进行库存共享？在多个客户、多个供应商、承运商之间如何进行信息共享、利益如何分配等，以使得虚拟库存管理模式能够得以进行？

(2)虚拟库存管理的研究难点之二是虚拟库存模型和分配策略的制定。实施虚拟库存管理之后，制造业库存管理和物流配送中原有的基于批量操作模式的策略将被建立在客户、供应商、订单等的实时状态数据上的动态适应性优化策略所取代。虚拟库存控制策略借助于先进的物流信息技术实现资源共享，使库存及配送研究不再受规模和实体的约束，其库存管理和配送技术要适应新的业务流程管理模式，库存控制策略、全域动态优化、全程跟踪与监控、实时通信与信息处理等都具有复杂性。对虚拟环境中的动态适应型库存控制模型和分配策略的准确性进行研究具有一定意义和难度。

(3)多种商品的协同配送优化具有研究难度。协同配送是物流配送发展的总体趋势，多数企业对此持赞成态度。但是共同配送的实施需要打破过去的许多常规，必然会有实施的难点。首先，各个企业经营的商品不同，不同的商品特点不同，对配送的要求也不一样，这就加大了共同配送的难度；其次，各企业在规模、商圈、客户、经营意识等方面也存在差距，往往很难协调一致，在虚拟环境中的动态实时条件下，配送优化具有更高的复杂度和难度。

(4)智能方法和技术将在虚拟库存管理及协同物流配送[1]领域广泛应用，智能代理、神经网络、遗传算法、模糊推理等人工智能方法将为解决大量的物流领域中不确定性模型、模糊性模型和高度非线性模型提供求解的理论支撑。虚拟库存和协同配送优化中应用这些智能方法和技术将成为研究热点。

15.3 虚拟库存管理和协同配送技术应用前景

经济全球化带来的竞争压力，以及客户需求多样化与服务要求的不断提高，要求制造企业在尽量短的时间内用尽量低的成本生产出质量尽可能高的产品。我国海洋运输业的快速发展对装备制造业的敏捷反应能力提出了更高的要求，装备制造企业必须提高库存配送的技术能级才能适应这种要求。

装备制造业虚拟库存管理及协同物流配送技术的研究，对物流库存管理和配送理论本身的完善与发展具有贡献，同时也影响到相关技术领域，如供应链协同规划及仿真优化技术、供应链过程监控技术等。虚拟库存管理和协同配送技术广泛适用于订单型生产的装备行业，同时也适用于项目型生产企业。基于 GIS 的虚拟库存和协同配送平台建立在在 GIS、GPS、GPRS、RFID、TETRA 等信息采集和传输技术和实时信息上，内嵌空间信息分析模块和物流优化模型，能较好地实现物流系统的功能要求，有效地降低物流成本，在制造领域具有广阔的应用前景。另外，随着现代物流的发展，现代物流园区、仓储运输企业、物流信息服务企业等，也成为虚拟库存管理和协同配送技术应用的潜在用户。

本书虽然以装备制造业为具体对象开展研究，但无论是虚拟库存控制策略还是协同配送模型，以及基于 GIS 的虚拟库存和协同配送平台，都对资金密集型的订单型制造业具有普遍意义。在现在装备制造业的虚拟库存管理和协同物流配送过程中，很多信息和决策与供应商、运载工具、货物的时空位置密切相关，需要 GIS 的强大时空信息管理、展现、智能分析能力，而物流领域本身和地理信息紧密关联，再结合 GPS 定位和通信技术，更突出了 GIS 的用途。此外，GIS 具有的全图形化界面，具有友好的用户交互性能，可以极大地提升用户体验。因此，本书所开发的平台所体现的作用在仓储管理、运输管理、路线优化、监控导航等方面不仅能快速计算出分析结果，更重要的是能够通过地图这种直观的方式将结果表现出来，使用户以此实现更为精确和高效的物流管理。另外，本书基于 GIS 虚拟库存和协同配送平台实现装备制造企业销售、采购、生产、备件供应等环节的物流管理功能，形成了一种图形化的、可视化的管理平台，充分发挥了 GIS 对时空信息的管理、展现和智能分析能力，为传统的表单化的信息系统提供了全新的升级思路，具有突出的先进性和创新性。

随着信息通信技术和计算机技术的发展，无论是物流系统还是企业，都朝着虚拟化的方向发展。随着中国制造分销企业的不断发展壮大、市场及其管理的规范、供应链管理和电子商务的深入发展，虚拟库存管理和协同配送技术在虚拟物流中的运用能够适合新形势下追求整体最优的需要，能有效克服节点企业的库存过高和诸多不确定性问题，降低供应链成本，提高整体效益和竞争力[2]。可见，虚拟库存管理和协同配送技术会得到更广泛应用，推动中国物流的发展，为社会、企业和客户带来更多价值。

15.4　本章小结

虚拟库存管理和协同配送技术是与现代物流发展和信息化技术进步相适应的物流管理策略，是企业物流的新的运作模式，为物流管理中产品及信息的有效流通和管理提供了高效协同方式。

目前，虚拟库存管理和协同配送在国内还处于起步阶段，真正能够实现虚拟库存管理和协同配送管理模式的企业还比较少，因此，我国的物流市场是一个极具潜力的市场。企业要实现虚拟库存管理和协同配送技术的管理模型，需要理念和技术的进一步推广，以及合适管理软件的设计及使用。

参考文献

[1] 马士华，桂华明．基于供应驱动的供应链协同技术与管理——原理与应用．武汉：华中科技大学出版社，2009：1～183.

[2] 陈畴镛．第三方物流与产业集群协同发展研究．北京：科学出版社，2009：1～223.

缩略词表

ACEP automatic consecutive entrance planning，自动连续补货计划

AFR aggregate forecasting and replenishment，合计预测与补给模式

AHP analytical hierarchy process，层次分析法

B2B business to business，企业之间的电子商务模式

B2C business to customer，企业与客户之间的电子商务模式

B2G business to government，企业与政府之间的电子商务模式

CIMS computer integration manufacture system，计算机集成制造系统

CPFR collaborative planning forecasting and replenishment，协同式供应链库存管理（也称协同计划、预测和补货）

CRM customer relationship management，客户关系管理

DBMS date base management system，数据库管理系统

DIM distributed inventory management，分布式库存管理

EDI electronic data interchange，电子数据交换

FMC flexible manufacturing cell，柔性制造单元

FMS flexible manufacturing system，柔性制造系统

GIS geographic information system，地理信息系统

GPRS general packer radio service，通用无线分组业务

GPS global positioning system，全球定位系统

JIT just in time，及时制（精益生产、准时生产）

JMI joint managed inventory，联合库存管理

MRO maintenance，repair and operations，维护、维修与运行

MRP material requirement planning，物料需求计划

MRPⅡ manufacturing resource planning，制造资源计划

NC number control，数字控制

OEM original equipment manufacture，原始设备制造商

PSO particle swarm optimization，粒子群优化算法

QR quick response，快速响应

RFID radio frequency identification，无线射频识别

RTLS real-time location system，实时定位系统

SOA service-oriented architecture，面向服务的体系结构

TETRA terrestrial trunked radio，陆地集群无线电

VMI vendor management inventory，供应商库存管理

VRP vehicle routing problem，车辆路径问题